REISEZEIT – ZEITREISE

zu den schönsten Schlössern, Burgen, Gärten,
Klöstern und Römerbauten in Deutschland

REISEZEIT
ZEITREISE

zu den schönsten Schlössern, Burgen, Gärten, Klöstern und Römerbauten in Deutschland

Offizieller gemeinsamer Führer der Schlösserverwaltungen

    Staatliche Schlösser und Gärten Baden-Württemberg
    Bayerische Verwaltung der Staatlichen Schlösser, Gärten und Seen
    Stiftung Preußische Schlösser und Gärten Berlin-Brandenburg
    Verwaltung der Staatlichen Schlösser und Gärten Hessen
    Museumslandschaft Hessen Kassel
    Staatliche Schlösser und Gärten Mecklenburg-Vorpommern
    Burgen, Schlösser, Altertümer Rheinland-Pfalz
    Staatliche Schlösser, Burgen und Gärten Sachsen
    Stiftung Dome und Schlösser in Sachsen-Anhalt
    Kulturstiftung DessauWörlitz
    Stiftung Thüringer Schlösser und Gärten

Umschlagabbildung: Schloss Sanssouci mit Weinterrassen, Foto: Hans Bach

Mit Beiträgen von:

Baden-Württemberg: Anneliese Almasan, Hans-Christian von Wartenberg
Bayern: Johannes Erichsen, Christoph Graf von Pfeil, Werner Helmberger, Peter Krückmann, Brigitte Langer, Uwe Gerd Schatz, Friederike Ulrichs, Katharina Heinemann, Sabine Heym
Berlin-Brandenburg: Stiftung Preußische Schlösser und Gärten Berlin-Brandenburg
Dessau-Wörlitz: Kulturstiftung DessauWörlitz
Hessen: Staatliche Schlösser und Gärten Hessen, Museumslandschaft Hessen-Kassel
Mecklenburg-Vorpommern: Friederike Drinkuth, Doreen Hennig, Heike Kramer, Carsten Neumann, Kristin Richter, Dorotheus Graf Rothkirch
Rheinland-Pfalz: Generaldirektion Kulturelles Erbe Rheinland-Pfalz, Direktion Burgen, Schlösser, Altertümer
Sachsen: Staatliche Schlösser, Burgen und Gärten Sachsen, Bereich Marketing
Sachsen-Anhalt: Monika Lustig, Jörg Peukert, Joachim Schymalla, Katrin Tille
Thüringen: Helmut-Eberhard Paulus, Bernd Löhmann, Susanne Rott, Michael Schmidt, Achim Todenhöfer

Bibliografische Information der Deutschen Nationalbibliothek:
Die Deutsche Nationalbibliothek verzeichnet diese Publikation
in der Deutschen Nationalbibliografie; detaillierte bibliografische Daten
sind im Internet über <http://dnb.d-nb.de> abrufbar.

5. (Hardcover) und 4. (Softcover), völlig neu bearbeitete und erweiterte Auflage 2010
© 2010 Verlag Schnell & Steiner GmbH, Leibnizstr. 13, D-93055 Regensburg
und den jeweiligen Schlösserverwaltungen

Planung, Vorbereitung und Koordination: Helmut-Eberhard Paulus, Kathrin Jung

Umschlaggestaltung: Anna Braungart, Tübingen
Layout, Satz und Bildbearbeitung: Florian Knörl, Erhardi Druck GmbH, Regensburg
Druck: Erhardi Druck GmbH, Regensburg

ISBN 978-3-7954-2368-1 (Hardcover)
ISBN 978-3-7954-2365-0 (Softcover)

Alle Rechte vorbehalten. Ohne ausdrückliche Genehmigung des Verlages ist es nicht gestattet, dieses Buch oder Teile daraus auf fotomechanischem oder elektronischem Weg zu vervielfältigen.

Weitere Informationen zum Verlagsprogramm erhalten Sie unter: www.schnell-und-steiner.de

Inhalt

Willkommen	7
Arbeitsgemeinschaft Deutscher Schlösserverwaltungen	9
Baden-Württemberg	11
Bayern	51
Berlin-Brandenburg	91
Hessen	123
Mecklenburg-Vorpommern	155
Rheinland-Pfalz	175
Sachsen	197
Sachsen-Anhalt	231
Dessau-Wörlitz	253
Thüringen	269
Abbildungsnachweis	293
Register	294
Adressverzeichnis	296

Piktogramme

   ♿   behindertengerecht zugänglich

   ♿   eingeschränkt behindertengerecht zugänglich

   ✗   Restaurants

   ▣   Museumsladen

   P   Parkmöglichkeit

   DB   Bahnverbindung

   S   S-Bahn-Verbindung

   U   U-Bahn-Verbindung

   🚌   Busverbindung

   🚡   Sesselbahn/Lift

   ⛴   Schiffsverbindung

   ▣   Museen anderer Institutionen in Gebäuden der Verwaltung der Staatlichen Schlösser

Willkommen

Die Schlösser und Gärten in Deutschland – „Arbeitgemeinschaft Deutscher Schlösserverwaltungen" – koordinieren die gemeinsamen Aktivitäten der deutschen Schlösserverwaltungen auf nationaler Ebene. Die Initiative hierzu geht auf die deutsche Wiedervereinigung zurück, als sich die bestehenden landesweiten Schlösserverwaltungen zu einem „Facharbeitskreis Schlösser und Gärten in Deutschland" zusammenschlossen. Heute ist es unser Ziel, die vielfältigen Initiativen und den Erfahrungsschatz in der Bewahrung, Pflege und Präsentation des anvertrauten hochwertigen Kultur- und Naturerbes auszutauschen, zu vertiefen und verständlich zu vermitteln. Dieses Buch möge als Ergebnis unseres Zusammenwirkens allen Lesern ein anregender und verlässlicher Begleiter sein.

Kennen Sie Wilhelmine von Bayreuth? Sie war eine preußische Prinzessin. Oder Königin Elisabeth von Preußen? Sie stammte aus dem schlösserreichen Bayern. Die thüringische Prinzessin Augusta von Sachsen-Weimar wurde sogar deutsche Kaiserin. Schaut man sich die Stammbäume der ehemals regierenden Fürstengeschlechter an, so findet man gemeinsame Wurzeln über ganz Deutschland und darüber hinaus in Europa.

Auch unter den Künstlern, die das Aussehen unserer fürstlichen Residenzen prägten, fand ein reger Austausch statt. Galli-Bibiena wirkte in Bayreuth, aber auch in Dresden. Gontard, sein Schüler, war in Bayreuth und in Potsdam tätig. Die Eyserbecks aus Gotha arbeiteten in Anhalt-Dessau und schufen den Neuen Garten in Potsdam. Schinkel wirkte in Berlin, aber auch im Rheinland. Die Aufzählung ließe sich endlos fortsetzen. Und alle blickten zu ihrer Zeit über die Ländergrenzen hinaus, nach Italien, Frankreich und England, auch nach Indien und China.

Doch nicht nur die gemeinsame Vergangenheit verbindet die Schlösserverwaltungen, sondern auch die ungeschmälerte Aktualität der Pflege und des Erhalts der Schlösser und Gärten, Burgen und Klöster, vor allem die Notwendigkeit der wissenschaftlichen Betreuung und Vermittlung an jetzige und kommende Generationen.

Wir laden Sie daher herzlich ein zu einer Reise in die Vergangenheit. Lassen Sie sich verzaubern von den Burgen und Schlössern deutscher Kaiser, Könige und Fürsten. Erleben Sie die einmalige Faszination des Zusammenspiels künstlerischer und handwerklicher Meisterleistungen.

Folgen Sie mit uns den Spuren der großen und kleinen Landesherren und ihrer Landeskinder. Erfahren Sie dabei Geschichte auf unterhaltsame Weise.

Erholen Sie sich in den reizvollen Anlagen unserer historischen Gärten. Genießen Sie die beeindruckenden Wasserspiele, den Wohlgeruch blühender Orangerien oder den jahreszeitlichen Wechsel des farbenprächtigen Pflanzenflors.

Erleben Sie die vielfältigen kulturellen Veranstaltungen in glanzvollem oder beschaulichem Rahmen, in den Schlössern und Gärten, den Burgen, Klöstern und sonstigen landesprägenden Denkmalen.

Die Schlösserverwaltungen in Deutschland freuen sich auf Ihren Besuch!

Staatliche Schlösser und Gärten Baden-Württemberg
Bayerische Verwaltung der Staatlichen Schlösser, Gärten und Seen
Stiftung Preußische Schlösser und Gärten Berlin-Brandenburg
Verwaltung der Staatlichen Schlösser und Gärten Hessen
Museumslandschaft Hessen Kassel

Staatliche Schlösser und Gärten Mecklenburg-Vorpommern
Burgen, Schlösser, Altertümer Rheinland-Pfalz
Staatliche Schlösser, Burgen und Gärten Sachsen
Stiftung Dome und Schlösser in Sachsen-Anhalt
Kulturstiftung DessauWörlitz
Stiftung Thüringer Schlösser und Gärten

Arbeitsgemeinschaft Deutscher Schlösserverwaltungen

Die Arbeitsgemeinschaft Deutscher Schlösserverwaltungen dient dem fachlichen Erfahrungsaustausch und der Entwicklung gemeinsamer Projekte der Schlösserverwaltungen in öffentlich-rechtlicher Trägerschaft. Die Verwaltungen der Schlösser und Gärten in Deutschland sind Einrichtungen zur Erhaltung, Erforschung, Ergänzung und Vermittlung eines einzigartigen gesamtheitlichen, künstlerischen und geschichtlichen Erbes. Dieses Erbe besteht aus Bauten, Museen, Kunstgut und ganzen Kunstlandschaften, Gartenkunstwerken und Parkanlagen, schließlich auch aus den gestalteten Innenräumen mit Kunstwerkcharakter.

Die den Schlösserverwaltungen anvertrauten Denkmale sind Gesamtkunstwerke von hohem kunsthistorischen Rang und zugleich Dokumente von landes- und kulturgeschichtlicher Bedeutung. Weil sie in besonderer Weise für die kulturelle Identität eines Landes stehen, liegt ihre Erhaltung und Präsentation im Interesse der Allgemeinheit. Unter Gesamtkunstwerken werden die in Jahrhunderten gewachsenen Ensembles in ihrer Einheit aus architektonischen Gesamtanlagen, historischen Gebäuden und Raumkunstwerken verstanden. Kennzeichnend ist dabei die gattungsübergreifende Inszenierung verschiedenster Künste zu übergeordneten Gesamtlösungen, sogenannten Gesamtkunstwerken.

Die Schlösserverwaltungen in Deutschland haben daher die wichtige Aufgabe, neben den ihnen anvertrauten Gebäuden ebenso deren künstlerische Ausstattung als Ganzes zu bewahren, zu erhalten und zu pflegen. Dazu gehört auch, die Anlagen durch wissenschaftliche Forschung der Allgemeinheit zu erschließen oder sie bei Bedarf wiederherzustellen und zu ergänzen, um sie dem Besucher nicht nur in angemessener Weise zugänglich und als Gesamtkunstwerk erlebbar zu machen, sondern auch verständlich zu vermitteln.

Die in der Arbeitsgemeinschaft Deutscher Schlösserverwaltungen zusammengeschlossenen Schlösserverwaltungen verstehen sich heute verstärkt als Institutionen im Dienste der Öffentlichkeit und setzen sich zum Ziel, wirtschaftlich verkraftbare Lösungen zu finden. Dabei gehen sie davon aus, dass Kulturbewusstsein und wirtschaftliches Denken in Übereinstimmung zu bringen sind, so wie dies in früheren Jahrhunderten auch gelang. Zur Erfüllung ihrer Aufgaben ist es in Zeiten eines zunehmenden Tourismus und wachsender Nutzungswünsche bei gleichzeitiger Verknappung finanzieller und personeller Ausstattung unerlässlich, die fachlichen Voraussetzungen für diese Arbeit in einer Hand zusammengefasst zu sehen. Entsprechend der Struktur der zu verwaltenden Gesamtkunstwerke arbeiten die Schlösserverwaltungen daher denkmalbezogen, ergebnisorientiert und auch auf der Basis eigener wissenschaftlicher Forschung mit integrierten Fach- und Dienstleistungsbereichen unter gemeinsamer Leitung. Die Gesamtverantwortung umfasst die Zuständigkeit für folgende Aufgabenbereiche:

- bauliche Angelegenheiten, die sowohl die Architektur als auch die mit ihr verbundene Ausstattung unter dem Primat der Baugeschichte und der Denkmalpflege umfassen.
- das Museumswesen zur angemessenen Präsentation der Kunstwerke im Rahmen der gewachsenen Denkmalensembles, einschließlich ihrer Erforschung, kunstwissenschaftlichen Erfassung und Ergänzung.
- das Restaurierungswesen, also die Konservierung, Restaurierung und kontinuierliche Pflege der Objekte.
- die Gartenkunst als umfassende Garten- und Landschaftspflege unter dem Primat der Gartengeschichte und Gartendenkmalpflege.
- die Öffentlichkeitsarbeit und Kommunikation als öffentlichkeitsbezogene Präsentation durch Publikationen, Führungswesen, Museumspädagogik, Ausstellungen, Werbung u.Ä.
- die Liegenschaftsverwaltung zur Gewährleistung des Vermögenserhalts, zur adäquaten Bewirtschaftung und zur denkmalgerechten Nutzung.
- Im Rahmen ihrer Ausbildungs- und Fortbildungstätigkeit sichern die Schlösserverwaltungen die Effizienz ihrer spezifischen Arbeitsverfahren und leisten zudem einen Betrag zur Qualifizierung von Fachkräften für alle Aufgabenbereiche.

Dr. Christian Striefler
Direktor der Staatlichen Schlösser, Burgen
und Gärten Sachsens
Vorsitzender

Dr. Johannes Erichsen
Präsident der Bayerischen Verwaltung der Staatlichen
Schlösser, Gärten und Seen
Stellvertretender Vorsitzender

Prof. Dr. Helmut-Eberhard Paulus
Direktor der Stiftung Thüringer Schlösser und Gärten
Stellvertretender Vorsitzender

Baden-Württemberg

STAATLICHE
SCHLÖSSER
UND GÄRTEN

Heidelberg
1. Schloss Heidelberg S. 14

Schwetzingen
2. Schloss und Schlossgarten Schwetzingen S. 16

Mannheim
3. Barockschloss Mannheim S. 18

Bruchsal
4. Barockschloss Bruchsal S. 20

Rastatt
5. Barockresidenz Rastatt S. 22
6. Lust- und Porzellanschloss Favorite Rastatt S. 24

Maulbronn
7. Kloster Maulbronn S. 26

Hirsau
8. Kloster Hirsau S. 28

Alpirsbach
9. Kloster Alpirsbach S. 29

Salem
10. Kloster und Schloss Salem S. 30

Singen
11. Festungsruine Hohentwiel S. 32

Meersburg
12. Schloss Meersburg S. 33

Tettnang
13. Neues Schloss Tettnang S. 34

Bad Schussenried
14. Kloster Schussenried S. 35

Ulm-Wiblingen
15. Kloster Wiblingen S. 36

Lorch
16. Kloster Lorch S. 37

Tübingen-Bebenhausen
17. Kloster und Schloss Bebenhausen S. 38

Ludwigsburg
18. Residenzschloss Ludwigsburg S. 40
19. Schloss Favorite Ludwigsburg S. 42

Stuttgart
20. Grabkapelle auf dem Württemberg S. 43
21. Schloss Solitude S. 44

Weikersheim
22. Schloss und Schlossgarten Weikersheim S. 46

Schöntal
23. Kloster Schöntal S. 48

Karlsruhe
24. Großherzogliche Grabkapelle Karlsruhe S. 49

Badenweiler
25. Burg- und Badruine Badenweiler S. 49

Emmendingen
26. Ruine Hochburg S. 49

Oppenau
27. Klosterruine Allerheiligen S. 49

Ellwangen
28. Schloss Ellwangen S. 50

Bad Urach
29. Schloss Urach S. 50

Kirchheim unter Teck
30. Schloss Kirchheim S. 50

Altheim-Heiligkreuztal
31. Klosterkirche Heiligkreuztal S. 50

Ochsenhausen
32. Kloster Ochsenhausen S. 50

Schloss Weikersheim, Gartenseite

Das Schlösserreich Baden-Württemberg …

lädt mit prachtvollen Residenzschlössern, bezaubernden Gärten und eindrucksvollen Klosteranlagen zu einer faszinierenden Zeitreise von über tausend Jahren ein. Ob am Rhein oder Neckar, ob im Taubertal oder am Bodensee: Das Land ist außergewöhnlich reich an kulturhistorischen Orten von ungewöhnlicher Schönheit und unverwechselbarem Charme. Schloss Heidelberg und Residenzschloss Ludwigsburg, Kloster Maulbronn sowie Kloster und Schloss Salem sind die großen Besuchermagnete. Beeindruckende Spuren der Geschichte, die hier zu entdecken sind, versprechen erlebnisreiche Besuche und nachhaltige Eindrücke.

In den abwechslungsreichen Landschaften des Südwestens zeugt eine große Vielfalt barocker Residenzen mit Schloss- und Gartenanlagen von Herrschaftswillen, Pracht und Reichtum. Beeindruckende Monumentalität zelebriert den Pomp und Luxus von Versailles am Oberrhein in den Barockschlössern Rastatt, Bruchsal oder Mannheim. In der stillen Abgeschiedenheit abgelegener Täler gründeten Ordensbrüder großartige Klöster als Sinnbild ihrer Frömmigkeit und Askese, die sich zu einflussreichen Stätten der Kunst, Wissenschaft und Wirtschaft entwickelten, wie die Klöster Alpirsbach, Bebenhausen, Wiblingen oder Schussenried. Von besonderem Reiz sind die sogenannten ländlichen Schönheiten wie der barocke Gartenzauber des Schlosses Weikersheim mit seiner berühmten Zwergengalerie aus dem 18. Jahrhundert. Inmitten der idyllischen Landschaft der Rheinebene präsentiert das kostbare Lustschloss Favorite Rastatt erlesene Stücke der ersten Meissener Porzellane.

Prächtige Marmorsäle, labyrinthische Gärten, stille Kreuzgänge und wehrhafte Burgruinen: In Baden-Württemberg regiert die Vielfalt. Führungen, Ausstellungen, Konzerte, Sonderprogramme und Veranstaltungen bieten spannende Erlebnistouren für Groß und Klein!

Die staatlichen Schlösser und Gärten Baden-Württembergs sind eine Reise wert!

Schloss Heidelberg

Schloss Heidelberg
69117 Heidelberg

Telefon
0 62 21/53 84 31

E-Mail
info@service-center-schloss-heidelberg.com

Internet
www.schloss-heidelberg.de

Rätselhaft und romantisch beginnt die Reise in Heidelberg. Besonders bei Nacht zieht die in goldenes Licht getauchte Fassade des Schlosses die Blicke magisch auf sich. Welche Geheimnisse verbergen sich wohl dahinter? Fürsten, ja sogar Könige residierten hier und erlebten herrschaftliche Macht und bittern Niedergang. Wenn der Morgennebel aus den Mauern aufsteigt, eröffnet sich im Sonnenschein ein grandioses Bild. Stolz und majestätisch erhebt sich die Schlossruine aus rotem Sandstein über dem Neckartal. Die um 1300 gegründete Wehrburg entwickelte sich in der Hochrenaissance zur glanzvollsten Residenz nördlich der Alpen. Jeder einzelne Bau der Anlage gleicht einem Bilderbuch mit spannenden Geschichten aus vielen Jahrhunderten. Erwähnt sei hier nur die des jungen Kurfürsten Friedrich V., der tragisch als „Winterkönig" endete. Als Beweis seiner Liebe zur schönen Gemahlin Elisabeth ließ er über Nacht ein Tor und zu Beginn des 17. Jahrhunderts den Hortus Palatinus – den Garten der Pfalz – errichten. Das ungewöhnliche Kunstwerk blieb nur Fragment, wurde aber gleichwohl zum „achten Weltwunder" jener Zeiten ernannt. Eine der oberen Gartenterrassen ist wiederhergestellt, doch ist die Prachtentfaltung der Heidelberger Blütezeit in der Renaissance nur zu erahnen. Die herrliche Aussicht auf die Stadt, in das Neckar- und das Rheintal ist ein Genuss. Zerstört und als Residenz nicht mehr „tauglich", wurde die malerische Schlossruine in der Romantik zu Beginn des 19. Jahrhunderts ein Ort tiefer Sehnsucht nach Liebe und Verehrung des Heldenhaften. In wild gewachsenen Efeunischen meditierten einsame Poeten über Tod und Vergänglichkeit. Mit dieser Attraktion begann auch der Tourismus. Schloss Heidelberg wurde zur berühmtesten Schlossruine der Welt. Ob bei Tag oder Nacht, die geheimnisvollen Mauern üben eine besondere Faszination aus und ziehen jährlich über eine Million Besucher in Ihren Bann.

Das romantische Heidelberg zur Abendstunde

Heidelberg ■ **Baden-Württemberg** 15

Schloss Heidelberg - Luftaufnahme des Schlossareals

Baden-Württemberg ▪ Schwetzingen

Schloss und Schlossgarten Schwetzingen

Schloss und Schlossgarten Schwetzingen
Schloss Mittelbau
68723 Schwetzingen

Telefon
0 62 21/53 84 31

E-Mail
info@service-center-schloss-heidelberg.com

Internet
www.schloss-schwetzingen.de

Nahezu paradiesische Stunden kann man im Schwetzinger Schlossgarten erleben. Schon beim Eintreten durch das Schlossportal der Sommerresidenz, eröffnet sich eine Welt voller Zauber, ein lichtdurchflutetes Spiel von Farben und Formen. Gesäumt von Zirkelhäusern mit exotischen Kübelpflanzen ist der barocke Lustgarten im Parterre der zur Wirklichkeit gewordene Traum des Kurfürsten Carl Theodor von der Pfalz. Das große Vorbild war Versailles. Das Schloss selbst, eine ehemalige mittelalterliche Wasserburg, passte nicht mehr in das grandiose Bild der gewünschten Unendlichkeit. So wurde der Mittelbau zur Bequemlichkeit des Kurfürstenpaars und des Hofstaats umgebaut und die Räumlichkeiten kostbar mit Gold, Samt und Seide ausgestattet. In den im Rokoko-Stil gestalteten Festsälen der Zirkelhäuser und im Schlosstheater spielte großes Welttheater. Berühmte Musiker wetteiferten um die Gunst des Herrschers. Der Garten war ins Freie verlagerter Wohnraum und damit Fortsetzung der Schlossarchitektur – die geeignete Kulisse für galante höfische Feste und fürstliche Vergnügungen. Elegante Blumenrabatten und Broderien von Buchsbäumen, der Arionsbrunnen und die Wasserspiele, der Apollotempel und die Moschee lassen das Herz beschwingter schlagen. Ausdruck von Reichtum und Macht war neben den Wasserspielen die Vielzahl und Größe von exotischen Kübelpflanzen, besonders Orangenbäumen, für die eigens ganze Gartenpartien eingerichtet wurden: die Orangerie. Der angrenzende englische Landschaftsgarten mit seinem weitläufigen Grün bietet auf verschlungenen Wegen und reizvollen Brücken überraschende Perspektiven und Begegnungen aller Art. So zählt es zu den Besonderheiten Schwetzingens, dass der Schlossgarten zu einem Spaziergang durch zwei Gartenstile einlädt. Kein Wunder, wenn die paradiesische Schönheit dieses Ortes den Alltag wirklich zum Fest werden lässt.

Gesamtansicht der Schloss- und Gartenanlage

Apollotempel

Moschee

Baden-Württemberg ■ Mannheim

Barockschloss Mannheim

Barockschloss
Mannheim
Bismarckstraße
68161 Mannheim

Telefon
0 62 21/65 57 18

E-Mail
info@service-center-schloss-heidelberg.com

Internet
www.schloss-mannheim.de.de

Zu den imposantesten Residenzschlössern des 18. Jahrhunderts zählt das Schloss in Mannheim. Für Carl Philipp war die Residenz der Kurfürsten von der Pfalz in Heidelberg nicht mehr „standesgemäß". So beschloss er 1720 am Rand der in Quadraten geplanten Stadt am Rheinufer einen monumentalen Herrschaftssitz zu errichten, selbstverständlich nach dem Vorbild von Versailles. Alles schon Dagewesene – Rastatt, Karlsruhe – sollte in Dimension und Prunk übertroffen werden. Das ist ihm gelungen! Jahrzehnte dauerte der Bau bis zur Fertigstellung. Unter seinen Nachfolgern Carl Theodor und Elisabeth Auguste entwickelte sich die Residenz zu einem vielgerühmten Musenhof. Richtungsweisende Musik wurde hier komponiert, und weithin gelobte Theaterinszenierungen wurden aufgeführt. Vergebens bewarb sich der junge Mozart bei Hofe um eine Stelle als Musikus. Er hatte sein Herz an Mannheim verloren und wünschte sich nichts Sehnlicheres, als hier bleiben zu können. Wie schade, dass Carl Theodor die Genialität des Komponisten nicht erkannte, obwohl er ein aufgeklärter absolutistischer Herrscher mit künstlerischen und philosophischen Ambitionen war. Sogar mit Voltaire unterhielt er eine rege Korrespondenz. Die Illusion des ewigen Ruhmes war mit der Verlegung des Hofes nach München 1778 beendet. Erst im 19. Jahrhundert brachte die großherzogliche Witwe Stéphanie von Baden neuen Glanz in das Schloss.

Die Verluste, die das Mannheimer Schloss im Zweiten Weltkrieg erlitten hatte, waren immens. Nach dem Wiederaufbau hat die Universität hier Raum gefunden. In den mit Brokat, Samt und Seide wiederhergestellten kurfürstlichen Prunkräumen der Beletage sind heute jedoch die für die Geschichte des Schlosses entscheidenden Epochen wie in einer Zeitmaschine vergegenwärtigt. Über 800 originale Kunstwerke und Möbel von seltener Schönheit lassen das Leben bei Hofe in seiner gesamten Vielfalt erfahrbar werden.

Schloss Mannheim, Enfilade im Corps de Logis

Schloss Mannheim, Ehrenhof

Baden-Württemberg – Bruchsal

Barockschloss Bruchsal

Schloss Bruchsal
Schlossraum 4
76646 Bruchsal

Telefon
0 72 51/74 26 61

E-Mail
info@schloss-bruchsal.de

Internet
www.schloss-bruchsal.de

Die farbenfrohe spätbarocke Welt des Bruchsaler Schlosses entführt in das höfische Leben einer geistlichen Residenz in der zweiten Hälfte des 18. Jahrhunderts. Architektur, Malerei und Stuck verschmelzen hier zu einer kunstvollen Einheit, die nach dem Wiederaufbau des Schlosses und der großartigen Rekonstruktion des Mittelbaus in einstigem Glanz erstrahlt. Auch diese Anlage entstand nach dem Machtwillen eines Herrschers. Damian Hugo von Schönborn, kunstbeflissener Bischof von Speyer und weltlicher Fürst zugleich, ließ das Schloss ab 1720 errichten. Auch der Fürstbischof strebte nach einem markanten Ausdruck seiner absoluten Herrschaft. Darüber hinaus nahm er nicht nur Einfluss auf die Gesamtkonzeption des Schlosses, sondern griff direkt in das Baugeschehen ein. Das brachte ihm jahrzehntelang „das Loch in der Mitten…". Durch den glücklichen Umstand, dass sein Bruder Friedrich Karl Fürstbischof von Würzburg war, gewann er 1728 den dort tätigen, berühmten Baumeister Balthasar Neumann für die Umsetzung seiner Pläne. Mit dem Treppenhaus und den angrenzenden Hauptfestsälen gelang Neumann in Bruchsal eine geniale architektonische Meisterleistung barocker Baukunst, die bis heute tiefe Bewunderung hervorruft. In der Regierungszeit von Franz Christoph von Hutten, Schönborns Nachfolger, erfuhr das Schloss den letzten Schliff im heiteren Rokoko durch die dekorative Ausgestaltung des Fürsten- und des Marmorsaals. Das Wechselspiel der Mächte führte nach der Säkularisation das Schloss in den Besitz der Großherzöge von Baden über. Markgräfin Amalie verbrachte hier ihr Witwendasein.

Die Arbeiten zur Wiederherstellung aller Prunkräume der Beletage laufen auf Hochtouren, so dass den Besuchern voraussichtlich ab 2012 ein noch eindrucksvolleres Bild der ehemaligen Pracht geboten werden kann.

Treppenhaus

Schloss Bruchsal, Ehrenhofansicht

Baden-Württemberg ■ Rastatt

Barockresidenz Rastatt

Barockresidenz Rastatt
Herrenstraße 18-20
76437 Rastatt

Telefon
0 72 22/97 83 85

E-Mail
info@schloss-rastatt.de

Internet
www.schloss-rastatt.de

„Ein lebhaftes Verlangen ergriff mich, zwei oder drei Tage in einem dieser schönen Räume mit den großartigen Wandbehängen zu verweilen ...", so Alexandre Dumas in „Eine Reise an die Ufer des Rheins im Jahre 1838", als er das Residenzschloss in Rastatt besuchte. Tief beeindruckt von der „wundervollen Möblierung aus der Zeit Ludwigs des XIV." tauchte er in die glanzvolltraurige Geschichte der Markgrafen von Baden-Baden ein. Ende des 17. Jahrhunderts beschloss der gefeierte Held der Türkenkriege, Ludwig Wilhelm, die 1698 zunächst als Jagdschloss begonnene Anlage zu einer großartigen Residenz und das Dorf Rastatt zur Planstadt auszubauen. Ein kühnes Vorhaben in einer Zeit von Kriegen und Hofintrigen. Selbstbewusst und siegessicher beauftragte er den in Wien bekannt gewordenen italienischen Architekt Domenico Egidio Rossi mit der Ausführung. In nur sieben Jahren war die erste barocke Residenzanlage am Oberrhein, ein Klein-Versailles, fertiggestellt. Ruhm und Glanz dieses kostbar ausgestatteten Schlosses zu erleben, war dem 1707 verstorbenen Türkenlouis nicht mehr vergönnt. Seine junge Witwe Sibylla Augusta übernahm die Regentschaft und vollendete seinen Traum. Sie verstand es, mit „einem bemerkenswerten Geschmack und überlegenem Geist" dem Rastatter Hof im europäischen Machtgefüge Bedeutung zu geben. Für den Thronfolger suchte sie die reichste Partie aus und ihre Tochter verheiratete sie mit dem Haus Orléans. Viele Geschichten ranken sich um die widersprüchliche Gestalt der badischen Regentin. Will man heute, wie einst Dumas, die Zeit des Sonnenkönigs am Oberrhein mit allen Sinnen „authentisch" genießen, dann ist man hier am rechten Platz. Olympische Gottheiten, modellierte Blitze, vollplastische Figuren, farbenfrohe Landschaften, goldverzierte Ornamente, gebauschte Gewänder, der Glanz von Samt und die Pracht von schwerem Brokat schwelgen in den Prunkräumen der Beletage mit theatralischer Geste im Überfluss und betören die Sinne.

Ahnensaal

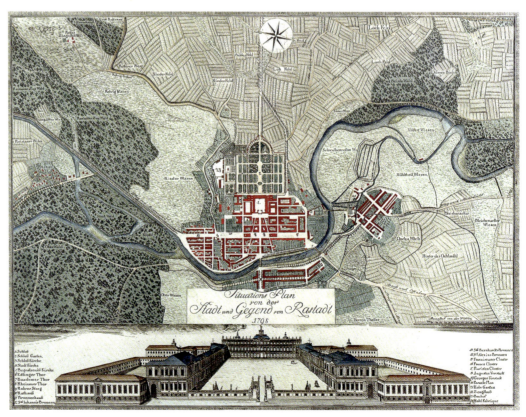

„Situations Plan von der Stadt und Gegend von Rastadt", 1798

Baden-Württemberg ▪ Rastatt

Lust- und Porzellanschloss Favorite Rastatt

Schloss Favorite
Am Schloss Favorite 5
76437 Rastatt-Förch

Telefon
0 72 22/4 12 07

E-Mail
info@schloss-rastatt.de

Internet
www.schloss-favorite.de

Folgt man den Empfehlungen von Alexandre Dumas, verspricht der Besuch des Lustschlosses Favorite nahe der Residenz ein Genuss zu sein. „Das ist vielleicht das vollkommenste Modell des Rokoko in höchster Blüte", schwärmte der französische Schriftsteller. Und genau wie damals ist das inmitten einer idyllischen Wiesenlandschaft gelegene Schlösschen ein verwunschener Ort, an dem sich Traum und Wirklichkeit verbinden.

Schloss Favorite, die „Bevorzugte", war der beliebte Sommersitz der Markgräfin Sibylla Augusta. 1710/11 beauftragte sie ihren böhmischen Baumeister Ludwig Michael Rohrer mit dem Bau eines ganz nach ihrem Geschmack geschaffenen Lustschlosses. Tatsächlich wird der Reiz des Persönlich-Intimen mit einer deutlichen Vorliebe für das Zusammenspiel aller Kunstrichtungen in jedem Detail sichtbar. Die leicht geschwungene Freitreppe führt auf der Gartenseite in die elegant und graziös ausgestalteten Prunkräume. Farbige Scagliola-Böden, reichverzierte Stuckornamente, farbenfrohe Freskendecken, prächtige Behänge mit seltenen Stickereien an den Wänden, die einst geschätzten Dekorationen in Papiermaché-Technik und erlesene Möbel fügen sich harmonisch zu einem Bild fürstlicher Extravaganz zusammen. Kostbare Schätze in Porzellan- und Fayencesammlungen, darunter erste Prunkstücke der Meissener Manufaktur, sind dekorativ in den Räumen aufgestellt und waren schon zu Zeiten der Markgräfin berühmt. Von den aufwändigen Kostümfesten, Musik- und Tanzdarbietungen im fürstlichen Lustgarten sowie den Jagdbelustigungen im „Fasaneriewald" zeugen die kleinen Kostümbilder und Gemälde dieser Zeit. Die für die strenggläubige Regentin errichtete Eremitage und der weite Schlosspark im englischen Stil mit Durchblicken über Wiesen und Teiche, mit Sichtachsen durch Alleen und Wasserläufe ergänzen die Vollkommenheit dieses reizvollen Bildes.

Großer Saal, Blick von der Balustrade

Schloss Favorite, Ansicht vom Park

Baden-Württemberg — Maulbronn

Kloster Maulbronn – UNESCO Welterbe

Kloster Maulbronn
Klosterhof 5
75433 Maulbronn

Telefon
0 70 43/92 66 10

E-Mail
info@kloster-maulbronn.de

Internet
www.kloster-maulbronn.de

Nach so viel weltlichem Prunk ist der Besuch der mystischen Orte des Schwarzwalds eine kleine Erholung für die Seele. Auf der Route nach Osten durch die sanfte Hügellandschaft des Kraichgau-Strombergs, umgeben von Wäldern, Obstanlagen und Gärten, liegt das Kloster Maulbronn. Kein Wunder, dass nach der Gründungslegende der Maulesel genau hier stehen blieb und nicht weiter wollte. Die Magie und Stille dieses Ortes, der zum Welterbe der Menschheit zählt, berührt noch heute die Besucher.

Vor über acht Jahrhunderten haben Zisterziensermönche nach dem Ideal von Bernhard von Clairvaux die Abtei errichtet, die heute als die am vollständigsten erhaltene Klosteranlage des Mittelalters nördlich der Alpen gilt. Hinter der großen, schattigen Linde des Vorplatzes erhebt sich das älteste Bauwerk der Anlage, die Klosterkirche, die um 1178 geweihte dreischiffige romanische Pfeilerbasilika. Das berühmte „Paradies", die später entstandene Kirchenvorhalle, wirft manche Rätsel auf. Die Identität des genialen Meisters, der sie in gotischer Zeit geschaffen hat, ist noch immer nicht bekannt. Ob er beim Bau des Herrenrefektoriums mitgewirkt hat, ist ebenso ungeklärt. Der große Speisesaal der Mönche ist einer der schönsten Räume des Klosters. Gerichte, deren Zutaten aus eigenem Anbau stammten, gehörten wie auch ein Gläschen guten Weins aus dem Klosterweinberg zu jeder Mahlzeit der Mönche. Ob die Legende mit den „elf Fingern" wahr ist und der Klosterwein immer noch so köstlich mundet, erfährt man nur hier. Das gleichmäßige Plätschern des Wassers im Brunnenhaus hebt besonders die ruhige Atmosphäre der Anlage hervor. In den 390 Jahren ihres Wirkens entwickelten sie ein bedeutendes Zentrum der Religiosität und der Wirtschaft. Die Reformation setzte dem blühenden Klosterleben ein jähes Ende. 1556 richtete Herzog Christoph von Württemberg hier eine evangelische Klosterschule ein, die als Evangelisch-theologisches Seminar seit 1807 weitergeführt wird. Prominent gewordene Schüler wie Johannes Kepler, Friedrich Hölderlin oder Hermann Hesse haben hier die „Schulbank gedrückt" und literarische Erinnerungen hinterlassen.

Luftaufnahme der Klosteranlage Maulbronn

Brunnenhaus

Kreuzgang Nord

Kloster Hirsau, Gesamtansicht

Kloster Hirsau

Kloster Hirsau
Klosterhof
73565 Calw-Hirsau

Telefon
0 70 51/5 90 15

E-Mail
klostermuseum@calw.de

Internet
www.schloesser-und-gaerten.de

Weitere bedeutende Zentren mittelalterlicher Frömmigkeit und Gelehrsamkeit sind in den malerischen Tälern des Schwarzwalds und seiner Ausläufer zu finden: Hirsau und Alpirsbach. Zwischen den dicht bewaldeten Schwarzwaldhöhen Richtung Pforzheim liegen im tief eingeschnittenen Tal der Nagold die romanischen und gotischen Ruinen der einst berühmten Benediktinerabtei Hirsau. Die verschlüsselten Geheimniswelten dieses Ortes der Ruhe und Meditation offenbaren sich nicht auf den ersten Blick. Das noch erhaltene Langhaus der um 830 gestifteten Aureliuskirche ist die älteste Basilika des Schwarzwaldes. Die wuchtige Strenge des romanischen Baustils hinterlässt einen nachhaltigen Eindruck. Als erstes Reformkloster in Südwestdeutschland gewann Hirsau für die cluniazensische Reformbewegung an Bedeutung. So wurde Ende des 11. Jahrhunderts das am anderen Ufer der Nagold gelegene Kloster St. Peter und Paul errichtet, das zum Zeitpunkt seiner Errichtung die baulich größte Klosteranlage auf deutschsprachigem Gebiet war. Allein der 37 m hohe, mächtige Eulenturm mit seinem Skulpturenfries hat die Zeiten überdauert und zeugt von der monumentalen Größe der Anlage. Die in Stein gehauene Darstellung eines bärtigen Mannes, flankiert von symbolhaften Tier- und Menschenfiguren, ist bis heute rätselhaft. Das weite Ruinengelände von St. Peter und Paul wirkt in den frühen und späten Stunden des Tages besonders mystisch.

Alpirsbach ■ **Baden-Württemberg**

Kloster Alpirsbach

Einige Kilometer weiter Richtung Süden, mitten im Nordschwarzwald, liegt idyllisch das Kloster Alpirsbach. Leuchtend und stolz beherrscht der imposante Baukomplex aus rotem Sandstein das Zentrum des Städtchens an der Kinzig. Die noch zum größten Teil original erhaltene Klosteranlage geht auf den Benediktinerorden zurück. Die strenge, klare Ordnung der romanischen Bauweise wurde im Laufe des 15. Jahrhunderts im Kreuzgang durch lichte und schwungvolle Bögen der Gotik vollendet. Ein Rundgang durch die Klausur, den Bereich, der ausschließlich von den Ordensmitgliedern betreten werden durfte, führt auch durch jene Räume, die dem Gebet und Zuhören, der Versammlung der Gemeinschaft und dem stillen Nachdenken vorbehalten waren. Betritt man die Zellen der Mönche im Dormentbau, fühlt man sich fast in jene Zeit zurückversetzt. Heute sind hier noch Wandmalereien ganz besonderer Art zu bewundern: Initialen, Jahreszahlen und Sprüche – „Graffiti" der damaligen Klosterschüler. Auch dieses Benediktinerkloster wurde im Zuge der Reformation aufgelöst und zwischen 1556 bis 1595 in eine evangelische Klosterschule umgewandelt. Ein sensationeller Fund von Kleidungsstücken, Briefen, Zeichnungen, Spielen, Gefäßen und vielem mehr, der vorwiegend aus dieser Zeit stammt, wird in der Dauerausstellung „Mönche und Scholaren" im Klostermuseum anschaulich präsentiert.

Eine besondere Aufmerksamkeit verdient die romanische Klosterkirche. Die dreischiffige Säulenbasilika in Form eines lateinischen Kreuzes birgt kostbare Schätze und besticht durch ihre Größe und schlichte Schönheit. Zum Abschluss des Besuches darf man sich gerne verführen lassen, einen Humpen des berühmten Klosterbräus zu genießen.

Kloster Alpirsbach
Klosterplatz 1
72275 Alpirsbach

15. März – 01. Nov.:
Telefon
0 74 44/5 10 61
E-Mail
kloster.alpirsbach@gmx.de

02. Nov. – 14. März:
Telefon
0 74 44/9 51 62 81
E-Mail
tourist-info@alpirsbach.de
Internet
www.schloesser-und-gaerten.de

Kloster Alpirsbach, Klosterkirche

Kloster und Schloss Salem

Schloss Salem
88682 Salem

Telefon
0 75 53/8 14 37

E-Mail
schloss@salem.de

Internet
www.salem.de

In die malerische Landschaft des Linzgaus eingebettet, ist Salem die glanzvollste der baden-württembergischen Perlen am Bodensee. Hier betritt man eine andere Welt. Schon zu Beginn der Besichtigung imponiert die Größe der Bauten. Erstaunliche Formen der Architektur verschiedenster Zeitepochen zeichnen die großartige Klosteranlage aus. Hochgotische Eleganz, barocke Pracht, verspieltes Rokoko und frühklassizistische Strenge verschmelzen zu einem außergewöhnlichen Ensemble. Bestechend in seiner Schönheit ist das imposante Salemer Münster mit der kostbaren Alabasterausstattung des Innenraums, der im Zusammenspiel der strengen Schlichtheit der Gotik und dem prunkvollen Überfluss des frühklassizistischen Stils die Machtfülle der Salemer Äbte widerspiegelt. Die dreischiffige Säulenbasilika ist ein Paradebeispiel der süddeutschen Blüte der Hochgotik. Im Mittelalter die bedeutendste Zisterzienserabtei der Region, wurden die Klostergebäude 1697 nach den Wirren des Dreißigjährigen Krieges und der fast vollständigen Zerstörung durch ein Großfeuer wiedererrichtet.

Jedoch nicht in der schmucklosen Schlichtheit des Ideals von Bernhard von Clairvaux, sondern dem barocken Zeitgeist entsprechend repräsentativ und pompös. In der Abtswohnung und den mit üppigen Stuckaturen und Malereien ausstatten Innenräumen wie Kaisersaal, Bibliothek und Abtssalon ist man in jene Epoche zurückversetzt. Beeindruckend ist die feierliche Weite und überraschende Helligkeit des Kaisersaals, des Empfangsraums der ehemaligen Reichsabtei. Will man kunsthistorisch die Spur eines berühmten Künstlers des Rokoko entdecken, so ist sie in der Stuck-Ausgestaltung dieses Raums zu finden. Sie ist das Hauptwerk Franz Joseph Feuchtmayers.
Nach so viel Kunstgenüssen ist ein Spaziergang durch die weitläufige Außenanlage, wo sich das Labyrinth im Fasaneriegarten als Zielpunkt anbietet, genau das Richtige. Mit einem Gläschen aus dem berühmten Weinkeller des Markgrafen von Baden kann der Besuch von Salem genussvoll abgerundet werden.

Ansicht des Münsters und der Prälatur

Kloster und Schloss Salem, Abtssalon

Festungsruine Hohentwiel

Festungsruine
Hohentwiel
Auf dem Hohentwiel 2a
78224 Singen

Telefon
0 77 31/6 91 78

E-Mail
info@festungsruine-hohentwiel.de

Internet
www.festungsruine-hohentwiel.de

Auf der Reise in Richtung Bodensee werden die Mühen des Aufstiegs zur ältesten und einer der größten Festungsruinen Deutschlands auf dem Hohentwiel reichlich belohnt. Dem Auge öffnet sich ein atemberaubendes Panorama über eine herrliche Landschaft hinweg bis zum Bodensee und bei klarer Sicht bis zu den Alpen. Zudem lohnt es sich, der Geschichte dieser gewaltigen Festungsruine nachzugehen. Auf der markantesten Erhebung der vulkanischen Felsenberge des Hegau bei Singen wurde die Festung 914 als Stützpunkt des schwäbisch-alemannischen Territoriums und der Residenz der Herzöge von Schwaben errichtet. Mehrere Besitzer prägten im Laufe der Jahrhunderte das Schicksal dieser Anlage. Von Herzog Ulrich von Württemberg als eine der sieben württembergischen Landesfestungen ausgebaut, hielt sie jeder Belagerung stand und wurde militärisch nie bezwungen. Nach kampfloser Übergabe an die Franzosen wurde die Festung auf Beschluss Napoleons 1800/01 geschleift. Von nun an war die stolze Festungsruine ein Ort romantischer Begegnungen oder Stoff für literarische Werke. So hat Joseph Viktor von Scheffel 1855 in seinem Roman „Ekkehard" sie wieder in poetische Erinnerung gebracht. Als stimmungsvolle Kulisse ist die Ruine heute ein sehr beliebtes Ausflugsziel vieler Touristen.

Festungsruine Hohentwiel, Gesamtansicht

Meersburg ■ **Baden-Württemberg**

Schloss Meersburg, Ansicht von der Seeseite

Schloss Meersburg

Nicht weit entfernt, in Meersburg erhebt sich hoch über dem Bodensee das Neue Schloss. Die Gartenterrasse bietet hier die schönste Aussicht über den ganzen See und auf das Panorama der gegenüberliegenden Alpenlandschaft. Auch die Konstanzer Fürstbischöfe waren von diesem Ausblick so angetan, dass sie im 18. Jahrhundert hier ihre Residenz gründeten und ein neues Schloss errichten ließen. Der schon in Bruchsal so machtvolle Fürstbischof Damian Hugo von Schönborn beauftragte auch in Meersburg den genialen Balthasar Neumann mit der Ausstattung einer Kapelle und der Errichtung eines imposanten Treppenhauses. Macht und Reichtum des Fürstbistums wurden würdevoll barock in Szene gesetzt. Eindrucksvolle Fresken, kunstvolle Stuckaturen und Plastiken schmücken heiter die Prunkräume und betonen die herrschaftliche Absicht. Die kostbare Einrichtung lässt heute nur noch fragmentarisch den vergangenen Glanz erahnen. Die Neugestaltung der Innenräume und eine neue Möblierung werden dem Schloss in den nächsten Jahren wieder den einstigen prachtvollen Charakter verleihen.

Neues Schloss
Meersburg
Schlossplatz 12
88709 Meersburg

Telefon
0 75 32/44 04 00

E-Mail
info@meersburg.de

Internet
www.schloesser-und-gaerten.de

Baden-Württemberg ■ Tettnang

Neues Schloss Tettnang

Neues Schloss Tettnang
Montfortplatz 1
88069 Tettnang

Telefon
0 75 42/51 05 00

E-Mail
tourist-info@tettnang.de

Internet
www.schloesser-und-gaerten.de

Dem prachtvollen Schloss, an der Oberschwäbischen Barockstraße gelegen, merkt man nicht an, dass der aufwändige Lebensstil seiner Bauherren deren finanzielle Mittel überstieg. Ganz dem Zeitgeist und Repräsentationsbedürfnis entsprechend, ließen die Grafen von Montfort anstelle der zerstörten Burg eine neue dreigeschossige Vierflügelanlage errichten. Dabei überschätzte das schwäbische Adelsgeschlecht, das über sechs Jahrhunderte in Tettnang residierte, bei weitem sein Vermögen. Graf Anton III. beauftragte 1712 die besten Künstler und Kunsthandwerker der Bodenseeregion mit der Gestaltung der herrschaftlichen Prunkräume.

Dass dabei die Bauarbeiten zweimal wegen Finanzierungsnöten gestoppt werden mussten, ist heute nur Geschichte. Die gräflichen Appartements, im leichten Stil des Rokoko eingerichtet, die reich verzierte Schlosskapelle und das repräsentative Fürstenzimmer mit dem anschließenden Vagantenkabinett vermitteln ein lebendiges Bild des gräflichen Lebensstils jener Zeit. Von heiterer Schönheit ist der kostbare Festsaal. In Gold gefasste Rocaillen und farbenfrohe Bilder schmücken den Raum. Auf einem geschnitzten Weinfass thront in stattlicher Leibesfülle genüsslich der Weingott Bacchus – daher auch der Name Bacchussaal.

Neues Schloss Tettnang, Bacchussaal

Kloster Schussenried

Entlang der Oberschwäbischen Barockstraße ist das mächtige Kloster Schussenried, eine Niederlassung der Prämonstratenser, die erste Station. Dieser Orden ist auf Norbert von Xanten zurückzuführen. Er verkaufte seinen gesamten Besitz und gelangte als Wanderprediger nach Frankreich. 1120 siedelte er sich mit seinen Schülern in Prémontré an und begründete dort den Orden der Prämonstratenser.

Beim Eintritt durch den barocken Torbau, das „Törlein", lassen sich Spuren der bewegten Geschichte dieses Ordens entdecken. Eine Zeitreise durch alle Baustile schließt sich an: von der Romanik über die Gotik in der ehemaligen Klosterkirche St. Magnus bis zur spätbarocken Ausprägung im monumentalen Konventbau. Berühmt als Meisterwerk des oberschwäbischen Barock ist das überreich geschnitzte barocke Chorgestühl der Magnuskirche. Ein weiterer Höhepunkt ist der lichtdurchflutete Rokoko-Bibliothekssaal des Klosters. Der elegante zweistöckige Raum mit umlaufender Empore beeindruckt durch seine fantastische Bilderwelt. Hauptthema des bunten Bilderprogramms ist als Symbol der göttlichen Weisheit das apokalyptische Lamm auf dem Buch der Sieben Siegel. Da die Kunst im Dienste ihrer Auftraggeber stand, veranschaulicht das Fresko auch das Selbstverständnis der Reichsabtei Schussenried. Eine besondere Berühmtheit des großartigen Deckenbildes ist „Der fliegende Pater". Wie einst Ikarus träumte der gelehrte Chorherr Caspar Mohr Anfang des 17. Jahrhundert davon, mit einem selbstgebauten Fluggerät aus federnbesetzten Schwingen durch die Lüfte zu fliegen. Aus dem oberen Geschoss des drei Stockwerke hohen Dormitoriums wollte er den Flugversuch wagen. Die Erlaubnis wurde ihm untersagt „undt die flügell gantz undt gar abgeschafft worden", wie Abt Mathäus Rohrer notierte. Experimenten dieser Art waren im Kloster also Grenzen gesetzt.

Kloster Schussenried
Neues Kloster 1
88427 Bad Schussenried

Telefon
0 75 83/9 26 91 40

E-Mail
info@kloster-schussenried.de

Internet
www.kloster-schussenried.de

Kloster Schussenried, Luftansicht

Baden-Württemberg ▪ Ulm-Wiblingen

Kloster Wiblingen, Bibliothek

Kloster Wiblingen

Kloster Wiblingen
Schlossstraße 38
89079 Ulm-Wiblingen

Telefon
07 31/5 02 89 75

E-Mail
info@kloster-wiblingen.de

Internet
www.kloster-wiblingen.de

Von monumentaler Wirkung und beeindruckenden Ausmaßen ist das ehemalige Benediktinerkloster Wiblingen vor den Toren Ulms. Das Ideengut der Gegenreformation bestimmte die Neugestaltung des Klosters im 18. Jahrhundert. Um die zentral gelegene Kirche, einer der letzten Höhepunkte kirchlicher Barockarchitektur, wurden Konvent- und Ökonomietrakt sowie der ehemalige Lustgarten symmetrisch angeordnet. Der Bau orientierte sich am grandiosen Vorbild der spanischen Klosterresidenz El Escorial. Repräsentativ und feierlich ist auch die Innengestaltung. Prachtvoll ausgestatte Prunkräume im nordwestlichen Trakt der Klausur waren Gästen vorbehalten und demonstrieren den großen Wohlstand sowie das Selbstbewusstsein dieses bedeutenden Klosters. Die noch original erhaltenen Deckenstuckaturen in den farblich einheitlich, fein geschmückten Räumen thematisieren wichtige Wiblinger Ereignisse und die Geschichte des Ordensgründers Benedikt. Außergewöhnlich schön ist der berühmte Bibliothekssaal. Mit seinen Ausmaßen und der verschwenderischen Ausstattung einer sakralen Festhalle diente er als Repräsentationsraum der geistlichen Residenz. Das komplexe philosophisch-theologische Themenprogramm erfordert die gesamte Aufmerksamkeit. In der schwungvoll gemalten Üppigkeit des 18. Jahrhunderts versammeln sich im Deckenfresko eine Schar griechischer Helden, Gestalten aus der Bibel und weitere berühmte Persönlichkeiten. Kunstvoll geschnitzte Figuren in Weiß und Gold stellen Allegorien verschiedener Tugenden und Wissenschaften dar. Als Ort der Gelehrsamkeit beherbergte der feierliche Raum in den eingebauten Bücherschränken kostbare Schätze: Rund 15.000 Handschriften, Inkunabeln – Drucke vor 1500 – und andere Druckschriften waren bei der Aufhebung des Klosters im 19. Jahrhundert Eigentum der Mönche. Das Museum präsentiert eine anschauliche Retrospektive, die die bewegte Klostergeschichte lebendig werden lässt.

Kloster Lorch

Das sagenumwobene Stauferland westlich der Hauptstadt Baden-Württembergs lädt zu einem Tagesausflug auf den Spuren des nahezu ein Jahrtausend alten stolzen Königs- und Kaisergeschlechts ein. An der „Straße der Staufer" liegen romanische Kirchen und trutzige Burgen, die von den „vornehmsten Grafenfamilien Schwabens" zeugen. Die Burg Hohenstaufen, die Namensgeberin des Adelsgeschlechts, erzählt von der glanzvollen Zeit als Stammburg, und das Wäscherschloss in Wäscherbeuren hat als vollständig erhaltene Stauferburg die Zeiten überdauert.

Um 1100 stiftete Herzog Friedrich I. von Schwaben in Lorch ein Benediktinerkloster und bestimmte es als Grablege der Staufer. Der Regel des heiligen Benedikt von Nursia *ora et labora et lege* („Bete und arbeite und lies") folgend, brachten die Mönche das Kloster zu Blüte und Wohlstand. Das Skriptorium von Lorch war für seine prachtvollen Handschriften weithin bekannt. Als erster Bau der Anlage entstand die romanische Klosterkirche, Schlichtheit und Ruhe ausstrahlend. In der dreischiffigen, flach gedeckten Pfeilerbasilika, deren Grundriss die Form eines lateinischen Kreuzes beschreibt, sind mehrere Familienmitglieder der Staufer bestattet. Die Tumba und die Wandbilder der Kirche erzählen von der berühmten Familie. Wegen ihres tragischen Schicksals ranken sich besonders viele Sagen und Legenden um die schöne byzantinische Kaisertochter und staufische Königsgattin Irene. Walther von der Vogelweide pries sie in einem zeitgenössischen Gedicht als „Rose ohne Dorn, die Taube sonder Gallen". In der Romantik des 19. Jahrhunderts entdeckte man Lorch als mittelalterliches Denkmal neu und für viele Dichter, Künstler, Reisende und Kurgäste wurde das Kloster zur Gedenkstätte der Staufer. Die malerische Klosteranlage auf einer Anhöhe des Remstals mit ihrer romanischen Kirche, dem schön angelegte Klostergarten und der vollständig erhaltenen Ringmauer übt auch heute noch eine besondere Faszination aus.

Kloster Lorch
73547 Lorch

Telefon
0 71 72 / 92 84 97

E-Mail
info@kloster-lorch.com

Internet
www.kloster-lorch.com

Kloster Lorch, Gesamtansicht aus der Luft

Baden-Württemberg — Tübingen-Bebenhausen

Kloster und Schloss Bebenhausen

Kloster Bebenhausen
Im Schloss
72074 Tübingen-Bebenhausen

Telefon
0 70 71/60 28 02

E-Mail
info@kloster-bebenhausen.de

Internet
www.kloster-bebenhausen.de

Mitten in der reizvollen Landschaft des Schönbuchs, in der Nähe der traditionsreichen Universitätsstadt Tübingen, liegt die ehemalige Zisterzienserabtei Bebenhausen. Die Zeit scheint hier fast stehengeblieben zu sein. Durch die engen Gassen des Ortes betritt man die mittelalterliche Klosteranlage. Wie auch im Kloster Maulbronn war zu Beginn des 13. Jahrhunderts der Bau der Kirche, des Kreuzgang und der anschließenden Gebäude auf Strenge, Zurückhaltung, Verzicht und Askese ausgerichtet. Dennoch besticht das in Licht getauchte Sommerrefektorium, der Speisesaal der Ordensbrüder, heute durch seine leichte Eleganz. Aus den hochstrebenden Pfeiler entfaltet sich ein gotisches Fächergewölbe. Die feierliche Stimmung überträgt sich in wunderbarer Weise auch auf seine heutigen Gäste. Weitere Stationen auf dem Gang durch das Kloster, der Kapitelsaal, das Parlatorium – der einzige Raum, in dem das Schweigegelübde nicht galt – und Dormitorium, lassen die Kunsthandfertigkeit der Zisterzienser erkennen. Bis ins 15. Jahrhundert entwickelten sie die Anlage zu einer blühenden Abtei, eine der reichsten Württembergs. 1556 wurde das Kloster im Zuge der Reformation aufgelöst. Herzog Christoph von Württemberg richtete hier eine der vier höheren Klosterschulen des Herzogtums ein. König Friedrich I. ließ jedoch die Schule 1806 aufheben und mit der von Maulbronn zusammenlegen. Da er Gefallen an der Gegend fand, stattete er das ehemalige Abtshaus als Jagdschloss für prunkvolle Hofjagden aus. Das letzte württembergische Königspaar – der bürgernahe, von seinen Landeskindern verehrte Regent Wilhelm II. und seine Gemahlin Charlotte – verbrachten ab 1918 hier ihre letzten Lebensjahre. Die originalen Fürstenzimmer im Jagdschlösschen präsentieren die königliche Lebensart jener Zeit. In der Schauküche scheint das Personal gerade den Raum verlassen zu haben, so echt wirkt heute noch die Kochküche mit Herd und Wärmeschränken.

Schloss Bebenhausen

Bebenhausen, Dachreiter der Klosterkirche

Residenzschloss Ludwigsburg

Schloss Ludwigsburg
Schlossstraße 30
71634 Ludwigsburg

Telefon
0 71 41/18 20 04

E-Mail
info@schloss-ludwigsburg.de

Internet
www.schloss-ludwigsburg.de

Als Höhepunkt der Schlösser-Tour durch das Ländle lohnt sich ein längerer Aufenthalt in Stuttgart und seiner malerischen Umgebung. Fünf Schlösser entführen in eine höfische Welt voller Kostbarkeiten und königlichem Flair. Residenzschloss Ludwigsburg, nördlich der Schwabenmetropole, ist die imposanteste und weitläufigste Barockanlage. Lässt man die lärmerfüllte Strasse den Vorhof durchschreitend hinter sich, wird der Blick im Ehrenhof von der Überfülle an schwingenden Formen, Giebeln und Fensterbekrönungen mit reichem ornamentalen Schmuck gefesselt. Die vielen Gebäude vermitteln den Eindruck von erhabener Pracht. Über Jahrhunderte hinweg hat jeder der hier regierenden Herrscher seiner Vorstellung von Macht und Repräsentation Ausdruck verliehen, allen voran Herzog Eberhard Ludwig. Vielleicht war es nur eine Fürstenlaune, die ihn 1704 bewog, das kleine Jagd- und Lustschloss „Ludwigsburg" in barockem Stil errichten zu lassen. Der ehrgeizige Herzog strebte nach prachtvoller Hofhaltung und hatte dabei Versailles vor Augen. In Konkurrenz zu Rastatt und München beauftragte er den Umbau des Jagdschlosses zum größten deutschen Barockschloss und die planmäßige Anlage der Stadt. 1724 zur „alleinigen und beständigen" Residenz – anstelle von Stuttgart – erhoben, begann die ruhmreiche Epoche Ludwigsburgs. Genannt seien hier nur einige markante Fürstenpersönlichkeiten: Der junge Herzog Carl Eugen zeigte sich in Sachen Kunst und Kultur sehr fortschrittlich. Er ließ den schwelgenden barocken Prunk seiner Vorgänger durch den leichten, heiteren Stil des Rokoko ersetzen und ein Schlosstheater mit ausgeklügelter Mechanik und Dekoration einrichten. Mit glänzenden Festen, spektakulären Opern- und Theateraufführungen zählte das Schloss damals zu den prächtigsten Höfen in Europa. Im 19. Jahrhundert – nach der Erhebung Württembergs zum Königreich – gestaltete Friedrich I. die Innenräume nach französischem Vorbild klassizistisch um. Heute erlaubt die nahezu originale erhaltene Residenz eine spannende Zeitreise durch die glanzvollsten Epochen der Neuzeit.

Friedensgalerie

Residenzschloss Ludwigsburg, Altes Corps de Logis

Schloss Favorite Ludwigsburg

Schloss Favorite
Favoritepark 1
71634 Ludwigsburg

Telefon
0 71 41/18 20 04

E-Mail
info@schloss-ludwigsburg.de

Internet
www.schloss-ludwigsburg.de

Will man sich nach pompösem Barock und strengem Klassizismus im Grünen erholen, so empfiehlt sich zunächst eine Wanderung durch die ausgedehnten Schlossgärten mit bunter Blumenfülle, künstlichen Wasserfällen und Felsengrotten. Im „Blühenden Barock" bietet eine fantasievolle Märchenwelt viele Überraschungen. Danach lohnt ein Besuch im benachbarten Lust- und Jagdschloss Favorite. Zur Vollständigkeit einer repräsentativen barocken Hofhaltung gehörten neben dem imposanten Residenzbau in der Nähe liegende reizvolle Lustschlösser und prächtige Gartenanlagen. Herzog Eberhard Ludwig, dessen Machtambitionen schon erwähnt wurden, ließ aus diesem Grund dieses Schlösschen errichten. Inmitten eines weitläufigen Parks wurde Favorite als attraktiver Blickfang, der die Hauptachse Ludwigsburgs im Norden abschließen sollte, barock ausgestattet. Die sommerliche Villa diente dem fürstlichen Gefolge bei Jagden zum kurzweiligen Aufenthalt und bot von der Beletage einen herrlichen Ausblick über die „unendliche" Weite der Landschaft. Die hier eingerichtete Fasanenzucht wurde später durch Carl Eugen verlegt und durch die Ansiedlung weißer Hirsche ersetzt. Unschwer kann man sich vorstellen, welch schönes Bild sich dem Auge bot. Hier passt genau Giacomo Casanovas Kommentar aus der „Geschichte meines Lebens" (Bd. VI, Berlin 1985): „Zu jener Zeit (1760) war der Hof des Herzogs von Württemberg der glänzendste in Europa ... Die großen Ausgaben ... bestanden in großzügigen Gehältern, prachtvollen Gebäuden, Jagdzügen und Verrücktheiten aller Art". So wie die Residenz war auch das Schicksal dieses Lusthauses vom Geschmack der Zeit und dem Herrscherwillen geprägt. König Friedrich I. ließ bald nach seinem Regierungsantritt den Park in einen Tiergarten verwandeln und das Innere des Schlosses im klassizistischen Stil umgestalten. Der zentrale Saal und die östlichen Zimmer erhielten kostspielige Stuckornamente und Malereien mit antiken Motiven.

Schloss Favorite, Ansicht von Südosten

Stuttgart ▪ **Baden-Württemberg**

Grabkapelle auf dem Württemberg

Verlässt man die Stuttgarter Gegend, um die „verborgenen" ländlichen Schönheiten in der Region Hohenlohe oder im Nordosten zu bereisen, sollte vorher ein Aufenthalt bei der Grabkapelle auf dem Württemberg ein *memento mori* sein. Frei und auf Fernwirkung ausgerichtet erhebt sich das Mausoleum des zweiten württembergischen Königs inmitten von Weinbergen über dem Neckartal. König Wilhelm I. ließ die Grabkapelle in den Jahren 1820 bis 1821 als ewigen Liebesbeweis für seine schöne, viel zu jung verstorbene Gemahlin Katharina an diesem idyllischen Standort der ehemaligen Stammburg errichten. Hier wünschte sich die Zarentochter ihre letzte Ruhestätte. Als Stifterin mehrerer wohltätiger Institutionen und Frau von außergewöhnlicher Bildung und Schönheit hatte sie bald die Herzen ihrer Untertanen gewonnen. Ihr Tod wurde im Land mit großer Trauer und Bestürzung aufgenommen. Der von Hofbaumeister Giovanni Salucci aus heimischen Sandsteinen in klassizistischem Stil errichtete Rundbau wurde zum Denkmal für die beliebte Königin. Die Kolossalstatuen der vier Evangelisten in den Wandnischen der Halle des hohen Zentralbaus und die beiden Sarkophage im Untergeschoss sind aus kostbarem weißen Carraramarmor. Bei Sonnenschein fällt durch das Glasdach in der Mitte der Kuppel goldenes Licht in den Innenraum und in die darunterliegende Gruft und hüllt alles in einen mystischen Glanz. Im Doppelsarg sind heute nur noch Wilhelm und die gemeinsame Tochter Marie beigesetzt. Die Grabkapelle bleibt das Zeugnis der Liebe zwischen Katharina und Wilhelm: „Die Liebe höret nimmer auf" ließ der unglückliche König über den Eingang schreiben. Eine traurig-melancholische Stimmung erfasst jeden, der diese Liebesgeschichte hier an diesem Ort erzählt bekommt. Die grandiose Aussicht über das herrlich weite Neckartal lädt jedoch zur Weiterreise ein.

Grabkapelle Rotenberg
Württembergstraße 340
70327 Stuttgart

Telefon
07 11/33 71 49

E-Mail
info@grabkapelle-rotenberg.de

Internet
www.grabkapelle-rotenberg.de

Grabkapelle auf dem Württemberg, Luftansicht

Baden-Württemberg ▪ Stuttgart

Schloss Solitude

Schloss Solitude
Solitude 1
70197 Stuttgart

Telefon
07 11/69 66 99

E-Mail
info@schloss-solitude.de

Internet
www.schloss-solitude.de

Südwestlich von Stuttgart liegt malerisch auf bewaldeten Höhen das elegante Lustschlösschen Solitude. Der weite Ausblick ins Unterland und die abgeschiedene Lage müssen schon Herzog Carl Eugen von Württemberg beeindruckt haben. Die fürstlich erdachte Solitude – „die Einsamkeit" – entstand ab 1763 als Rückzugsort für ein ungestörtes Privatleben fernab vom höfischen Zeremoniell. Selbst teilnehmend an dem Bau mit berühmten Architekten, entwickelte sich das Lustschloss in seiner Vielfalt und seinen Dimension beinahe zu seiner dritten Residenz. Zur höfischen Repräsentation dienten die Festräume – Weißer Saal, Musik- und Assembléezimmer – und die offizielle Wohnung des Herzogs mit Marmorsaal und Palmenzimmer. Zur Darstellung seiner Macht und um mit anderen Höfen in Prachtentfaltung zu wetteifern, nutzte der Regent alle Mittel der Kunst. Dem Zeitgeist verpflichtet, wurden die Prunkräume im späten Stil des Rokoko mit frühklassizistischen Anklängen meisterhaft ausgestaltet. Im Deckenbild des zentralen Weißen Saals sind die Milde und Weisheit seiner Regierung farbenfroh verherrlicht.

Natürlich erscheinende Palmwedelstuckaturen mit kunstvoll hängenden plastischen Rosengirlanden schaffen in den Räumen und Kabinetten eine fantastischen Kulisse, vor der die Hofetikette selbst bei den fürstlichen Vergnügungen mit Theater, Ballett, Festen und Jagden einzuhalten war. Diese Erfahrung machte auch Friedrich Schiller, der stürmische Poet, damals noch kein Klassiker, sondern ein streng gehaltener Schüler der Hohen Carlsschule. Herzogin Franziska von Hohenheim, Gemahlin Carl Eugens, förderte das junge Genie, war doch sein Vater für die weitläufigen Gartenanlagen verantwortlich.

Hier im gebauten Kleinod im Grünen glaubt man sich fast inmitten dieser großartigen Hoffeste. „Die Wälder wurden illuminiert: Aus künstlichen Grotten inmitten derselben sprangen ganze Heere von Faunen und Satyren und tanzten zur Mitternachtsstunde Ballett" (Carl Eduard Vehse, Die Höfe zu Württemberg, 1853).

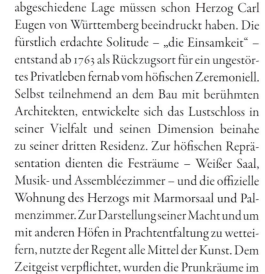

Palmenzimmer

Schloss Solitude, Ansicht von Südwesten

Schloss und Schlossgarten Weikersheim

Schloss Weikersheim
Marktplatz 11
97990 Weikersheim

Telefon
0 79 34/99 29 50

E-Mail
info@schloss-weikersheim.de

Internet
www.schloss-weikersheim.de

Traumhaft schön zum Lustwandeln und Genießen ist das Taubertal entlang der Romantischen Straße in Hohenlohe. Die sanfte Hügellandschaft und das liebliche Tal laden zu einer der letzten Stationen der Zeitreise durch viele Jahrhunderte in das Schloss und den Schlossgarten Weikersheim ein. *„Man würde bei den Weikersheimern nicht (…) von Bildung gelten, (…) ohne das hohenlohische Schloss mit seinem Rittersaal und seinem französischen Garten gesehen zu haben. (…) Die Leute haben recht: das Schloss ist ein Wahrzeichen ihrer Stadt; es umschließt die Summe der Kunsteindrücke, (…). Der Geist ruht sich behaglich aus im Schlossgarten mit seinen Statuen von Zwergen und Zwerginnen im mannigfachsten Gewand und seinen Göttinnen und Nymphen mit äußerst wenig Gewand".* Diese Eindrücke des Historikers Wilhelm Heinrich Riehl von 1865 in seiner „Einkehr in Weikersheim" treffen immer noch zu. Vom Zauber dieses Ortes ist seither nichts abhanden gekommen. Prächtig empfängt der große Rittersaal heute seine Gäste, ein wahres Glanzstück der Renaissance um 1600. Überwältigt von der Größe der Festhalle und der Schönheit der reichen Dekoration begegnet man hier einem Riesenelefanten oder einem springenden Hirschen, lebensgroß plastisch an der Wand gestaltet. Die kunstvolle Kassettendecke führt in den vielen Bildern fürstliche Jagdszenen vor Augen. Der mächtige Kamin mit meisterhaft verzierten Ornamenten und die streng in Staatspose herabblickenden Porträts der Grafen von Hohenlohe zeugen vom Glanz einstiger Zeiten. Die breite Fensterfront bietet einen herrlichen Blick über den barocken Lustgarten, die abschließenden Orangerien bis weit in das Taubertal hinein. Die renovierten Prunkräume des Schlosses präsentieren kostbare Möbel, Spiegel, Gobelins und chinesisches Porzellan aus Barock und Rokoko.

Ein Spaziergang durch die Alleen an den strengen Pflanzen- und Beetformen, vorbei an den wohlgeordneten Obst- und Gemüsekulturen und Skulpturen verschiedener mythologischer Gottheiten führt schließlich zur Begegnung mit der berühmten Zwergengalerie des Weikersheimer Schlossgartens. Mit einer Fülle schöner Eindrücke und Empfindungen verabschiedet man sich von diesem verträumten Paradies, um immer wieder zu kommen!

Schloss Weikersheim, Schlossgarten

Rittersaal

Kloster Schöntal

Kloster Schöntal
Klosterhof 1
74214 Schöntal

Telefon
0 79 43/9 10 00

E-Mail
info@schoental.de

Internet
www.kloster-schoental.de

Wahren Sinn für eine schöne und fruchtbare Landschaft haben die Zisterziensermönche aus Maulbronn bewiesen, als sie im malerischen Hohenloher Jagsttal um 1157 ein Tochterkloster gründeten. Weite bunte Wiesen und sanfte bewaldete Hügel umgeben die ehemalige Abtei, die ihren Namen zu Recht trägt. Schöntal, aus dem Lateinischen *speciosa vallis,* weist auf günstigste geographische und klimatische Bedingungen hin. In der Blütezeit ihres Ordens haben die Mönche ein mächtiges und florierendes Klosterleben geschaffen. Die Anlage wurde, wie viele andere, während der Bauernkriege geplündert, im Dreißigjährigen Krieg belagert, und in Napoleonischer Zeit stand die Schließung bevor. Die über 850-jährige Geschichte vom Mittelalter bis heute lässt sich wie in einem offenen Buch nachlesen. Mächtig und imposant erhebt sich, alles dominierend, die barocke Klosterkirche mit ihrer Doppelturmfassade. Kostbare Stuckaturen, Wand- und Deckenfresken, Altäre und Plastiken zieren die besonders in den Sommermonaten angenehm kühle Hallenkirche. Repräsentativ und einem Schlossbau gleich schließt sich die „Neue Abtei" an. Schon der Eintritt in das prunkvolle Treppenhaus mit den aufwärts schwingenden Treppenläufen, reichen Vergoldungen und das farbenfrohe Deckengemälde lassen den Empfang fürstlich wirken. Das Repräsentationsbedürfnis der Zisterzienseräbte im 17. und 18. Jahrhundert wird in diesem Bau ausdrucksstark dargestellt. Ordenssaal, Bildersaal, Festsaal und Kreuzgang vervollständigen das Bild der religiösen Macht. 1803 mit der Säkularisation als Mönchskonvent aufgehoben, beherbergt die Anlage seit 1979 das gastfreundliche Bildungshaus der katholischen Diözese Rottenburg-Stuttgart und ein Waldschulheim. Ob am Grabmal des tapferen Ritters Götz von Berlichingen, das der Besucher im Kreuzgang findet, sein Geist auch herumspukt, erfährt man nur hier.

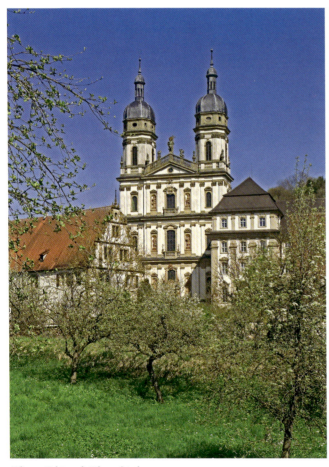

Kloster Schöntal, Klosterkirche

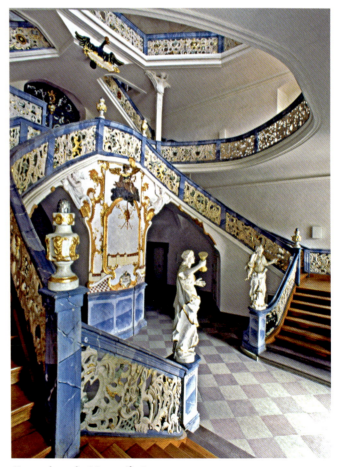

Treppenhaus der Neuen Abtei

Weitere Liegenschaften ■ **Baden-Württemberg**

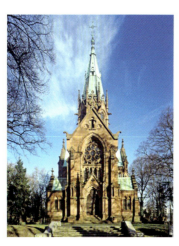

Großherzogliche Grabkapelle Karlsruhe
Klosterweg 11
76131 Karlsruhe

0 72 22/97 81 78

www.schloesser-und-gaerten.de

Burgruine Badenweiler
Schlossbergstraße
79410 Badenweiler

0 72 22/97 85 70

stephan.hurst@ssg.bwl.de

www.schloesser-und-gaerten.de

Badruine Badenweiler
79410 Badenweiler

0 76 32/79 93 00

touristic@badenweiler.de

www.badenweiler.de

Verein zur Erhaltung der Ruine Hochburg e.V.
Geschäftstelle zum Rathaus
Landvogtei 10
79312 Emmendingen

0 76 41/45 22 17

info@hochburg.de
www.hochburg.de

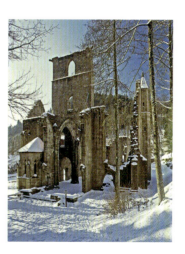

Klosterruine Allerheiligen
77728 Oppenau

0 78 04/91 08 30

info@oppenau.de
www.oppenau.de

Baden-Württemberg ▪ Weitere Liegenschaften

Schloss Ellwangen
73479 Ellwangen

0 79 61/5 43 80
info@schlossmuseum-ellwangen.de
www.schlossmuseum-ellwangen.de

Schloss Urach
Bismarckstarße 18
72574 Bad Urach

0 71 25/15 84 90
info@schloss-urach.de
www.schloss-urach.de

Schloss Kirchheim
Schlossplatz 8
73230 Kirchheim unter Teck

0 70 71/60 28 02
info@kloster-bebenhausen.de
www.schloss-kirchheim.de

Klosterkirche und Museum Heiligkreuztal
Am Münster
88499 Altheim-Heiligkreuztal

0 73 71/1 86 45
fensterle.erich@t-online.de
www.schloesser-und-gaerten.de

Kloster Ochsenhausen
Schlossbezirk 6
88416 Ochsenhausen

0 75 83/9 26 90 82
info@kloster-wiblingen.de
www.schloesser-und-gaerten.de

Bayern

 Bayerische Verwaltung der staatlichen Schlösser, Gärten und Seen

Ansbach
1 Residenz und Hofgarten Ansbach S. 54

Aschaffenburg
2 Schloss Johannisburg S. 55
3 Schloss und Park Schönbusch S. 56
29 Pompejanum S. 88

Bamberg
4 Neue Residenz Bamberg mit Rosengarten S. 57
5 Schloss Seehof S. 58

Bayreuth
6 Markgräfliches Opernhaus S. 59
7 Neues Schloss Bayreuth und Hofgarten S. 60
8 Eremitage und Hofgarten S. 61
30 Burg Zwernitz mit Felsengarten S. 88
31 Gartenkunst-Museum Schloss und Park Fantaisie S. 88

Burghausen
9 Burg zu Burghausen S. 62

Coburg
10 Schloss Ehrenburg S. 63
32 Schloss und Park Rosenau S. 88

Dachau
33 Schloss und Hofgarten S. 88

Eichstätt
34 Willibaldsburg S. 88

Ellingen
35 Residenz Ellingen mit Park S. 89

Ettal
11 Schloss und Park Linderhof S. 64

Feldafing
36 Roseninsel und Park Feldafing S. 89

Herrenchiemsee
12 Neues Schloss Herrenchiemsee S. 66
37 Augustiner-Chorherrenstift S. 89

Holzhausen am Ammersee
38 Künstlerhaus Gasteiger S. 89

Höchstädt
13 Schloss Höchstädt S. 68

Kelheim
14 Befreiungshalle Kelheim S. 69

Kempten
39 Residenz Kempten S. 89

Königssee
15 St. Bartholomä S. 70

Kulmbach
16 Plassenburg S. 71

Landshut
17 Burg Trausnitz S. 72
18 Stadtresidenz Landshut S. 73

Ludwigstadt
40 Burg Lauenstein S. 89

München
19 Residenz München S. 74
20 Schloss Nymphenburg S. 76
21 Englischer Garten S. 78
41 Ruhmeshalle und Bavaria S. 90
42 Schloss Blutenburg S. 90

Neuburg an der Donau
22 Schloss Neuburg S. 79

Schwangau
23 Schloss Neuschwanstein S. 80

Nürnberg
24 Kaiserburg Nürnberg S. 82
43 Cadolzburg S. 90

Oberschleißheim
25 Schlossanlage Schleißheim S. 83

Prunn
26 Burg Prunn S. 84

Schachen
44 Königshaus am Schachen S. 90

Übersee-Feldwies
45 Künstlerhaus Exter S. 90

Veitshöchheim
27 Schloss und Park Veitshöchheim S. 85

Würzburg
28 Residenz Würzburg S. 86
46 Festung Marienberg S. 90

Das Antiquarium der Münchner Residenz

Die staatlichen bayerischen Schlösser – einzigartige Stätten der Kunst, Kultur und Geschichte

Im „Schlösserland Bayern" haben sich einzigartige Ensembles großer europäischer Architektur mit ihrer künstlerischen Innenausstattung erhalten. Einige genießen Weltruf und sind von der UNESCO als Weltkulturerbe anerkannt. In diesen Anlagen spiegelt sich die vielfältige Geschichte des Freistaats Bayern wider: Die 45 monumentalen Gebäude, welche die Bayerische Verwaltung der staatlichen Schlösser, Gärten und Seen heute betreut, dienten einst der Repräsentation von einem Dutzend selbständiger politischer Gebilde. Sie sind zu Wahrzeichen bayerischer oder fränkischer, ja auch deutscher Kultur geworden; sie stiften regionale Identität, ziehen aber auch Besucher aus aller Welt an. Häufig sind die Bauten von bedeutenden Park- und Gartenanlagen umgeben, Meisterwerken historischer Gartenkunst, die heute auch wichtige ökologische und Erholungsfunktionen haben.

Was die meisten Schlösser vor Museen auszeichnet und sie für die Besucher so faszinierend macht, ist die unmittelbare Begegnung mit vergangenen Lebenswelten. Kunstwerke werden nicht isoliert, aus dem ehemaligen Kontext herausgerissen gezeigt, sondern sind in die ursprüngliche historische Ausstattung und damit in ihren originalen Zusammenhang eingebunden. Höfische Kunst wird so in ihrer ehemaligen Funktion erlebbar, verkündet noch ihre konstitutive politische Botschaft, bietet nicht nur ästhetischen Genuss. In einer zu virtuellen Lebenswelten tendierenden Zeit ermöglichen die Schlösser, Burgen und Gärten das Eintauchen in eine authentische Vergangenheit. Zudem sind viele Schloss- und Burganlagen noch heute Stätten lebendiger Kultur – hier finden Konzerte, Theateraufführungen und andere Veranstaltungen in den Denkmalen verträglicher und angemessener Form statt.

Die Bayerische Schlösserverwaltung, die 1918 aus dem Kgl. Bayerischen Obersthofmeisterstab hervorgegangen ist, hat die Aufgabe, das ihr anvertraute Kultur- und Naturerbe für die Öffentlichkeit zu pflegen und zu erhalten sowie zeitgemäß zu präsentieren. Sie sieht es als ihre Aufgabe an, die Attraktivität der wertvollen Ensembles durch eine optimale Vermittlung sowie durch Sonderausstellungen, die den komplexen Hintergrund erläutern, zu steigern. Die Hauptverwaltung der Bayerischen Schlösserverwaltung mit ihren verschiedenen Abteilungen für Liegenschaften sowie die denkmalgerechte Betreuung der Bauten, Sammlungen und Gärten hat ihren Sitz in München. Der ordnungsgemäße Schlossbetrieb „vor Ort" wird durch Außenverwaltungen betreut.

Residenz und Hofgarten Ansbach

Residenz und Hofgarten Ansbach
Schloss- und Gartenverwaltung Ansbach
Promenade 27
91522 Ansbach

Telefon
09 81/95 38 39-0

E-Mail
sgvansbach@bsv.bayern.de

Internet
www.schloesser.bayern.de

Die Residenz Ansbach entwickelte sich aus einer mittelalterlichen Anlage. Um 1400 entstand die Gotische Halle, in der Fayencen und Porzellane aus der Ansbacher Manufaktur ausgestellt sind. Das mittelalterliche Baugefüge wurde 1705/39 zu einem modernen Residenzbau umgeformt. Der Architekt Gabriel de Gabrieli errichtete den südländisch anmutenden Innenhof mit Arkadengängen.

Berühmt ist die Residenz Ansbach wegen der qualitätvollen und stilistisch einheitlichen Innenausstattung, die im Wesentlichen zwischen 1734 und 1744 unter der Leitung des Architekten Leopold Retti mit französisch geschulten Kunsthandwerkern entstanden ist. Seidentapeten, Stuck und Möbel sind von außerordentlicher Qualität. Auch nachdem die ehemalige Markgrafschaft Brandenburg-Ansbach 1806 an das Königreich Bayern gefallen war, wurde das Hauptgeschoss nur wenig verändert. Es umfasst drei Raumfluchten, die getrennt voneinander dem Staatszeremoniell dienten: das Appartement des Markgrafen, das Appartement der Markgräfin und das Gästeappartement mit einer festgelegten Abfolge von Vorzimmern, Audienzzimmer, Schlafzimmer und Kabinett.

Zur Residenz gehört der Hofgarten mit Orangerie, der jedoch immer durch vorhandene Bauten vom Schloss getrennt war. Der 1726/43 errichteten Orangerie ist ein Parterre vorgelagert, das von zwei seitlich angeordneten Lindensälen begleitet wird. Parallel zur Gebäudefront verläuft die Hauptachse mit doppelreihigen Hochhecken. Die Bepflanzung im Parterre wird in Anlehnung an barocke Musterbücher in artenreicher Anordnung gezeigt. Das vor der Orangerie im Sommer präsentierte Sortiment von Kübelpflanzen besteht aus Zitronen-, Pomeranzen-, Oliven-, Pistazien-, Lorbeer- und Erdbeerbäumen.

Arkadenhof von Gabriel de Gabrieli

Schloss Johannisburg, Blick von Süden

Schloss Johannisburg

Schloss Johannisburg, bis 1803 die zweite Residenz der Kurfürsten und Erzbischöfe von Mainz, liegt im Zentrum Aschaffenburgs am Ufer des Mains. Die gewaltige, fast 90 x 90 m messende Vierflügelanlage aus rotem Sandstein gehört zu den bedeutendsten Schlössern der deutschen Renaissance. Nur der alte Bergfried des 13. Jahrhunderts wurde in den 1605 bis 1614 unter Erzbischof Johann Schweikart von Kronberg durch den Straßburger Georg Ridinger errichteten Schlossneubau mit einbezogen. Ende des 18. Jahrhunderts erfolgte die klassizistische Neuausstattung des Innern durch den Architekten Emanuel Joseph von Herigoyen im zeitgenössischen Stil Louis-seize. Nach den Zerstörungen des Zweiten Weltkriegs wurden die fürstlichen Wohnräume wieder möglichst originalgetreu rekonstruiert und mit dem geretteten Originalmobiliar eingerichtet, darunter wertvolle Möbel des Roentgen-Schülers Johannes Kroll. Zu den erhaltenen Kostbarkeiten gehören auch die prunkvollen kirchlichen Gewänder aus dem Mainzer Domschatz in der Paramentenkammer. Eine besondere Attraktion des Schlosses stellt die weltweit größte Sammlung historischer Korkmodelle dar. In der Dauerausstellung „Rom über die Alpen tragen" werden 45 dieser verblüffend detailgetreuen Architekturmodelle aus farbig gefasstem Kork gezeigt, die die berühmtesten Bauwerke des antiken Rom wiedergeben. Die Größe dieser von dem Hofkonditor Carl May und seinem Sohn Georg zwischen 1792 und 1854 angefertigten Nachbildungen reicht von der 20 cm hohen Cestiuspyramide bis zum größten je gebauten Korkmodell, dem Kolosseum, mit einem Durchmesser von über 3 m. Im weiteren Schlossrundgang sind auch die Staatsgalerie der Bayerischen Staatsgemäldesammlungen und das Schlossmuseum der Stadt zu besichtigen.

Schloss Johannisburg
Schloss- und Gartenverwaltung Aschaffenburg
Schlossplatz 4
63739 Aschaffenburg

Telefon
0 60 21/3 86 57-0

E-Mail
sgvaschaffenburg@
bsv.bayern.de

Internet
www.schloesser.
bayern.de

Bayern ▪ Aschaffenburg

Schloss Schönbusch

Schloss und Park Schönbusch

Schloss und Park
Schönbusch
Kleine Schönbuschallee 1
63741 Aschaffenburg

Telefon
0 60 21/62 54 78

E-Mail
sgvaschaffenburg@
bsv.bayern.de

Internet
www.schloesser.
bayern.de

Der Schönbusch ist ein frühes Beispiel des neuen landschaftlichen Gartenstils in Deutschland. Außer seltenen Bäumen lassen sich in dem mit künstlichen Hügeln und Gewässern anmutig gestalteten Park auch zahlreiche reizvoll in die Landschaft komponierte klassizistische Bauwerke entdecken. Schloss und Park Schönbusch liegen inmitten der weiten Mainschleife gegenüber der Altstadt Aschaffenburgs, direkt an der „Großen Schönbuschallee", der alten Fernstraße nach Darmstadt. Der Mainzer Erzbischof und Kurfürst Friedrich Carl von Erthal ließ ab 1775 das ehemalige kurfürstliche Wildgehege im Nilkheimer Wäldchen zum Landschaftsgarten umgestalten. Unter maßgeblicher Mitwirkung seines Staatsministers Graf Wilhelm von Sickingen wurden künstliche Seen und Wasserläufe ausgehoben, Hügel aufgeschüttet und ein geschlängelter Gürtelweg angelegt. Der Architekt Emanuel Joseph von Herigoyen entwarf die Bauwerke im Garten. Als Erstes entstand von 1778 bis 1782 der Kurfürstliche Pavillon, heute Schloss Schönbusch genannt, ein kleines klassizistisches Sommerschlösschen mit erlesener Ausstattung im Stil Louis-seize. Bis 1788/89 kamen noch das Wirtschaftsgebäude, die Hirtenhäuser und das Dörfchen als ländlich-pittoreske Staffagen hinzu, außerdem der Freundschaftstempel und das Philosophenhaus, der Aussichtsturm, der Speisesaal und die Rote Brücke. Zur Vollendung der Gartenanlage war spätestens seit 1783 der junge Schwetzinger Hofgärtner Friedrich Ludwig Sckell hinzugezogen worden. Sckell konnte hier erstmals die in England erlernten Grundsätze der landschaftlichen Gestaltung in einem als Ganzes neu angelegten Park anwenden. Er formte den Schönbusch zu einem der bedeutendsten Landschaftsgärten Deutschlands.

Bamberg ■ **Bayern**

Neue Residenz Bamberg mit Rosengarten

Mit zwei langgestreckten Flügeln und dem abschließenden Vierzehnheiligen-Pavillon fasst der imposante Sandsteinbau zwei Seiten des Domplatzes ein. Hier regierten die Bamberger Fürstbischöfe bis 1802. Fürstbischof Lothar Franz von Schönborn hat den ersten großen barocken Schlossbau Frankens zwischen 1697 und 1703 durch Johann Leonhard Dientzenhofer errichten lassen. Zwei ältere Flügel schließen rückwärtig an. Die eindrucksvolle äußere Erscheinung der von Kriegszerstörungen verschonten Residenz wird von der Innenausstattung übertroffen. In über 40 Paraderäumen strahlen die originalen Stuckdecken, eingelegte Fußböden sowie gut 500 kostbare Möbel und Ausstattungsstücke des 17. und 18. Jahrhunderts die authentische Atmosphäre einer fürstlichen Residenz aus. Im Kaisersaal schuf Melchior Steidl von 1707 bis 1709 Wandfresken mit überlebensgroßen Bildnissen deutscher Kaiser und das Deckengemälde mit der Allegorie des „Guten Regiments". Neben den Kurfürstenzimmern und dem Fürstbischöflichen Appartement erinnern Räume an den Wittelsbacher König Otto von Griechenland, der 1862 in Bamberg sein Exil fand. Das 2009 wiedereröffnete Kaiserappartement war die politisch wichtigste Raumflucht und wurde 1900 als letzte repräsentative Wohnung der bayerischen Monarchie für Erbprinz Rupprecht und seine Frau erneut ausgestattet.

Im Innenhof der Residenz liegt der Rosengarten auf einer großen Terrasse und erlaubt dem Besucher einen herrlichen Blick auf die Stadt. In den Sommermonaten breiten etwa 4500 Rosen Duft und Blütenpracht aus. Ein architektonischer Bezugspunkt ist der 1757 fertiggestellte Rokokopavillon, in dem sich heute ein Café befindet.

Neue Residenz Bamberg mit Rosengarten
Schloss- und Gartenverwaltung Bamberg
Domplatz 8
96049 Bamberg

Telefon
09 51/5 19 39-0 und
09 51/5 19 39-1 14

E-Mail
sgvbamberg@
bsv.bayern.de

Internet
www.schloesser.
bayern.de

Neue Residenz, Kaisersaal

Bayern ▪ Bamberg-Memmelsdorf

Schloss Seehof mit Kaskade

Schloss Seehof

Schloss Seehof
96117 Memmelsdorf

Telefon
09 51/40 95-70 oder -71

E-Mail
sgvbamberg@bsv.bayern.de

Internet
www.schloesser.bayern.de

Schloss Seehof wurde ab 1686 als Sommerresidenz der Bamberger Fürstbischöfe nach Plänen von Antonio Petrini errichtet. Dabei dürfte die kastellartige Vierflügelanlage mit den vier Ecktürmen nach dem Vorbild des Aschaffenburger Schlosses bereits etwas altmodisch gewirkt haben. Nach Säkularisation und Verwahrlosung in Privatbesitz wurde der Bau mit seiner riesigen Gartenanlage 1975 vom Freistaat Bayern erworben und saniert. Der größte Teil des Schlosses wird heute von einer Außenstelle des Bayerischen Landesamts für Denkmalpflege genutzt.

Neben der Schlosskapelle sind das Fürstliche Appartement und das als Gästeappartement genutzte Appartement des 1. Gesandten für Besucher zugänglich. Beide Raumfluchten waren unter Fürstbischof Adam Friedrich von Seinsheim ab 1760 neu ausgestattet worden und bisweilen können Teile des ehemaligen Kunstguts zurückerworben werden. Im Zentrum der Raumfolgen liegt der Weiße Saal mit dem virtuosen Deckengemälde von Joseph Ignaz Appiani. In seinem Götterhimmel wurden die Jahreszeiten, Musik, Garten- und Feldbau oder Jagd und Fischerei ab 1751 thematisiert.

Den Schwerpunkt der Gesamtanlage bildet jedoch der streng geformte und von Mauern umgebene Park, der seit 1975 nach erhaltenen Teilen und originalen Plänen wiederhergestellt wird. Seinen Ruhm bildeten einst etwa 400 Gartenfiguren aus der Werkstatt des Bildhauers Ferdinand Tietz, die größtenteils verloren sind und teilweise durch Abgüsse ersetzt wurden. Erhaltene Originale können im Ferdinand-Tietz-Museum besichtigt werden. Über der extravaganten Kaskade mit ihren Wasserspielen von 1764/71 steht Herkules als Allegorie auf den Bauherrn Adam Friedrich von Seinsheim, dem Feinde und Laster, aber auch Künste und Wissenschaften zu Füßen liegen.

Markgräfliches Opernhaus

Ein Juwel unter den historischen Theaterbauten ist das zwischen 1744 und 1748 errichtete Markgräfliche Opernhaus, das zu den wenigen in Europa erhaltenen Barocktheatern im Originalzustand zählt. Das Gebäude entwarf Joseph St. Pierre (1709–1754). Eine prunkvolle Tempelfront erhebt sich über den Eingangstoren. Durch ein Vestibül und einen Vorraum gelangt man in den prachtvollen Zuschauerraum. Ihn schuf der bedeutende, aus Bologna stammende Theaterarchitekt Giuseppe Galli Bibiena (1696–1757). Giuseppe, der als kaiserlicher Theatralingenieur zuvor in Wien und dann in Dresden tätig war, galt zu seiner Zeit als der berühmteste Star unter den Theaterarchitekten. Er und viele andere Familienmitglieder prägten mit ihren zahllosen Bauten das Theater- und Opernleben in ganz Europa. Zur Seite stand ihm sein Sohn Carlo (1728–1780), der noch ein ganzes Jahrzehnt in Bayreuth als Bühnenbildner tätig war. Das aus Holz gefertigte Ranglogentheater ist über einem glockenförmigen Grundriss errichtet. Die Logen der drei Ränge waren den Ständen der Gesellschaft zugeordnet, das markgräfliche Herrscherpaar präsentierte sich bei besonderen Anlässen in der mittleren Fürstenloge. Die Bühne ist etwa so tief wie der Zuschauerraum. Aufgeführt wurde hier vor allem die Gattung der italienischen Opera seria mit Stoffen aus der antiken Mythologie und Geschichte. Das Hoftheater vermittelte mit seiner Architektur und Ausgestaltung dem damaligen Besucher die Botschaft: Mit dem Markgrafenpaar Friedrich und Wilhelmine hat ein Zeitalter des Friedens und der Weisheit begonnen, in dem auch die Künste blühen. Das Opernhaus wurde anlässlich der Hochzeit der Tochter Elisabeth Friederike Sophie mit Herzog Carl II. Eugen von Württemberg eingeweiht.

Markgräfliches Opernhaus
Opernstraße 14
95444 Bayreuth

Telefon
09 21/7 59 69-22

E-Mail
sgvbayreuth@
bsv.bayern.de

Internet
www.bayreuth-wilhelmine.de

Markgräfliches Opernhaus

Neues Schloss Bayreuth und Hofgarten

Neues Schloss Bayreuth
Ludwigstraße 21
95444 Bayreuth

Telefon
09 21/7 59 69-21

E-Mail
sgvbayreuth@
bsv.bayern.de

Internet
www.bayreuth-
wilhelmine.de

Dank Markgräfin Wilhelmine von Bayreuth (1709–1758), Lieblingsschwester des preußischen Königs Friedrich II., wurde der Bayreuther Hof im Zeitalter des Rokoko zu einem Kunstzentrum europäischen Ranges. Wilhelmine war 1731 mit dem Bayreuther Erbprinzen Friedrich verheiratet worden (ab 1735 Markgraf).

Nach dem Brand des Alten Schlosses errichtete ab 1753 Hofarchitekt Joseph St. Pierre (1709–1754) die neue Stadtresidenz. Unter den privaten Räumen der Markgräfin, die Wilhelmine selbst entwarf, sind insbesondere das Spiegelscherbenkabinett – die in chinesische Motive eingelassenen Spiegel gaben dem Zimmer seinen Namen – und das Alte Musikzimmer hervorzuheben. Den Stuck führte größtenteils Jean-Baptiste Pedrozzi (1710–1778) aus. In dem Inneren Vorzimmer und dem Audienzzimmer hängen wertvolle Wirkteppiche der Amsterdamer Manufaktur von Alexander I. Baert. Charakteristisch für das späte Bayreuther Rokoko (um 1755) ist das „Palmenzimmer" im Markgrafenflügel, das den Eindruck hervorruft, man befände sich in einem Palmenhain. Im Erdgeschoss des Neuen Schlosses wird eine umfangreiche Sammlung Bayreuther Fayencen der 1716 gegründeten Manufaktur gezeigt. An eine Filialgalerie der Bayerischen Staatsgemäldesammlung mit Malereien des 17. und 18 Jahrhunderts schließt sich das kostbar ausgestattete Italienische Schlösschen an, dass Markgraf Friedrich für seine zweite Gemahlin bauen ließ.

Das Gelände des Hofgartens wurde bereits seit dem Ende des 16. Jahrhunderts als Garten genutzt. Die um 1753/54 angelegte spätbarocke Anlage wurde Ende des 18. Jahrhunderts nach „Engelländischer Art" umgewandelt.

Neues Schloss Bayreuth

Eremitage, Neues Schloss, Blick von Norden auf den Sonnentempel und den östlichen Zirkelbau

Eremitage und Hofgarten

1715 ließ Markgraf Georg Wilhelm das Alte Schloss mit Gartenanlagen, Kaskaden und sieben nicht mehr erhaltenen Einsiedeleien als Mittelpunkt einer höfischen „Eremitenklause" errichten. Das kleine Schloss ist dem von Georg Willhelm begründeten Ordre de la sincérité gewidmet. Der Gang durch das hintergründige Schloss ist als Initiation der Adepten in diesen fürstlichen Hausorden konzipiert. Markgräfin Wilhelmine erweiterte ab 1735 den Bau zu einem heiteren Sommerschlösschen. Hervorzuheben sind ihr Audienzzimmer, das Musikzimmer, das Japanische Kabinett und das Chinesische Spiegelkabinett, in dem Wilhelmine ihre berühmten Memoiren schrieb. In den Deckengemälden breitet sie einen faszinierenden Entwurf ihrer Vorstellungen eines idealen Staates im Zeitalter der Aufklärung aus.

Der Garten, maßgeblich von der Markgräfin geprägt, wurde mit barocken Elementen wie Parterres, Bosketten, Alleen oder einem Kanalgarten ausgestattet. Die Wasserspiele der „Unteren Grotte" sollten von der Terrasse oder vom „Eremitenhaus" des Markgrafen Friedrich betrachtet werden. Ein römisches Theater, um 1745 von Joseph St. Pierre errichtet, ist das früheste Beispiel eines künstlichen Ruinentheaters. Garten und anschließender Wald werden von einem „Gürtelweg" umschlossen – ein dem „Landschaftsgarten" vorweggenommenes Element. Die ovale Anlage des Neuen Schlosses Eremitage (1753–1757) setzte den Schlusspunkt der Arbeiten. Bergkristall und farbiger Glasfluss überziehen funkelnd die Außenfront des zentralen „Sonnentempels" und der Zirkelbauten der Orangerieflügel. Apoll mit seinem Sonnenwagen bekrönt den mittleren Tempelbau. Davor erstreckt sich ein Wasserbassin mit mythologischen Figuren.

Eremitage
Eremitage Haus Nr. 1
95448 Bayreuth

Telefon
09 21/7 59 69-37

E-Mail
sgvbayreuth@
bsv.bayern.de

Internet
www.bayreuth-
wilhelmine.de

Burg zu Burghausen

Burg zu Burghausen
Burg Nr. 48
84489 Burghausen

Telefon
0 86 77/87 72 33

E-Mail
burg.burghausen@gmx.de

Internet
www.burg-burghausen.de

Mit einer Ausdehnung von etwas über 1000 m Länge ist die Burg zu Burghausen eine der längsten Burgen der Welt. Die mächtige Burg der Wittelsbacher Herzöge ist zugleich ein herausragendes Zeugnis mittelalterlichen Burgen- und Wehrbaus. Von 1255 bis 1503 war die Burg die Zweitresidenz der in Landshut residierenden niederbayerischen Herzöge. Sie diente als Hofhaltung ihrer Gemahlinnen und Wohnsitz der Erbprinzen. Die Reichen Herzöge von Bayern-Landshut verwahrten hier ihren Gold- und Silberschatz.

Die bis heute von nahezu intakten Ringmauern umwehrte Anlage erstreckt sich auf einem schmalen Bergrücken oberhalb der Salzach hoch über der Stadt Burghausen. Fünf große Höfe, durch Gräben und Toranlagen gesichert, unterteilen als Abschnitte der Befestigung das Bergplateau und bilden mit ihren Wehrmauern, Toren und Türmen und den Wirtschaftsgebäuden und Wohnbauten für Hofbeamte und Handwerker den Auftakt der Gesamtanlage. Diese kulminiert in der mächtigen Hauptburg um den inneren Burghof an der Südspitze des Burgbergs.

Herzog Heinrich XIII. von Niederbayern (reg. 1255–1290) errichtete große Teile der Hauptburg mit Palas, Dürnitz, Innerer Burgkapelle St. Elisabeth und Kemenatentrakt. Herzog Georg der Reiche (reg. 1479–1503) ließ die Gebäude der Hauptburg ausbauen und die Befestigungsanlagen entsprechend der fortifikatorischen Neuerungen erweitern und verstärken. Die weitläufige Burg zu Burghausen wurde so zu einem imposanten Bollwerk, das Schutz gewährte sowie Macht und Repräsentationswillen ausstrahlte. Die museale Einrichtung des Palas mit Mobiliar, Gemälden, Skulpturen und Wirkteppichen aus der Zeit der Gotik und Frührenaissance entspricht dem Charakter einer Fürstenwohnung.

Burg zu Burghausen

Georgstor

Schloss Ehrenburg

1547 verlegte Herzog Johann Ernst von Sachsen-Coburg (reg. 1542–1553) seine Hofhaltung von der Veste hinab in die neu errichtete Stadtresidenz. Innerhalb von fünf Jahren war sie anstelle eines aufgehobenen Franziskanerklosters entstanden. Kaiser Karl V. (reg. 1519–1556) soll ihr den Namen „Ehrenburg" verliehen haben, weil sie ohne Frondienste erbaut wurde. Nach einem Brand wurde Schloss Ehrenburg ab 1690 zur barocken Dreiflügelanlage erweitert. Aus dieser Zeit stammen die Schlosskirche und der Riesensaal. Mächtige Atlanten, die als Pfeilerfiguren das umlaufende Gebälk tragen, gaben dem prächtigen Festsaal seinen Namen. Unter Herzog Ernst I. (reg. 1806–1844) erhielt Schloss Ehrenburg nach Plänen des Berliner Architekten Karl Friedrich Schinkel ab 1810 seine neogotische Fassade. Die Appartements wurden von dem Franzosen André-Marie Renié-Grétry prunkvoll im Empire-Stil ausgestaltet. Sowohl die Qualität der Ausstattung mit Möbeln, Bronzen und Textilien als auch der gute Erhaltungszustand dieser Räume sind bemerkenswert. Das 19. Jahrhundert bedeutete für das Haus Coburg, bedingt durch geschickte Heiratspolitik, einen glanzvollen internationalen Aufstieg. Zahlreiche Porträts in Schloss Ehrenburg erinnern noch heute an die verwandtschaftlichen Beziehungen u. a. zu den Königshäusern von Großbritannien, Belgien und Schweden. Einrichtungsgegenstände aus der Epoche des Historismus repräsentieren den herrschaftlichen Wohnstil des ausgehenden Jahrhunderts. Beachtlich ist zudem die historische Gemäldesammlung der Coburger Herzöge. In zwei Galerien sind Werke von Lucas Cranach d. Ä., von holländischen und flämischen Künstlern des 16. und 17. Jahrhunderts sowie romantische Landschaftsbilder zu sehen.

Schloss Ehrenburg
Schloss- und Gartenverwaltung Coburg
96450 Coburg

Telefon
0 95 61/80 88-32

E-Mail
sgvcoburg@bsv.bayern.de

Internet
www.sgvcoburg.de

Schloss Ehrenburg, Riesensaal

Bayern ■ Ettal

Schloss und Park Linderhof

Schloss Linderhof
Schloss- und Gartenverwaltung Linderhof
Linderhof 12
82488 Ettal

Telefon
0 88 22/92 03-0
für Anfragen:
0 88 22/92 03-49

E-Mail
sgvlinderhof@
bsv.bayern.de

Internet
www.linderhof.de

Die „Königliche Villa" in Linderhof ist das einzige zu Lebzeiten Ludwigs II. vollendete seiner Bauprojekte. Vorbild für den Bautypus und die reiche Ausstattung ist die „Maison de plaisance", das kleine, meist in einem Park gelegene „Lustschloss", wie es im 18. Jahrhundert in Frankreich entstand und auch in Deutschland öfter in den Parkanlagen der großen Schlösser errichtet wurde. Sowohl die Wand- und Deckenmalereien als auch die Ornamentik entstammen auf Weisung Ludwigs II. französischen Vorbildern der Zeit Ludwigs XV. Allerdings ist das Neurokoko Ludwigs II. in seiner Fülle und Dichte sehr stark von Vorbildern geprägt, die sein Vorfahr Kaiser Karl VII. (reg. 1742–1745) in München errichtet hatte. Auf ihn bezog sich Ludwig II. mit den Jahren immer deutlicher.

Der Park von Schloss Linderhof, einer der qualitätvollsten des 19. Jahrhunderts, vereinigt Elemente des französischen Barockgartens und des englischen Landschaftsgartens. Barocke Motive sind die in der Mittelachse des Schlosses angelegten Terrassen mit Wasserbassins, geometrischen Blumenbeeten, der langen Kaskade mit Figurenbrunnen und die beiden Blickpunkte Pavillon und Venustempel. Von englischen Vorbildern stammt die naturnahe, unregelmäßige Gestaltung des umgebenden Parks mit den exotischen Bauten. Die Parkbauten stammen teils aus der Orientmode, die auch Ludwig II. pflegte: Marokkanisches Haus und Maurischer Kiosk, teils aus der Begeisterung Ludwigs für die Musikdramen Richard Wagners, nämlich die drei im Park errichteten Bühnenbilder Hundinghütte (1. Akt der Walküre), Einsiedelei des Gurnemanz (3. Akt des Parsifal) und Venusgrotte (1. Akt des Tannhäuser). Auch die umgebende Gebirgsnatur ist durch Sichtachsen und kilometerlange Wege in dieses geniale Gesamtkunstwerk einbezogen.

Schloss Linderhof, Hauptfassade von Süden

Terrassenanlage vor der Hauptfassade

Speisezimmer

Neues Schloss Herrenchiemsee

Neues Schloss Herrenchiemsee
Schloss- und Gartenverwaltung Herrenchiemsee
83209 Herrenchiemsee

Telefon
0 80 51/68 87-0

E-Mail
sgvherrenchiemsee@bsv.bayern.de

Internet
www.herrenchiemsee.de

Ludwig II. kaufte 1873 die Insel Herrenchiemsee, um ihren alten Baumbestand vor Holzspekulanten zu retten, aber auch, weil sie der geeignete Ort für sein größtes Schlossprojekt war: eine Paraphrase des Schlosses Versailles als Denkmal des Absolutismus. Schon seit 1868 anderwärts in Planung, hatte das Projekt hier endlich ausreichend Platz, auch für die Parkanlage nach Versailler Vorbild. Das „Neue Schloss Herrenchiemsee" ist jedoch keine Kopie; nur die wichtigsten Trakte und Räume wurden zitiert und es wurde viel prächtiger ausgestattet als Versailles es je war. Das „Paradeschlafzimmer" Ludwigs XIV. wurde bei Ludwig II. zum teuersten Raum des 19. Jahrhunderts übersteigert und das für ihn selbst als Wohnung eingerichtete „Kleine Appartement" enthält eine Porzellanausstattung, die kunsthandwerklich-technisch der Gipfelpunkt europäischer Porzellankunst ist. Ludwig II. zitierte in seinem Schloss aber nicht nur Versailles, sondern auch die barocken Bauten seiner eigenen Vorfahren. So haben die raumüberspannenden Deckenbilder und die Spiegelkabinette nichts mit Frankreich zu tun, sondern sind aus Räumen Kurfürst Max Emanuels und Karl Albrechts (reg. 1742–1745 als Kaiser Karl VII.) zitiert. Ludwig II. wollte also auch den Wittelsbachern ein Denkmal setzen und sich damit in ihre Tradition einreihen. Schloss und Park waren beim Tod des Königs unvollendet; im Schloss fehlen zum einst Vorgesehenen aber nur wenige Räume und der Park ist auch als Torso grandios. Nur das Hauptparterre mit seinen rekonstruierten Wasserspielen wurde fertig. Es ist eingebettet in die unberührte Natur der Insel, die schon Ludwig II. faszinierte: Er ließ einen etwa 7 km langen Rundweg anlegen, der vielfältige Natureindrücke, auch Fernblicke auf See und Berge, erschließt.

Große Spiegelgalerie

Gartenfassade des Neuen Schlosses

Bayern — Höchstädt

Schloss Höchstädt

Schloss Höchstädt
Schlossverwaltung
Neuburg
Außenstelle Höchstädt
Herzogin-Anna-Straße 52
89420 Höchstädt

Telefon
0 90 74/95 85-7 00 und
Mobil 01 72/8 25 56 02

E-Mail
wiedemann-schloss
hoechstaedt@gmx.de

Internet
www.schloss-
hoechstaedt.de

Von 1589 bis 1602 wurde Schloss Höchstädt von Graf Philipp Ludwig von Pfalz-Neuburg als Witwensitz für seine Gemahlin Anna von Jülich-Kleve-Berg errichtet. Die gewaltige Vierflügelanlage mit runden Ecktürmen im Stil der Spätrenaissance schufen Meister aus Graubünden. Die Ausmalung der evangelischen Schlosskapelle war damals eine Besonderheit im ansonsten katholischen Bayern. Nach dem Tod der Herzogin 1632 diente das Schloss verschiedenen Zwecken, so dass kein Mobiliar aus dieser Zeit erhalten ist. In den Museumsräumen sind aber noch die Stuckdecken aus der Zeit nach 1600 und nach 1715 sowie jüngst freigelegte Wandmalereien des 18. Jahrhunderts zu sehen.

Berühmt wurde Höchstädt durch eine Schlacht, die 1704 im Spanischen Erbfolgekrieg Geschichte schrieb: Der Sieg von Höchstädt brachte die Wende zugunsten der kaiserlichen und englischen Truppen gegen die verbündeten Bayern und Franzosen. Spannend und eindringlich informiert die Dauerausstellung über die Schlacht und die Dimensionen des Gemetzels, in dem 25.000 Männer getötet oder verwundet wurden. Beleuchtet wird neben damaliger Kriegstechnik auch das Schicksal der Bevölkerung, die unter dem Durchzug der Armeen litt.

Unter dem Titel „Über den Tellerrand…" wurde im völlig neu konzipierten Museum Deutscher Fayencen eine abwechslungsreiche Ausstellung für Groß und Klein rund um das Thema „Fayence" eingerichtet. Rund 1000 Exponate auf 900 qm bieten einen lebendigen Überblick über Geschichte und Technik der Fayence, informieren über die Arbeit in den Manufakturen und machen die große Bedeutung der Fayence für die Tafel- und Wohnkultur der Zeit anschaulich. Mitmachstationen, sinnliche und spielerische Inszenierungen laden zum Entdecken und Ausprobieren ein.

Schloss Höchstädt

Befreiungshalle Kelheim

Befreiungshalle Kelheim

Der imposante Rundbau der Befreiungshalle erhebt sich auf dem Michelsberg in Kelheim, über dem Zusammenfluss von Altmühl und Donau. Der bayerische König Ludwig I. hatte 1842 seinen Architekten Friedrich Gärtner mit dem Bau einer Gedenkstätte für den deutschen Sieg in den Befreiungskriegen gegen Napoleon (1813–1815) beauftragt. Das Denkmal wurde nach Gärtners Tod 1847 durch Leo von Klenze, einem der bedeutendsten deutschen Architekten des Klassizismus, nach geänderten Plänen vollendet. Klenze schuf mit der Befreiungshalle einen Bau, der sowohl an antike Tempel als auch an einen mittelalterlichen Gralsturm denken lässt. Die feierliche Einweihung fand am 18. Oktober 1863, dem 50. Jahrestag der Völkerschlacht bei Leipzig, statt. Die Befreiungshalle ist als 18-eckiges Polygon konzipiert. Am Außenbau bekrönen 18 Kolossalstatuen als Allegorien der deutschen Volksstämme die Strebepfeiler. Im Inneren der monumentalen, kuppelgewölbten Halle stehen vor Arkadennischen 34 „Siegesgöttinnen". Sie symbolisieren die 34 Staaten des 1815 gegründeten Deutschen Bundes. Ihre vergoldeten Schilde aus Geschützbronze verzeichnen auf Inschriften die siegreichen Schlachten der Befreiungskriege. Entworfen wurden die Skulpturen aus Carrara-Marmor von dem Münchner Bildhauer Ludwig von Schwanthaler. Die Befreiungshalle Kelheim steht in einer Reihe mit anderen Monumentalbauten, die König Ludwig I. zum Ruhm Bayerns und der deutschen Nation errichten ließ: der Feldherrnhalle, dem Siegestor und der Bavaria in München sowie der Walhalla in Regensburg.

Befreiungshalle Kelheim
Verwaltung der
Befreiungshalle Kelheim
Befreiungshallestraße 3
93309 Kelheim

Telefon
0 94 41/6 82 07-10

E-Mail
befreiungshalle.
kelheim@bsv.bayern.de

Internet
www.schloesser.
bayern.de

Bayern ■ Königssee

St. Bartholomä am Königssee

Königssee –
St. Bartholomä
83471 St. Bartholomä

Telefon
0 80 51/9 66 58-0

E-Mail
seeverwaltung.
chiemsee@bsv.bayern.de

Internet
www.schloesser.
bayern.de

Umstanden von Felswänden, mit grandiosen Ausblicken auf die Gipfel des Hochgebirges, ist der Königssee eines der meistbesuchten Ziele der gesamten Alpen. Man darf ihn sich trotzdem nicht entgehen lassen, er ist zu jeder Jahreszeit faszinierend. Auf einer Halbinsel, auch heute nur mit dem Schiff oder durch eine vielstündige Bergtour zu erreichen, errichteten die Fürstpröpste von Berchtesgaden 1134 die Wallfahrtskirche St. Bartholomä. Ihre heute noch erhaltene barocke Gestalt erhielt sie ab 1697 durch Fürstpropst Joseph Clemens und wurde von Salzburger Meistern ausgestattet. Sie war ein wichtiger Wallfahrtsort für die weitere Umgebung. Heute zieht das prächtige Kirchweihfest am Sonntag nach dem Bartholomäustag (24. August) viele Besucher an. Das benachbarte fürstpröpstliche Jagdschloss wurde im 18. Jahrhundert zum Sommersitz erweitert. Nachdem Berchtesgaden 1810 zu Bayern gekommen war, wurde St. Bartholomä, für die Hochgebirgsjagd ideal gelegen, ein Lieblingsaufenthalt der bayerischen Könige. Die Landschaftsmaler des ganzen 19. Jahrhunderts liebten diese Gegend. 1978 wurde die Landschaft des Königssees zum Nationalpark erklärt. Um St. Bartholomä kann man als Spaziergänger Landschaft und Flora des Hochgebirges erleben.

St. Bartholomä

Plassenburg

Die Plassenburg hoch über Kulmbach zählt zu den mächtigsten Festungsanlagen in Bayern. 1338 bis 1791 gehörte sie den Burggrafen von Nürnberg und späteren Markgrafen zu Brandenburg aus dem Hause Hohenzollern. Markgraf Georg Friedrich (reg. 1543–1603) ließ die kriegszerstörte Burg ab 1559 durch den Baumeister Caspar Vischer erneuern. Dabei entstand eine der bedeutendsten Schöpfungen der deutschen Renaissance: der „Schöne Hof", ein eindrucksvoller Arkaden- und Turnierhof mit umfangreichen Bildhauerarbeiten. Das gewaltige Bauwerk der „Hohen Bastei" wurde erst 1606/08 errichtet. Beispielhaft verbindet die Plassenburg einen repräsentativen Schlossbau mit seinerzeit hochmodernen, 1806 teilweise geschleiften Festungswerken.

Das 2003 eröffnete Museum „Hohenzollern in Franken" spannt den Bogen von den Burggrafen des Mittelalters über die beiden Fürstentümer der Barockzeit (Ansbach und Kulmbach/Bayreuth) bis zur preußischen Herrschaft um 1800: Es präsentiert die Innenräume der Renaissancezeit mit hervorragenden Ausstellungsstücken. Ansichten und Modelle veranschaulichen die Bauphasen der Anlage. Nach der Abdankung des letzten Markgrafen Alexander zugunsten des Königs von Preußen 1791 machte Karl August Freiherr von Hardenberg die beiden Fürstentümer zu Versuchsfeldern für seine Reformideen. Nach dem Übergang der Territorien an das neue Königreich Bayern bemühten die Preußenkönige sich um die Pflege der fränkischen Denkmäler ihrer Familie.

Darüber hinaus beherbergt die Plassenburg weitere bedeutende Sammlungen wie das „Armeemuseum Friedrich der Große" mit der weltweit größten zugänglichen Sammlung preußischer Militaria des 18. Jahrhunderts, das Landschaftsmuseum Obermain sowie das Deutsche Zinnfigurenmuseum.

Plassenburg
95326 Kulmbach

Telefon
0 92 21/82 20-0

E-Mail
sgvbayreuth@bsv.bayern.de

Internet
www.schloesser.bayern.de

Plassenburg, Schöner Hof

Bayern — Landshut

Burg Trausnitz

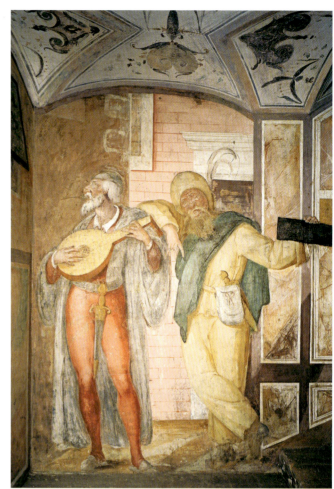
Narrentreppe

Burg Trausnitz

Burg Trausnitz
Burgverwaltung
Landshut
Burg Trausnitz 168
84036 Landshut

Telefon
08 71/9 24 11-0 und
Infoline 08 71/9 24 11-44

E-Mail
burgverwaltung.
landshut@bsv.bayern.de

Internet
www.burg-trausnitz.de

Burg Trausnitz, hoch über der Stadt Landshut gelegen, ist die älteste der erhaltenen Burgen des Hauses Wittelsbach. 1204 wurde sie durch Herzog Ludwig I., den Kelheimer, gegründet. Im späten Mittelalter, als Bayern in Teilherzogtümer geschieden war, war Landshut von 1255 bis 1503 Mittelpunkt des Herzogtums Niederbayern; Burg Trausnitz genoss damals als Residenz der niederbayerischen Herzöge herausragende Bedeutung. 1514 bis 1545 war die Burg Sitz des bayerischen Mitregenten Herzog Ludwig X. Eine besondere Blütezeit erlebte die Burg nochmals von 1568 bis 1579 als Hofhaltung des bayerischen Erbprinzen Wilhelm (V.).

Ihrer Bedeutung gemäß wurde die Burg über die Jahrhunderte hinweg ausgebaut und mit Kunstwerken ausgestattet. Aus allen Epochen ihrer Geschichte haben sich bedeutende Zeugnisse erhalten. Von der Gründungszeit vermitteln Bergfried, Torbau und Alte Dürnitz eine Vorstellung. Mit ihrem originalen Figurenschmuck (um 1230/35) besitzt die Burgkapelle St. Georg zudem die wichtigsten Beispiele der im bayerischen Raum erhaltenen Plastik des 13. Jahrhunderts. Berühmt sind auch die Altäre des Meisters des Pfarrwerfener Altars von 1420/30 aus der Zeit der Reichen Herzöge. Letztere prägten im 15. Jahrhundert den heute noch in großen Zügen intakten wehrhaften Ausbau der Burg.

Vom italienisch geprägten Renaissancehof Erbprinz Wilhelms zeugen die unter Leitung des Friedrich Sustris entstandenen Laubengänge im Inneren Burghof und die berühmten Wandmalereien der „Narrentreppe" mit Szenen aus der Commedia dell'arte. Die 2004 eröffnete „Kunst- und Wunderkammer Burg Trausnitz" erinnert an die Tradition der bayerischen Herzöge, die sich solche Kunstkammern einrichteten.

Landshut ■ **Bayern**

Stadtresidenz Landshut

Die Stadtresidenz Landshut ist ein spektakuläres Zeugnis italienischer Renaissancebaukunst von europäischem Rang. Sie ist zugleich politisches Vermächtnis ihres Bauherrn, Herzog Ludwig X. (1495–1545), der sich 1514 von seinem älteren Bruder Wilhelm IV. die gemeinsame Regierung des Herzogtums Bayern erstritt und als Mitregent in Landshut residierte.

1536 beauftragte Ludwig X. Bernhard Zwitzel mit dem Bau eines Stadtpalastes im innovativen Stil der Augsburger Frührenaissance. Sein Vorhaben erhielt eine neue Ausrichtung, als er noch im selben Jahr auf einer Italienreise moderne Renaissancepaläste kennenlernte, vor allem den von Giulio Romano erbauten Palazzo Te in Mantua. Unter der Federführung italienischer Bauleute aus Mantua wurde dem bereits begonnenen „Deutschen Bau" nun der „Italienische Bau" mit Fassade, Arkadenhof und Gewölbesälen nach italienischem Vorbild gegenübergestellt. Bewusst zitierte der Landshuter Renaissancefürst den schon damals berühmten Mantuaner Palast seines Vetters Federico Gonzaga und zeigte sich damit auf der Höhe der Zeit. Seine 1543 vollendete Stadtresidenz gilt als der erste Renaissancepalast auf deutschem Boden.

Die Raumfolgen des Italienischen Baus mit ihren prächtigen gewölbten und stuckierten Sälen, Marmorkaminen und Portalen wurden mit einem komplexen humanistischen Bildprogramm ausgemalt, das zugleich Ausdruck der politischen Einigung der Brüder war. Diesen einzigartigen Malereizyklus der Renaissance in Bayern schufen der Salzburger Hans Bocksberger d. Ä., der in Italien geschulte Niederländer Herman Posthumus und der Münchner Ludwig Refinger. Zu besichtigen sind auch die klassizistischen Wohnräume des Pfalzgrafen Wilhelm von Birkenfeld, Ahnherr der Kaiserin Sisi, mit Zeugnissen früher Tapetenkunst.

Stadtresidenz
Altstadt 79
84028 Landshut

Telefon
08 71/9 24 11-0
08 71/2 51 42

E-Mail
burgverwaltung.
landshut@bsv.bayern.de

Internet
www.burg-trausnitz.de

Stadtresidenz, Italienischer Saal

Residenz München mit Schatzkammer und Cuvilliés-Theater

Residenz München
Verwaltung der
Residenz München
Residenzstraße 1
80333 München

Telefon
0 89/2 90 67-1

E-Mail
ResidenzMuenchen@
bsv.bayern.de

Internet
www.residenz-
muenchen.de

Die Münchner Residenz entwickelte sich aus einer 1385 erbauten Wasserburg zu einem weitläufigen Schlosskomplex um zehn Höfe und war über Jahrhunderte bis 1918 Wohn- und Regierungssitz der bayerischen Herrscher aus dem Hause Wittelsbach. 1944 wurde die Bauanlage weitgehend zerstört, das bewegliche Kunstinventar konnte jedoch größtenteils gerettet werden. Dank umfangreicher Restaurierungs- und Rekonstruktionsarbeiten wieder erstanden, gehört die Münchner Residenz heute mit etwa 130 Räumen aus vier Jahrhunderten zu den bedeutendsten Schlossmuseen Europas.

Der älteste erhaltene und größte historische Raum ist das Antiquarium. Ab 1568 für die Antikensammlung Herzog Albrechts V. errichtet, wurde der beeindruckende Renaissancesaal bis 1600 zu einem Festsaal umgestaltet. Die Erweiterung der Residenz unter Herzog Maximilian I. zeugt von der Schlossbaukunst des 17. Jahrhunderts (u. a. Kaisersaal, Trierzimmer, Steinzimmer, Reiche Kapelle). Prunkvolle Raumschöpfungen des höfischen Rokoko repräsentieren die Ahnengalerie und die Reichen Zimmer, die nach Entwürfen des Architekten François Cuvilliés d. Ä. unter Kurfürst Carl Albrecht von 1729 bis 1737 ausgestattet wurden, sowie der Zuschauerraum des Cuvilliés-Theaters von 1755. Die klassizistischen Appartements im Königsbau wurden schließlich bis 1835 im Auftrag König Ludwigs I. nach Entwürfen des Architekten Leo von Klenze ausgestaltet.

Die kostbaren Möbel, Gemälde, Plastiken, Bronzen, Uhren und Wandteppiche in den Schauräumen werden durch Spezialsammlungen mit Reliquien, Silber und Porzellan ergänzt. In der Schatzkammer der Wittelsbacher werden seit 1565 einzigartige Schmuckstücke und Goldschmiedearbeiten, aber auch Bergkristallgefäße und die bayerischen Kroninsignien aufbewahrt.

Antiquarium

Cuvilliés-Theater, Zuschauerraum

Schatzkammer, Statuette des Ritters St. Georg

Schloss Nymphenburg

Schloss Nymphenburg
Schloss- und Gartenverwaltung Nymphenburg
Schloss Nymphenburg, Eingang 19
80638 München

Telefon
0 89/1 79 08-0

E-Mail
sgvnymphenburg@bsv.bayern.de

Internet
www.schlossnymphenburg.de

Anlässlich der Geburt des Thronfolgers Max Emanuel beauftragten Kurfürst Ferdinand Maria und seine Gemahlin Henriette Adelaide von Savoyen den Architekten Agostino Barelli 1664 mit dem Bau von Schloss Nymphenburg. Max Emanuel ließ die kubische „Villa Suburbana" ab 1701 durch Henrico Zuccalli mit seitlichen Galerien und Wohnpavillons erweitern. Ab 1714 gestaltete Joseph Effner die sich beiderseits anschließenden Vierflügelanlagen der Nebengebäude und modernisierte die Fassade des Mittelbaus nach französischem Vorbild: Aus dem schlichten Jagdsitz war so eine ausgedehnte Sommerresidenz des Absolutismus geworden.

Kurfürst Max III. Joseph ordnete eine Neugestaltung der Innenräume an. Hervorzuheben ist der „Steinerne Saal" im Stil des ausklingenden bayerischen Rokoko, entstanden unter der Regie von Johann Baptist Zimmermann und François Cuvilliés d. Ä. Im Schloss ist heute die weltweit bekannte „Schönheitengalerie" König Ludwigs I. – gemalt von Joseph Stieler – ausgestellt. Der Rundgang erlaubt auch einen Blick in das Geburtszimmer von König Ludwig II. von Bayern. Akzente im weitläufigen Schlosspark setzen die Parkburgen aus dem 18. Jahrhundert: die Schlösschen Pagodenburg als hervorragendes Zeugnis der Chinamode, Badenburg mit beheizbarem Badebecken sowie die künstliche Einsiedelei Magdalenenklause, alle drei konzipiert von Joseph Effner zwischen 1716 und 1725 im Auftrag Kurfürst Max Emanuels. Nach Entwürfen von François Cuvilliés d. Ä. entstand 1734 bis 1739 das Jagdschlösschen Amalienburg, ein Hauptwerk des europäischen Rokoko.

Das Marstallmuseum beherbergt Prunkwagen und Prunkschlitten der bayerischen Herrscher. Die Sammlung Bäuml präsentiert die Erzeugnisse der Nymphenburger Porzellanmanufaktur seit ihrer Gründung 1747.

Steinerner Saal

Schloss Nymphenburg

Englischer Garten

Englischer Garten
Verwaltung des Englischen Gartens München
Englischer Garten 2
80538 München

Telefon
0 89/3 86 66 39-0

E-Mail
gvenglischergarten@
bsv.bayern.de

Internet
www.schloesser.
bayern.de

Kurfürst Carl Theodor bestimmte 1789 unter dem Eindruck der Französischen Revolution, im Jagdgebiet an der Isar einen Volksgarten anzulegen. Das Vorhaben wurde zunächst von dem in Amerika geborenen Sir Benjamin Thompson (später zum Reichsgrafen von Rumford erhoben), ab 1798 von Freiherr von Werneck geleitet. Erste Pflanzungen und Parkarchitekturen wurden angelegt, so 1790 der Chinesische Turm und das Ökonomiegebäude, 1791 der Militärsaal (heute „Rumfordsaal"). 1799 wurden die am Rand des Gartens gelegenen Militärgärten aufgelöst und die Hirschau, ein Gelände von 100 ha, dem Park zugeschlagen. Ab 1800 entstand der Kleinhesseloher See.

1789 war der Schwetzinger Hofgärtner Friedrich Ludwig von Sckell nach München berufen worden. Mit Plänen und einer Denkschrift zeigte er auf, wie aus den Anlagen ein nach künstlerischen Gesichtspunkten gestalteter Park entstehen sollte. Die Ausführung dieser Entwürfe dauerte bis zu seinem Tod 1823 an. In Erinnerung an Friedrich Ludwig von Sckell wurde 1824 auf einer Landzunge des Kleinhesseloher Sees ein Denkmal für ihn errichtet. 1838 entstand am Nordufer dieses Sees ein weiteres Denkmal für den Freiherrn von Werneck. Beide entwarf der Architekt Leo von Klenze, der im Auftrag König Ludwigs I. von 1832 bis 1837 auf einem künstlich angelegten Hügel auch den Monopteros erbaute. Zusammen mit dem Chinesischen Turm wurde dieser Rundtempel zum Wahrzeichen des Parks.

Der Englische Garten in München ist ein herausragendes Beispiel für den klassischen Landschaftsgarten. Neben seiner künstlerisch hohen Qualität ist er auch sozialgeschichtlich als erster Volksgarten auf dem Kontinent von großer Bedeutung. Mit einer Fläche von mehr als 374 ha zählt er zu den größten innerstädtischen Grünanlagen der Welt.

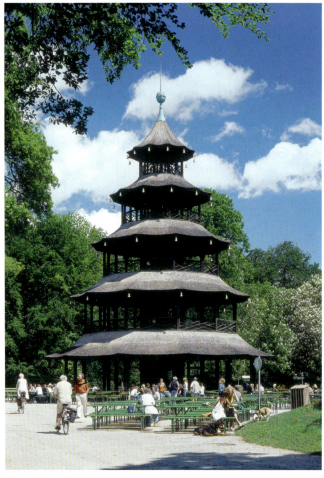

Chinesischer Turm

Blick auf den Monopteros

Neuburg an der Donau ■ **Bayern**

Schloss Neuburg

Schloss Neuburg an der Donau genießt als einstiges Residenzschloss des 1505 gegründeten Fürstentums Pfalz-Neuburg besondere Bedeutung. Die prächtige Schlossanlage, deren vier mächtige Flügel sich um einen Innenhof mit Arkadengängen gruppieren, entstand am Ort einer spätgotischen herzoglichen Burg.

Pfalzgraf Ottheinrich (1502–1559), der erste Landesfürst und spätere Kurfürst von der Pfalz, war der Bauherr der drei anspruchsvollen Renaissancetrakte, die seit 1530 errichtet wurden. Sein Nachfolger, Pfalzgraf Wolfgang, ließ 1560 bis 1569 durch den niederländischen Meister Hans Schroer die Dekoration der Hoffassade mit biblischen Szenen in Sgraffito-Technik ausführen, die zu den Besonderheiten des Schlosses zählt. Pfalzgraf Philipp Wilhelm machte das Schloss 1664 bis 1668 mit dem Bau des barocken Osttrakts zwischen mächtigen Rundtürmen zu einer der ersten Barockresidenzen. Besondere Sehenswürdigkeiten sind die 1543 von Hans Bocksberger d. J. ausgemalte Schlosskapelle, die als der erste protestantische Kirchenraum gilt, der holzvertäfelte Rittersaal der Renaissance und die barocken Schlossgrotten mit Muscheldekoration.

Ein eindrucksvolles Panorama entfaltet sich in den einstigen Wohn- und Staatsräumen der Pfalz-Neuburger Fürsten: Rund 550 Kunstwerke – Porträts und Bildteppiche, darunter die berühmten Ottheinrich-Tapisserien, Waffen, Möbel und kostbares Kunsthandwerk – veranschaulichen Kunst und Geschichte der Fürstentums Pfalz-Neuburg. 2005 wurde die hochkarätige Zweiggalerie zur Flämischen Barockmalerei in den einstigen Repräsentationssälen Ottheinrichs eröffnet. Sie zeigt rund 120 Gemälde bedeutender flämischer Meister, darunter die berühmten Altartafeln des Peter Paul Rubens für die Neuburger Hofkirche.

Schloss Neuburg
Schlossverwaltung Neuburg
Residenzstraße 2
86633 Neuburg

Telefon
0 84 31/64 43-0

E-Mail
svneuburg@
bsv.bayern.de

Internet
www.schloesser.
bayern.de

Renaissancetrakt im Innenhof

Wirkteppich mit Bildnis des Pfalzgrafen Ottheinrich

Schloss Neuschwanstein

Schloss Neuschwanstein
Schlossverwaltung Neuschwanstein
Neuschwansteinstr. 20
87645 Schwangau

Telefon
0 83 62/9 39 88-0

E-Mail
svneuschwanstein@bsv.bayern.de

Internet
www.neuschwanstein.de

Seit 1869 errichtet und nie vollendet, war seine „Neue Burg" für Ludwig II. Denkmal der Kultur und des Königtums des Mittelalters, die er verehrte und nachvollziehen wollte. Errichtet und ausgestattet in mittelalterlichen Formen, aber mit damals modernster Technik, ist es das berühmteste Bauwerk des Historismus und ein Hauptsymbol des deutschen Idealismus. Ludwig II. besuchte 1867 die Wartburg und ließ Zeichnungen der Ornamente fertigen. Die Idealentwürfe schuf ein Theatermaler der Münchner Hofoper und arbeitete neben Motiven der Wartburg, vor allem der Palas und das Bauornament, auch Motive aus Bühnenbildern zu Richard Wagners Opern „Lohengrin" und „Tannhäuser" ein. Ludwig II. hatte 1868 an Wagner geschrieben, seine „Neue Burg" werde „Reminiszenzen" an diese Werke aufweisen. Von Beginn an wollte Ludwig II. als Denkmal der ritterlichen Kultur des Mittelalters den „Sängersaal" der Wartburg, viel größer und prächtiger als dort, in seiner „Neuen Burg" einrichten. Daraus wurde eine Kombination aus den Motiven zweier Wartburgsäle, „Sängersaal" und „Festsaal", die aber nicht für Aufführungen oder gar Feste vorgesehen war. Der andere Denkmalraum, der Thronsaal, kam erst ab 1881 hinzu, weil Ludwig II. eine Rekonstruktion der sagenhaften Gralshalle verwirklichen wollte. Die Raumform bezieht sich aber auch auf seine eigene Dynastie. Das Raumprogramm, das umfänglichste und komplizierteste des 19. Jahrhunderts, hat der vielseitig interessierte und belesene Ludwig II. selbst entworfen. Jeder der anschließenden Wohnräume ist einer mittelalterlichen Sage gewidmet. Erst nach seinem Tod wurde seine Burg „Neuschwanstein" genannt und ist eines der meistbekannten, meistbesuchten und meistabgebildeten Bauwerke der Welt.

Ostfassade von Schloss Neuschwanstein

Sängersaal mit Sängerlaube und Empore

Bayern ▪ Nürnberg

Vorhof mit Heidenturm, Kaiserkapelle und Brunnenhaus   *Kaiserkapelle (Oberkapelle) mit Kaiserempore*

Kaiserburg Nürnberg

Kaiserburg Nürnberg
Burgverwaltung
Nürnberg
Auf der Burg 13
90403 Nürnberg

Telefon
09 11/24 46 59-0

E-Mail
burgnuernberg@
bsv.bayern.de

Internet
www.schloesser.
bayern.de

Die Nürnberger Burg, Wahrzeichen der ehemaligen Reichsstadt, gehört zu den bedeutendsten Kaiserpfalzen des Mittelalters. Hier weilten von 1050 bis 1571 alle deutschen Kaiser und Könige des Heiligen Römischen Reiches. Kaiser Karl IV. bestimmte hier 1356, dass der erste Reichstag jedes Kaisers in Nürnberg stattfinden solle. 1485 bis 1495 bewahrte man die Reichskleinodien in der Burgkapelle auf.

Die Anlage entstand in drei verschiedenen Epochen: Die Königsburg der salischen Herrscher wurde in der ersten Hälfte des 11. Jahrhunderts errichtet. Unter dem Staufer Friedrich Barbarossa und seinen Nachfolgern wurde der Wehrbau zu einer eindrucksvollen feudalen Kaiserburg ausgebaut. Hiervon zeugt noch das bedeutendste Baudenkmal der Burg, die unversehrt erhaltene Doppelkapelle. Sie vereint in einzigartiger Weise die Funktionen einer kaiserlichen Privat-, Hof- und Burgkapelle. Die Oberkapelle (Kaiserkapelle) war für den Hofstaat bestimmt, die angefügte Westempore der kaiserlichen Familie vorbehalten. Während der Regierungszeit Kaiser Friedrichs III. im 15. Jahrhundert ersetzte man den staufischen Palas und die Kemenate durch spätgotische Neubauten, die heute den Eindruck prägen. Aus dieser Zeit stammt auch der zweischiffige Rittersaal. 1945 beschädigten Bombenangriffe die Kaiserburg schwer. Die Kaiserkapelle, wesentliche Teile des Palas sowie die wichtigen romanischen Türme blieben jedoch erhalten. Die wiederaufgebaute Kemenate beherbergt heute das Kaiserburgmuseum, ein Zweigmuseum des Germanischen Nationalmuseums. Der Führungsrundgang schließt neben der Doppelkapelle die kaiserlichen Wohn- und Repräsentationsräume im Palas ein, die voraussichtlich ab 2013 neu präsentiert werden sollen.

Schlossanlage Schleißheim

Die weitläufige Schlossanlage Schleißheim umfasst drei Schlösser: den Gründungsbau des Alten Schlosses, 1598 als Eremitage Herzog Wilhelms V. begonnen und ab 1617 nach Plänen Heinrich Schöns d. Ä. erbaut, das kurfürstliche Jagdschloss Lustheim und das prunkvolle Neue Schloss Schleißheim, letztere beide Gründungen Kurfürst Max Emanuels von Bayern (reg. 1680–1726).

Hochfliegende politische Ambitionen führten zum Bau des Neuen Schlosses. Ursprünglich mehrflügelig geplant, wurde nach Entwürfen Henrico Zuccallis der Hauptflügel – der jetzige selbständige Schlossbau – im Rohbau errichtet (1701–1704). Das zwölfjährige Exil Max Emanuels stoppte das Bauvorhaben. Erst ab 1719 wurden Fassadengliederung und Raumdekorationen – nun nach Plänen Joseph Effners – vollendet. Die monumentale Anlage birgt ein großzügiges Treppenhaus, prunkvolle Festsäle und Appartements, an deren Ausstattung bedeutende Künstler wie Johann Baptist Zimmermann, Cosmas Damian Asam und Jacopo Amigoni beteiligt waren. An die Sammeltätigkeit Max Emanuels knüpft die Zweiggalerie Europäischer Barockmalerei an.

Als Blickpunkt am Ende des Schlossparks erhebt sich Schloss Lustheim, das Max Emanuel 1684 bis 1688 anlässlich seiner Vermählung mit der Kaisertochter Maria Antonia durch Henrico Zuccalli hatte errichten lassen. Deckenfresken verherrlichen die Jagdgöttin Diana. Ausgestellt ist eine berühmte Sammlung Meißener Porzellans.

Zwischen Neuem Schloss und Lustheim erstreckt sich der Park als einer der wenigen, kaum veränderten Gärten der Barockzeit. Zuccalli legte bereits 1684 die Grundstruktur mit den Kanälen fest, ab 1715 wurde er nach Plänen von Dominique Girard, einem Schüler Le Nôtres, vollendet.

Schlossanlage Schleißheim
Schloss- und Gartenverwaltung Schleißheim
Max-Emanuel-Platz 1
85764 Oberschleißheim

Telefon
0 89/31 58 72-0

E-Mail
sgvschleissheim@bsv.bayern.de

Internet
www.schloesser-schleissheim.de

Altes und Neues Schloss Schloss Schleißheim sowie Schloss Lustheim mit Parkanlage

Bayern — Riedenburg

Burg Prunn

Burg Prunn
93339 Riedenburg

Telefon
0 94 42/33 23

E-Mail
befreiungshalle.
kelheim@bsv.bayern.de

Internet
www.schloesser.
bayern.de

Hoch über der Ortschaft Prunn steht auf einem Kalkfelsen Burg Prunn, in Urkunden als Sitz der Herren von Prunn bereits 1037 erwähnt. Der Bergfried und die Fundamente des Palas zeugen noch von der mittelalterlichen Anlage. 1338 gelangte die Burg in den Besitz der Fraunberger vom Haag. Deren Wappen, ein Schimmel auf rotem Grund, ist noch heute an der Außenfassade weithin sichtbar. Von den Baumaßnahmen der hier zwischen 1672 und 1773 ansässigen Jesuiten erzählt die sehenswerte, um 1700 neu gestaltete Burgkapelle mit barockem Stuckdekor. König Ludwig I. von Bayern bewahrte im 19. Jahrhundert Burg Prunn vor dem drohenden Verfall. 1827 verfügte er, die mittelalterliche Burg als ein Denkmal der deutschen Vergangenheit zu erhalten.

Der Museumsrundgang führt durch die Burgkapelle und die historisch ausgestatteten Räume des Palas, die einen Eindruck vom damaligen Leben in der Burg wiedergeben. Fragmente mittelalterlicher Fresken wurden in der ehemaligen Wachstube freigelegt. In der Gotischen Stube wird an die berühmte mittelhochdeutsche Dichtung des Nibelungenliedes erinnert: Der sogenannte Prunner Codex aus dem 14. Jahrhundert wurde auf der Burg entdeckt und 1575 in die herzogliche Bibliothek in München gebracht (heute Bayerische Staatsbibliothek). Vom Burghof und vom Palas genießt der Besucher einen herrlichen Rundblick über die Landschaft des Altmühltals.

Burg Prunn

Blick über die Westtreppe zum Schloss

Schloss und Park Veitshöchheim

Schloss Veitshöchheim, einst der Sommersitz der Würzburger Fürstbischöfe, liegt in einem der schönsten Rokokogärten Deutschlands, etwa 8 km mainabwärts vor Würzburg. Um das 1680/82 errichtete Jagdschloss wurde schon ab 1702 ein Ziergarten mit Terrassen und Seen angelegt. 1749 bis 1753 erweiterte der Architekt Balthasar Neumann das Schloss um zwei seitliche Anbauten. Der 1755 bis 1779 als Fürstbischof regierende Gartenliebhaber Adam Friedrich von Seinsheim veranlasste dann die prachtvolle Ausgestaltung des Rokokogartens. Über 200 eindrucksvolle Sandsteinskulpturen der Würzburger Hofbildhauer Johann Wolfgang van der Auvera, Ferdinand Tietz und Johann Peter Wagner bevölkern nun den durch Hecken und Laubengänge kleinteilig gegliederten Garten. Götterfiguren, Tierdarstellungen und Personifikationen vereinen sich hier zu einem großartigen kosmologischen Programm, dessen Höhepunkt der Musenberg Parnass inmitten des großen Sees ist. Wenn die Fontänen der Wasserkünste die neun Musen, Apollo und den Gipfel des Parnass mit ihren glitzernden Strahlen umspielen, scheint sich das geflügelte Dichterross Pegasus von dort fast in die Lüfte zu erheben. Alle Skulpturen wurden zu ihrer Erhaltung inzwischen durch Abgüsse aus Kunststein ersetzt; die schönsten Originale sind im Mainfränkischen Museum auf der Festung Marienberg in Würzburg ausgestellt. Im Schloss Veitshöchheim ist neben den fürstbischöflichen Wohnräumen mit Rokokoausstattung und einem sehenswerten Billardzimmer auch das Appartement des Großherzogs Ferdinand von Toskana zu besichtigen, das für seine seltenen originalen Papiertapeten aus der Zeit um 1810 berühmt ist. Im Erdgeschoss informiert eine kleine Ausstellung über die Entstehung und die aktuelle Pflege des Gartens.

Schloss und Hofgarten Veitshöchheim
Echterstraße 10
97209 Veitshöchheim

Telefon
09 31/9 15 82

E-Mail
sgvwuerzburg@bsv.bayern.de

Internet
www.schloesser.bayern.de

Bayern — Würzburg

Residenz Würzburg

Residenz Würzburg
Schloss- und Gartenverwaltung Würzburg
Residenzplatz 2, Tor B
97070 Würzburg

Telefon
09 31/3 55 17-0

E-Mail
sgvwuerzburg@
bsv.bayern.de

Internet
www.residenz-wuerzburg.de

Die Residenz der Würzburger Fürstbischöfe gehört zu den bedeutendsten Schlossanlagen des Barock in Europa. Sie wurde nach Plänen von Balthasar Neumann von 1720 bis 1744 im Rohbau errichtet. Auftraggeber waren die Fürstbischöfe Johann Philipp Franz von Schönborn und dessen Bruder und zweiter Nachfolger, Friedrich Carl von Schönborn. Im Treppenhaus der Residenz verbinden sich zwei Hauptwerke der europäischen Architektur und Malerei zu einem überwältigenden Gesamtkunstwerk: Für die berühmte, von Balthasar Neumann stützenfrei überwölbte Treppenhalle von 19 x 32,6 m schuf der Venezianer Giovanni Battista Tiepolo 1752/53 das damals größte Deckenfresko der Welt, eine Allegorie der vier Erdteile. Zusammen mit den schon 1751/52 entstandenen Fresken im Kaisersaal sind Tiepolo hier zwei Hauptwerke einer ganzen Epoche zu verdanken. Auch in den weiteren Prunkräumen erwarten den Besucher prachtvolle Raumausstattungen und höchst qualitätvolle Kunstschätze des 18. Jahrhunderts, vom Régence über das Würzburger Rokoko bis hin zum Frühklassizismus. Die Hofkirche der Residenz wird nach ihrer aufwändigen Restaurierung ab Mitte 2012 wieder zu besichtigen sein. Frei zugänglich ist der Hofgarten, den Hofgärtner Johann Prokop Mayer Ende des 18. Jahrhunderts anlegte. Er teilte das zu den Bastionen stark ansteigende Gelände geschickt in einzelne Gartenpartien auf und stattete sie mit geschnittenen Formobstbäumen, Kübelpflanzen, Blumenbeeten, Hecken, Spalieren und Laubengängen aus. Nach den starken Kriegszerstörungen konnte der Wiederaufbau der Residenz 1987 mit der Rekonstruktion des in seiner Art einmaligen Spiegelkabinetts abgeschlossen werden. Seit 1981 gehört die Residenz Würzburg mitsamt Residenzplatz und Hofgarten zum Weltkulturerbe der UNESCO.

Kaisersaal, Blick nach Süden

Gartenfassade mit Kaisersaalpavillon

Bayern — weitere Liegenschaften

Aschaffenburg –
Pompejanum
Pompejanumstraße 5
63739 Aschaffenburg

0 60 21/3 86 57-0

sgvaschaffenburg@
bsv.bayern.de

www.schloesser.
bayern.de

Bayreuth – Felsengarten
Sanspareil mit Morgen-
ländischem Bau und
Burg Zwernitz
Sanspareil 29
96197 Wonsees

0 92 74/9 09 89-06 und -12

sgvbayreuth@
bsv.bayern.de

www.bayreuth-
wilhelmine.de

Bayreuth – Gartenkunst-
Museum Schloss und
Park Fantaisie
Bamberger Straße 3
95488 Eckersdorf/
Donndorf

09 21/73 14 00-11

www.gartenkunst-
museum.de
www.bayreuth-
wilhelmine.de

Coburg/Rödental
– Schloss und Park
Rosenau
Schloss- und Garten-
verwaltung Coburg
Schloss Rosenau
Rosenau 1
96472 Rödental

0 95 63/30 84-10

sgvcoburg@
bsv.bayern.de

www.sgvcoburg.de

Dachau – Schloss und
Hofgarten
Schloss- und Garten-
verwaltung
Schleißheim
Außenstelle Dachau
Schlossstraße 7
85221 Dachau

0 81 31/8 79 23

sgvschleissheim@
bsv.bayern.de

www.schloesser.
bayern.de

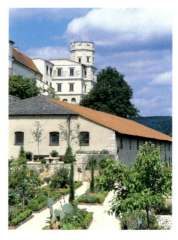

Eichstätt – Willibalds-
burg mit Bastionsgarten
Burgstraße 19
85072 Eichstätt

0 84 21/47 30

sgvansbach@
bsv.bayern.de

www.schloesser.
bayern.de

weitere Liegenschaften ■ **Bayern**

Ellingen – Residenz
Ellingen mit Park
Schlossstraße 9
91792 Ellingen

0 91 41/9 74 79-0

sgvansbach@
bsv.bayern.de

www.schloesser.
bayern.de

Feldafing – Roseninsel
und Park Feldafing
Wittelsbacher Park 1
82340 Feldafing

0 81 51/69 75

seeverwaltung.
starnbergersee@
bsv.bayern.de

www.schloesser.
bayern.de

Herrenchiemsee –
Augustiner-Chorherren-
stift
Schloss- und Garten-
verwaltung Herren-
chiemsee
83209 Herrenchiemsee

0 80 51/68 87-0

sgvherrenchiemsee@
bsv.bayern.de

www.herrenchiemsee.de

Holzhausen am Am-
mersee – Künstlerhaus
Gasteiger
Eduard-Thöny-Straße 43
86919 Holzhausen

0 88 06/6 99

seeverwaltung.ammer-
see@bsv.bayern.de

www.schloesser.
bayern.de

Residenz Kempten
Residenzplatz 4–6
87435 Kempten

08 31/2 56-2 51

poststelle@
fa-ke.bayern.de

www.schloesser.
bayern.de

Ludwigsstadt –
Burg Lauenstein
Burgstraße 3
96337 Ludwigsstadt

0 92 63/4 00

sgvbamberg@
bsv.bayern.de

www.schloesser.
bayern.de

Bayern — weitere Liegenschaften

München – Ruhmeshalle und Bavaria
Theresienhöhe 16
80339 München

0 89/2 90 67-1

ResidenzMuenchen@bsv.bayern.de

www.schloesser.bayern.de

München – Schloss Blutenburg
Seldweg 15
81247 München

0 89/1 79 08-0

sgvnymphenburg@bsv.bayern.de

www.schloesser.bayern.de

Nürnberg – Cadolzburg
Burgverwaltung Nürnberg
Auf der Burg 13
90403 Nürnberg

09 11/24 46 59-0

burgnuernberg@bsv.bayern.de

www.schloesser.bayern.de

Schachen – Königshaus am Schachen
82467 Garmisch-Partenkirchen

0 88 22/92 03-0

sgvlinderhof@bsv.bayern.de

www.linderhof.de

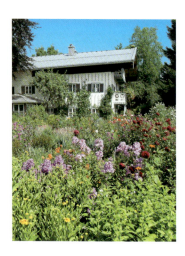

Übersee-Feldwies – Künstlerhaus Exter
Blumenweg 5
83236 Übersee-Feldwies

0 86 42/89 50-83

sgvherrenchiemsee@bsv.bayern.de

www.herrenchiemsee.de

Würzburg – Festung Marienberg
Festung Marienberg
97082 Würzburg

09 31/3 55 17-50

sgvwuerzburg@bsv.bayern.de

www.schloesser.bayern.de

Berlin-Brandenburg

STIFTUNG
PREUSSISCHE SCHLÖSSER UND GÄRTEN
BERLIN-BRANDENBURG

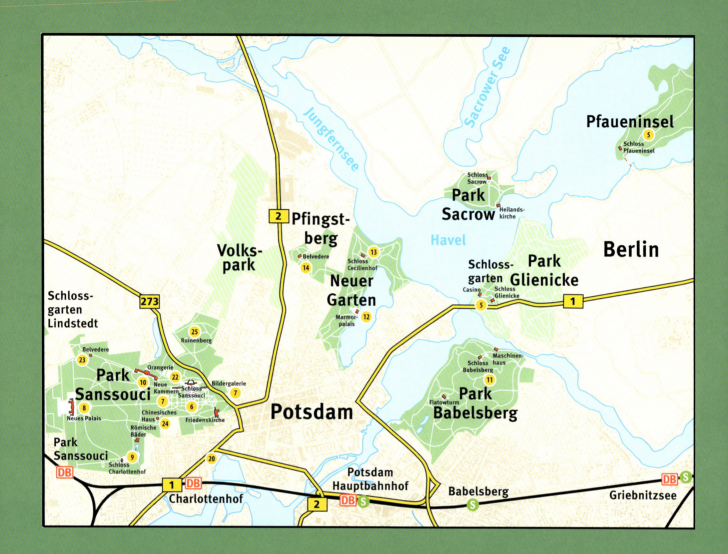

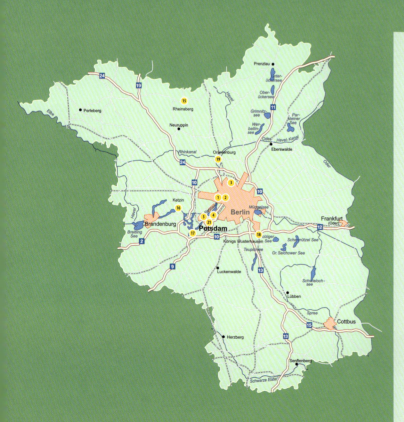

Berlin
1. Schloss Charlottenburg S. 94
2. Belvedere, Mausoleum und Neuer Pavillon S. 96
3. Schloss Schönhausen S. 98
4. Jagdschloss Grunewald S. 100
5. Schloss Glienicke und Pfaueninsel S. 101

Potsdam
6. Schloss Sanssouci S. 103
7. Bildergalerie/Neue Kammern S. 105
8. Neues Palais S. 106
9. Schloss Charlottenhof/ Römische Bäder S. 108
10. Orangerieschloss S. 110
11. Park und Schloss Babelsberg S. 111
12. Marmorpalais S. 112
13. Schloss Cecilienhof S. 114
14. Belvedere auf dem Pfingstberg S. 115
20. Dampfmaschinenhaus/ Moschee S. 122
21. Jagdschloss Stern S. 122
22. Historische Mühle S. 122
23. Belvedere auf dem Klausberg S. 122
24. Chinesisches Haus S. 122
25. Normannischer Turm auf dem Ruinenberg S. 122

Rheinsberg
15. Park und Schloss Rheinsberg S. 116

Ketzin
16. Schloss Paretz S. 118

Schwielowsee
17. Schloss und Park Caputh S. 119

Königs Wusterhausen
18. Schloss Königs Wusterhausen S. 120

Oranienburg
19. Schloss Oranienburg S. 121

Schloss Charlottenburg, Altes Schloss, Porzellankabinett

Zeitreise durch 400 Jahre Geschichte in Brandenburg und Preußen

Die preußischen Schlösser und Gärten laden zu lebendigen Zeitreisen durch die glanzvolle Epoche der Kurfürsten, Könige und Kaiser in den einstigen Residenzstädten Berlin und Potsdam ein. Als Zeugnisse einer vollendeten Architektur- und Gartenkunst präsentieren sie sich heute in einem Glanz, der jährlich Millionen deutsche und internationale Besucher begeistert. Es obliegt der Stiftung Preußische Schlösser und Gärten Berlin-Brandenburg (SPSG), diese Kunstwerke zu pflegen und der Öffentlichkeit auf vielfältige Weise zugänglich zu machen.

Neben ihrer Hauptresidenz Berlin ließen die Mitglieder der Hohenzollern-Dynastie ab dem 17. Jahrhundert verschiedene Schloss- und Gartenanlagen in der Umgebung sowie in der Havellandschaft bei Potsdam errichten. Der Gartengestalter Peter Joseph Lenné fasste im 19. Jahrhundert mehrere dieser Schloss- und Gartenensembles zu einer Parklandschaft zusammen. 1990 nahm die UNESCO dieses von Sanssouci über den Neuen Garten und Sacrow bis zur Pfaueninsel und Glienicke in Berlin reichende Gesamtkunstwerk in die Liste des Natur- und Kulturerbes der Menschheit auf.

Die Potsdam-Berliner Parklandschaft ist damit ein Kulturerbe von internationalem Rang – und ein inspirierender Ort für Kunst-, Architektur- und Gartenfreunde aus der ganzen Welt. Neben ihrem künstlerischen Rang sind die Schlösser aber auch wichtige Orte der Geschichte. So fand beispielsweise die „Potsdamer Konferenz" im Sommer 1945 in Schloss Cecilienhof statt, wo die Alliierten über das weitere Schicksal Deutschlands berieten. Schloss Schönhausen diente als Amtssitz des Präsidenten und Gästehaus der DDR, bevor hier im Zuge der Friedlichen Revolution 1989 der „Zentrale Runde Tisch" tagte.

Die preußische Schlösser- und Gartenlandschaft besteht aus über 300 baulichen Anlagen und fast 800 ha Gartenanlagen. 37 Häuser sind der Öffentlichkeit regelmäßig zugänglich. In Potsdam zählen im Garten Sanssouci Schloss Sanssouci und das Neue Palais sowie das Orangerieschloss und Schloss Charlottenhof zu den wichtigsten Museumsschlössern. Im Neuen Garten sind es neben Schloss Cecilienhof das Belvedere auf dem Pfingstberg und im Schlossgarten Babelsberg das prächtige Kaiserschloss. In Berlin laden Schloss und Garten Charlottenburg und Schönhausen, Schloss Glienicke und die Pfaueninsel sowie das Jagdschloss Grunewald zu ausgiebigen Besuchen ein.

Die Schloss- und Gartenanlagen in Rheinsberg, Caputh, Königs Wusterhausen, Paretz und Oranienburg bieten daneben unvergessliche Ausflüge in zauberhafte Kulturlandschaften am Rande der Bundeshauptstadt Berlin.

Für die SPSG waren die vergangenen Jahre von umfangreichen Wiederherstellungsarbeiten in den Schloss- und Gartenanlagen bestimmt. Der großen Fachkompetenz der Mitarbeiter, vor allem aber der finanziellen Unterstützung des Bundes und der Länder Brandenburg und Berlin sowie den zahlreichen privaten Mäzenen ist es zu verdanken, dass die Besucher die ganze Breite und den Reichtum der künstlerischen Entwicklung in Brandenburg-Preußen wieder erleben können.

Schloss Charlottenburg

Schloss Charlottenburg
Spandauer Damm 10–22
14059 Berlin

Telefon
0 30/3 20 91-1

E-Mail
info@spsg.de

Internet
www.spsg.de

Im Schloss Charlottenburg lässt sich trotz der Zerstörungen im Zweiten Weltkrieg die Hofkultur der Hohenzollern vom 17. bis ins frühe 20. Jahrhundert erleben. Der Ursprungsbau der späteren Schloss- und Gartenanlage war Schloss Lietzenburg, das 1695 bis 1699 als kleines Lustschloss für die Kurfürstin Sophie Charlotte von Brandenburg nach Entwürfen von Arnold Nering errichtet wurde. Der Garten war die früheste im Stil Le Nôtres gestaltete französische Barockanlage Deutschlands. Nach der Königskrönung Friedrichs I. im Jahr 1701 begannen umfangreiche Um- und Ausbauarbeiten. Heute sind die barocken Räume wie das Porzellankabinett oder die Kapelle wieder weitgehend in ihrer originalen Gestalt zu besichtigen.

Eine wesentliche Erweiterung erfuhr das Schloss nach der Thronbesteigung Friedrichs des Großen. 1740 wurde nach Plänen Georg Wenzeslaus von Knobelsdorffs mit dem Bau des Neuen Flügels und seinen repräsentativen Festsälen, der Goldenen Galerie und dem Weißen Saal, sowie den königlichen Wohnräumen begonnen. Die Gemälde von Antoine Watteau gehören zu den bedeutendsten Kunstwerken im Schloss.

Auch Friedrich Wilhelm II. wurde nach seinem Regierungsantritt 1786 in Charlottenburg tätig. Er ließ den Schlossbau 1788 bis 1791 durch einen Theaterneubau von Karl Gotthard Langhans ergänzen. Friedrich Wilhelm III. nutzte mit seiner Gemahlin Königin Luise Schloss Charlottenburg ebenfalls als bevorzugte Sommerresidenz. Luise bewohnte die ehemaligen Winterkammern ihres Schwiegervaters, Friedrich Wilhelm II., im westlichen Teil des Neuen Flügels. 1810 erhielt Karl Friedrich Schinkel den Auftrag, ein neues Schlafzimmer für die Königin zu gestalten.

Friedrich Wilhelm IV. war der letzte Hohenzollernherrscher, der sich eine eigene Wohnung im Obergeschoss des Alten Schlosses von Charlottenburg einrichten ließ. Mit der Zerstörung des Schlosses gingen diese Appartements zwar verloren, doch konnte sein Bibliotheksraum mit der originalen Ausstattung erhalten werden. Im Obergeschoss des Alten Schlosses ist der Kronschatz und die Silberkammer zu besichtigen.

Neuer Flügel, Goldene Galerie

Neuer Flügel, Winterkammern König Friedrich Wilhelms II., Zweites Hautelice-Zimmer

Belvedere, Mausoleum und Neuer Pavillon

Schloss Charlottenburg
Spandauer Damm 10–22
14059 Berlin

Telefon
0 30/3 20 91-1

E-Mail
info@spsg.de

Internet
www.spsg.de

Im 55 ha umfassenden Charlottenburger Schlossgarten, Berlins bedeutendstem historischen Gartendenkmal, wurde nach den Zerstörungen des Zweiten Weltkriegs das barocke Parterre in freier Anlehnung an die ursprüngliche Gestaltung wiederhergestellt. Die original erhaltenen landschaftlichen Partien sind unter gartendenkmalpflegerischen Gesichtspunkten überarbeitet worden.

Das Belvedere im Schlossgarten entstand im Zusammenhang mit der landschaftlichen Umgestaltung des Charlottenburger Schlossgartens unter Friedrich Wilhelm II. Das Gebäude nach Plänen von Karl Gotthard Langhans, 1788 in spätbarockem und frühklassizistischem Stil errichtet, beherbergt heute die Porzellansammlung des Landes Berlin. Den Schwerpunkt bilden die Porzellane der 1763 von Friedrich dem Großen erworbenen Königlichen Porzellanmanufaktur Berlin (KPM).

Das Mausoleum, südwestlich des Belvedere gelegen, ließ Friedrich Wilhelm III. für seine Gemahlin Luise nach deren Tod am 19. Juli 1810 errichten. Entworfen wurde der Grabtempel nach seinen Ideen unter Beratung von Karl Friedrich Schinkel nach Plänen von Heinrich Gentz. Das Grabmal der Königin schuf Christian Daniel Rauch 1811–1814 aus Carrara-Marmor. 1841–1843 nach dem Tod Friedrich Wilhelms III. unter Leitung von Ludwig Ferdinand Hesse erstmals erweitert, ist das Mausoleum 1888–1894 nach Plänen Albert Geyers ein weiteres Mal umgebaut worden, um die beiden von Erdmann Encke geschaffenen Grabmäler des ersten deutschen Kaiserpaares, Wilhelm I. und Augusta, aufzunehmen.

Östlich des Schlosses Charlottenburg ließ König Friedrich Wilhelm III. 1824–1825 ein Sommerhaus nach Plänen von Schinkel errichten. Der im Zweiten Weltkrieg vollkommen zerstörte Pavillon wurde nach seiner Rekonstruktion 1970 als Museum wieder eröffnet. Im Mittelpunkt der Ausstellung steht das vielseitige Schaffen Schinkels und die Berliner Kunst des frühen 19. Jahrhunderts. Neben königlichen Wohnräumen sind Meisterwerke der Malerei von Caspar David Friedrich, Carl Blechen, Schinkel und Eduard Gaertner zu sehen.

Schlossgarten Charlottenburg, Mausoleum, Grabmal der Königin Luise

Schlossgarten Charlottenburg, Belvedere

Schlossgarten Charlottenburg, Neuer Pavillon

Schloss Schönhausen

Schloss Schönhausen,
Tschaikowskistr. 1
13156 Berlin

Telefon
0 30/40 39 49 26 10

E-Mail
info@spsg.de

Internet
www.spsg.de

Schloss Schönhausen ist eines der wenigen historischen Gebäude Berlins, das niemals komplett zerstört wurde. Spuren der Geschichte bis ins späte 20. Jahrhundert haben sich so in einzigartiger Dichte überliefert.

Nachdem ein erstes Schloss der Grafen zu Dohna 1664 errichtet worden war, entstand der heute im Kern erhaltene Bau zwischen 1685 und 1690 für General Joachim von Grumbkow. Kurz darauf erwarb Kurfürst Friedrich III. das Anwesen und ließ es bis 1709 von Johann Friedrich Eosander von Göthe ausbauen. Die Gartenfassade und einige Stuckdecken vermitteln bis heute ein Bild dieser Epoche. Zwischen 1740 und 1797 diente das Schloss als Sommerresidenz der preußischen Königin Elisabeth Christine, der Gattin Friedrichs des Großen. Sie ließ das Schloss durch Johan Michael Boumann den Älteren 1763/64 in ein Juwel des Rokoko um- und ausbauen. Neben dem prächtigen Festsaal und dem eleganten Treppenhaus sind in den Wohnräumen der Königin wertvolle Tapeten und die Zedernholzgalerie erhalten.

Nach einem langen Dornröschenschlaf im 19. Jahrhundert kam es nach dem Zweiten Weltkrieg zu einer überraschenden Wendung in der Geschichte von Schönhausen. Das kleine Sommerschloss wurde zum Sitz eines Staatsoberhauptes. 1949 richtete man es als Amtssitz von Wilhelm Pieck, dem ersten Präsidenten der DDR, ein. Aus dieser Zeit ist das Amtszimmer Piecks ebenso zu besichtigen wie der elegante moderne Präsidentengarten nach dem Entwurf Reinhold Lingners.

Nach einer kurzen Nutzung als Sitz des Staatsrates der DDR von 1960 bis 1964 wurde das Schloss schließlich bis 1990 als Gästehaus der DDR-Regierung genutzt. Das erhaltene Staatsgästeappartement präsentiert sich im Stil der 1960er Jahre, während das Kaminzimmer die Form der letzten Neueinrichtung von 1978 zeigt. Diese Räume beherbergten viele Persönlichkeiten wie Fidel Castro oder Michail Gorbatschow und veranschaulichen somit in einzigartiger Weise eine wichtige Epoche der deutschen Nachkriegsgeschichte.

Das elegante Treppenhaus in Schönhausen von 1764

Das Amtszimmer des DDR-Präsidenten Wilhelm Pieck mit der originalen Möblierung von 1950

Gartenansicht von Schloss Schönhausen

Die Zedernholzgalerie von 1764 vermittelt einen Eindruck von der Einrichtung der Königin Elisabeth Christine

Berlin-Brandenburg ■ Berlin

Jagdschloss Grunewald

Jagdschloss Grunewald
Hüttenweg 100
14193 Berlin

Telefon
0 30/8 13 35 97

E-Mail
info@spsg.de

Internet
www.spsg.de

Im Jahre 1542 ließ der jagdfreudige Kurfürst Joachim II. Hektor von Brandenburg am Ufer des Grunewaldsees den Grundstein für ein Jagdhaus im Stil der Renaissance legen. Das Haus wurde „zum gruenen Wald" genannt und gab damit dem umliegenden Grunewald seinen Namen.

Das höfische Jagen im Grunewald war bei fast allen preußischen Herrschern beliebt. Entsprechend der Bedürfnisse und der Zeit wurde das Jagdschloss immer wieder umgebaut und mit Nebengebäuden erweitert.

Anfang des 18. Jahrhunderts veranlasste König Friedrich I. in Preußen nach seiner Selbstkrönung, entsprechend den neuen Ansprüchen repräsentative barocke Erweiterungen und kleinere Hofgebäude zu bauen. Friedrich der Große ließ ab 1765 das Jagdzeugmagazin errichten, um diverse Jagdutensilien wie Wagen, Netze, Lappen und Decken aus den verschiedenen Hofjägereien zusammenzutragen. Die letzten Umbauten unter preußischer Herrschaft fanden 1901–1904 für Kaiser Wilhelm II. statt, welcher sich das Schloss für große Hofjagden herrichten ließ.

Seit 1927 in preußischer Verwaltung der Staatlichen Schlösser und Gärten wurde das kaum noch möblierte Schloss 1932 mit Gemälden des 15. bis 19. Jahrhunderts ausgestattet und als Museum der Öffentlichkeit zugänglich gemacht. 1949 wurde das Jagdschloss Grunewald, das im Zweiten Weltkrieg weitgehend unzerstört blieb, als erstes Museum Berlins wieder eröffnet.

Im Erdgeschoss erfährt der Besucher außerdem Interessantes über die Baugeschichte des Hauses. Die Dauerausstellung im Jagdzeugmagazin zeigt neben Jagdutensilien verschiedene im Grunewald angewandte Jagdmethoden.

Ab Frühjahr 2011 eröffnet im Jagdschloss Grunewald eine neue Ausstellung mit Gemälden von Lucas Cranach d. Ä. und seinem Sohn Lucas Cranach d. J. Auf dem Hof und in den Nebengebäuden finden regelmäßig kleine Veranstaltungen und Konzerte statt.

Jagdschloss Grunewald

Schloss Glienicke

Schloss Glienicke und Pfaueninsel

Friedrich Wilhelm II. von Preußen ließ 1794 für sich und seine Geliebte Wilhelmine Encke, die spätere Gräfin Lichtenau, ein ländliches Lustschloss auf der Pfaueninsel errichten. Der mit Holzbohlen verkleidete Fachwerkbau wirkt wie die romantische Kulisse einer Ruine. Im Kontrast dazu überrascht die prächtige frühklassizistische Inneneinrichtung. Sie ist weitgehend original erhalten und vermittelt ein authentisches Bild höfischer Wohnkultur um 1800. Unter Friedrich Wilhelm II. behielt die Insel ihren ursprünglichen Charakter. Nur die unmittelbare Umgebung des Schlosses wurde gärtnerisch gestaltet und am entgegengesetzten Ende der Insel eine Meierei in neugotischen Formen errichtet.

Friedrich Wilhelm III. und seine Gemahlin, Königin Luise, nutzten das Schloss als Sommersitz. Ab 1818 erhielt Peter Joseph Lenné den Auftrag, die Insel zu einem Landschaftsgarten umzugestalten. Eine Anzahl weiterer Bauten kam hinzu, wie das Palmenhaus (1880 abgebrannt) und das Kavalierhaus von Schinkel.

Mit Schloss und Park Glienicke liegt vor den Toren Potsdams am Ufer der Havel ein wichtiger Baustein der Potsdamer Kulturlandschaft. Prinz Carl von Preußen erwarb 1824 das Anwesen für sich und seine spätere Frau Marie von Sachsen-Weimar. Ganz unter dem Eindruck einer Italienreise ließ er die Aus- und Umbauarbeiten 1824–1827 nach Plänen von Karl Friedrich Schinkel vornehmen. Zuerst wurde am hohen Havelufer das alte Billardhaus zu einem ganz auf den Seeblick orientierten Casino ausgebaut. Ihm folgte 1825–1827 die Umgestaltung des Gutshauses zu einer klassizistischen Villa. 1832 wurde das Schloss durch einen Turm ergänzt und 1838 die zur Straße gelegene Ansicht durch die Löwenfontäne aufgewertet.

Peter Joseph Lenné, der 1816 unter dem Vorbesitzer Fürst Hardenberg mit der Gestaltung des Pleasuregrounds begonnen hatte, konnte unter dem neuen Herrn seine Pläne vollenden.

Schloss Glienicke
Königstraße 36
14109 Berlin

Pfaueninsel
Nikolskoerweg
14109 Berlin

Telefon
0 30/8 05 86 75 10

E-Mail
info@spsg.de

Internet
www.spsg.de

Schloss auf der Pfaueninsel

Schloss Sanssouci

Wegen der reizvollen Lage und der schönen Aussicht entschied sich Friedrich der Große, auf dem „Wüsten Berg" bei Potsdam ein Lustschloss zu erbauen. Wie der Name „SANS, SOUCI" (ohne Sorge) an der Gartenseite des Schlosses verkündet, sollte diese Sommerresidenz vor allem den privaten Neigungen des Königs dienen. Hier wollte er sich mit Philosophie, Musik und Literatur befassen und eines Tages in der Gruft neben dem Schloss auch begraben werden.

Unter der Leitung von Georg Wenzeslaus von Knobelsdorff wurde von 1745–1747 nach den Vorgaben des Königs ein einstöckiges Schlösschen in der Art des französischen „maison de plaisance" errichtet. Die Mitte bilden zwei repräsentative Säle, östlich schließen sich die Wohnräume Friedrichs des Großen und westlich die Zimmer der Gäste an. Im kuppelüberwölbten Marmorsaal empfing der König auserlesene Teilnehmer zur berühmten Tafelrunde. Die Bibliothek und das Konzertzimmer sind Höhepunkte der Raumkunst des Rokoko.

Die Seitentrakte – Küche und Damenflügel – wurden in ihrer heutigen Form erst 1840–1842 unter Friedrich Wilhelm IV. nach Entwürfen von Ludwig Persius erbaut. Der Westflügel oder auch Damenflügel war als „Logierzimmer für Hofdamen und Fremde" vorgesehen. Im Ostflügel wurde die Küche untergebracht.

Durch die Kolonnaden des Ehrenhofes erblickt man den Ruinenberg. Auf ihm befindet sich das Staubecken, das die Fontänen im Garten mit Wasser versorgt. 1748 wurde es mit künstlichen Ruinen zu einer antiken Landschaftsstaffage geformt.

Nächste Seite: Schloss Sanssouci mit Weinterrassen

Schloss Sanssouci
Maulbeerallee
14469 Potsdam

Telefon
03 31/96 94-2 00
oder -2 01

E-Mail
info@spsg.de

Internet
www.spsg.de

Marmorsaal

Schloss Sanssouci, Bibliothek

Bildergalerie/Neue Kammern

Friedrich der Große war ein leidenschaftlicher Sammler von Gemälden. Er stattete seine Wohnungen in reichem Maße damit aus, womit er durchaus der Mode seiner Zeit folgte. Eine Weltneuheit war der Plan, ein eigenes Haus für eine repräsentative Sammlung bauen zu lassen. Die Bildergalerie wurde 1755–1763 nach Plänen von Johann Gottfried Büring auf den Fundamenten eines ehemaligen Treibhauses neben dem Schloss Sanssouci erbaut. Sie zählt zu den ältesten erhaltenen Museumsbauten Deutschlands und zu den schönsten Galerieräumen überhaupt. Im Mittelteil durch eine Tribuna unterbrochen, erstreckt sich der Saal fast über die gesamte Länge des von außen eher schlichten Gebäudes. Durch die Verwendung kostbarer Marmorsorten und vergoldeter Stuckaturen erhält der Saal einen einmalig festlichen Charakter. In barocker Hängung werden Meisterwerke von Caravaggio, Maratta, Reni, Rubens und van Dyck präsentiert. „Der ungläubige Thomas" von Caravaggio, heute einer der Hauptanziehungspunkte der Sammlung, gehört nicht zum ursprünglichen Bestand. Friedrich der Große wünschte keine Bilder, auf denen „huntzfotische Heilige, die sie märteren" dargestellt sind. Obwohl der König im Neuen Palais über neue Gästequartiere verfügte, ließ er 1771–1775 auch die westlich neben Schloss Sanssouci befindliche damalige Orangerie zu einem Gästeschloss umgestalten. In dem ursprünglich von Georg Wenzeslaus von Knobelsdorff entworfenen Gebäude mit seinen sieben Pflanzenhallen wurden nach Plänen Johann Christian Ungers Festsäle und Gästeappartements gestaltet. Die Dekoration der Räume zeigt ein spätes, jedoch sehr qualitätvolles Rokoko. Den Glanz und die Festlichkeit im Inneren lässt die einfache und nahezu schmucklose Fassade nicht vermuten. In der Ovid-Galerie, einem Saal in der Art französischer Spiegelgalerien, überraschen 14 vergoldete Stuckreliefs nach Motiven der „Metamorphosen" des römischen Dichters mit praller Sinnenfreude. Die Gästezimmer sind als Intarsien-, Lack- oder Bilderkabinette ausgeführt. Besonders bemerkenswert sind die von den Gebrüdern Spindler gestalteten Intarsienkabinette.

Bildergalerie/Neue Kammern
Im Park Sanssouci
14469 Potsdam

Telefon
03 31/9 69 4-2 00
oder -2 01

E-Mail
info@spsg.de

Internet
www.spsg.de

Westflügel der Bildergalerie

Neue Kammern, Ovidsaal

Berlin-Brandenburg ▪ Potsdam

Neues Palais

Neues Palais
Am Neuen Palais
14469 Potsdam

Telefon
03 31/96 94-3 61

E-Mail
neues-palais@spsg.de

Internet
www.spsg.de

Die weiträumige Schlossanlage, vom König selbst als „Fanfaronnade", als Prahlerei, bezeichnet, sollte Preußens politische Macht nach dem Siebenjährigen Krieg verdeutlichen. Friedrich der Große ließ das Neue Palais von 1763–1769 als repräsentativen westlichen Abschluss des Parkes Sanssouci am Ende der etwa zwei km langen, schnurgeraden Hauptallee errichten. Von Johann Gottfried Büring, Heinrich Ludwig Manger, Carl von Gontard und Jean Laurant Legeay entworfen, ist das Neue Palais einer der größten Schlossbauten der Zeit mit einer Länge von 220 m, über 400 Figuren an der Fassade, prächtigen Festsälen, einem Theater und kostbar ausgestatteten Wohnräumen für die Gäste des preußischen Königs.

Das Schlosstheater im Neuen Palais ist eines der wenigen noch erhaltenen Theater aus dem 18. Jahrhundert, das regelmäßig bespielt wird. Der Zuschauerraum wurde entgegen der damals vorherrschenden Mode mit ansteigenden Sitzreihen ausgestattet. Eine Königsloge war nicht nötig, weil Friedrich der Große es bevorzugte, die Aufführungen aus nächster Nähe vor dem Orchestergraben oder von der dritten Reihe aus zu verfolgen.

Von den Nachfolgern Friedrichs des Großen wurde das Neue Palais nur noch zu Festveranstaltungen und Theateraufführungen genutzt. Erst Kaiser Friedrich III. bewohnte es seit 1859 wieder regelmäßig in der Sommerzeit. Sein Sohn, Kaiser Wilhelm II., bestimmte das Neue Palais zu seiner Hauptresidenz und ließ das historische Ensemble durch eine Gartenterrasse, einen Reitstall und einen Bahnhof erweitern.

Die dem Schlosskomplex gegenüberliegenden Communs (Wirtschaftsgebäude) mit der Kolonnade sind als eine grandiose Architekturkulisse gegen das dahinterliegende Ödland konzipiert. Heute werden die Gebäude von der Universität Potsdam genutzt.

Marmorsaal

Neues Palais, Gartenseite

Berlin-Brandenburg ■ Potsdam

Schloss Charlottenhof/Römische Bäder

Schloss Charlottenhof
Geschwister-Scholl-
Straße 34a
14471 Potsdam

Telefon
03 31/96 94-2 25

E-Mail
info@spsg.de

Internet
www.spsg.de

Die zauberhafte Anlage von Park und Schloss Charlottenhof ist dem glücklichen Zusammenwirken zweier genialer Künstler zu danken: des Architekten Karl Friedrich Schinkel und des Landschaftsgestalters Peter Joseph Lenné.

Friedrich Wilhelm III. kaufte 1825 das Gelände südwestlich des alten Parks Sanssouci, um es dem Kronprinzenpaar Friedrich Wilhelm IV. und Elisabeth von Bayern zum Weihnachtsgeschenk zu machen. Karl Friedrich Schinkel baute von 1826–1829 das bereits vorhandene Gutshaus zu einer Sommerresidenz im Stil einer klassizistischen Villa um. Die Gestaltung des vorher landwirtschaftlich genutzten Geländes oblag Peter Joseph Lenné. In unmittelbarer Umgebung des Hauses schuf er einen intensiv gestalteten Garten in ost-westlicher Richtung, der mit einem von der Morgensonne beschienenen Rosengarten beginnt, am Haus mit der Terrasse in der Mittagssonne gipfelt und westlich des Schlösschens mit dem Dichterhain und der Ildefonso-Gruppe in Abend und Nacht überleitet. Durch einen Rundweg und durch weite Sichtachsen hat er den neu geschaffenen Park genial mit dem alten Sanssoucipark verbunden. Keine Bodenbewegung, keine Baumgruppe, kein Solitär sind in ihrer Wirkung dem Zufall überlassen. Selbst ein künstliches Gewässer wurde angelegt, um den Landschaftsgarten vollkommen zu machen.

Die Baugruppe der Römischen Bäder entstand 1829–1840 nach Plänen von Karl Friedrich Schinkel und Ludwig Persius. Die Villa mit dem Turm diente dem Hofgärtner als Wohnhaus. Von dem kleinen Garten aus, dessen Beete als „italienische Kulturstücke" u. a. mit Mais, Hanf, Artischocken und Tabak bepflanzt sind, gelangt man durch die Arkadenhalle in das eigentliche Römische Bad. Es ist in Teilen einem antiken Wohnhaus nachgebildet und diente dem Kronprinzen als museale Stätte der Erinnerung an Italien. Der Pavillon am Ufer des künstlich angelegten Maschinenteiches war einer der Teeplätze von Friedrich Wilhelm IV.

*Römische Bäder,
Blick vom Atrium bis hin zum Apodyterium*

Schloss Charlottenhof

Berlin-Brandenburg ■ Potsdam

Orangerieschloss

Sanssouci, Orangerieschloss und Turm
An der Orangerie 3–5
14469 Potsdam

Telefon
03 31/9 69 42 80

E-Mail
info@spsg.de

Internet
www.spsg.de

Die mit südlichen Pflanzen geschmückte Terrassenanlage und der majestätische Bau im Stil der italienischen Renaissance erzählen von der Italienliebe Friedrich Wilhelms IV. Nach Entwürfen dieses kunstliebenden preußischen Königs wurde der Gebäudekomplex zwischen 1851 und 1864 errichtet. Italienische Villen und Paläste, wie die Villa Medici und die Villa Pamphili, dienten als Vorbilder. Ursprünglich als Teil eines ambitionierten Architekturprojektes geplant, einer Höhenstraße, die von verschiedenen Gebäuden gesäumt, vom Triumphtor über den Mühlenberg, vorbei am Schloss Sanssouci bis zum Belvedere auf dem Klausberg führen sollte, ist die Orangerie als einziges größeres Bauwerk realisiert worden. Die bedeutendsten zeitgenössischen Architekten Preußens, Ludwig Persius, Friedrich August Stüler und Ludwig Ferdinand Hesse, waren an den Planungen beteiligt.

In den jeweils über 100 m langen Pflanzenhallen überwintern noch heute die exotischen Kübelpflanzen von Sanssouci. In den durch Doppelportale verbundenen villenartigen Pavillonbauten, von denen der Gebäudekomplex im Osten und Westen begrenzt wird, wohnten seit der Erbauungszeit höfische Angestellte.

Die Aussichtsplattform zwischen den Türmen des Mittelbaus bietet dem Besucher eine faszinierende Sicht in die Landschaft. Im Innern des Schlosses vermitteln zwei königliche Appartements einen Eindruck von der höfischen Wohnkultur des 19. Jahrhunderts. Die Ausstattung dieser Räume mit Skulpturen von Künstlern der Berliner Bildhauerschule, architektonischer Ornamentik, historischem Mobiliar, kostbaren Seidenbespannungen und mineralischem Schmuck spiegelt den persönlichen Geschmack des Königs wider.

Das Kernstück des gesamten Schlosskomplexes ist der Raffael-Saal. In diesem, von Friedrich Wilhelm IV. als Museumsraum entworfenen, beeindruckenden Oberlichtsaal wird die königliche Sammlung von rund 50 Kopien nach Gemälden Raffaels präsentiert, darunter so bekannte Werke wie die „Sixtinische Madonna" oder die „Verklärung Christi".

Orangerieschloss

Park und Schloss Babelsberg

Nachdem bereits die Prinzen Carl und Friedrich Wilhelm ihre Sommerresidenzen in Glienicke und Charlottenhof erhalten hatten, bekam Prinz Wilhelm, später Kaiser Wilhelm I., 1833 endlich von seinem Vater Friedrich Wilhelm III. die Genehmigung für die Anlage von Schloss und Park auf dem Babelsberg.

Schon 1833 legte Peter Joseph Lenné die ersten Pläne vor und Karl Friedrich Schinkel bekam den Auftrag für ein Schloss in neogotischen Formen. Der rasche Fortgang der Arbeiten wurde allerdings durch knappe Finanzen und Unstimmigkeiten mit den Auftraggebern erschwert. Lenné wurde bei der Anlage dieses Parks vom Pech verfolgt. Er traf mit seinen Gestaltungen nicht den Geschmack der Kronprinzessin Augusta und durch das Fehlen eines Bewässerungssystems vertrocknete ein Großteil der Pflanzungen. Die Zuständigkeit für die Anlage wurde ihm entzogen und Fürst Pückler-Muskau übertragen. Dieser behielt das Wegesystem Lennés bei, ergänzte es allerdings durch eine Vielzahl schmaler Spazierwege mit reizenden Ausblicken auf Potsdam. In Schlossnähe überformte er den Pleasureground und den Blumengarten, die Terrassen versah er mit reichem Schmuck.

Das aus finanziellen Gründen nur in einem ersten Teilabschnitt durch Schinkel errichtete Schloss wurde zwischen 1844 und 1849 durch Ludwig Persius und Johann Heinrich Strack vollendet, wobei man bei der inneren Raumaufteilung von den ursprünglichen Schinkelplänen auch auf Wunsch des Thronfolgerpaares abwich. In der Mitte des Parks, zehn Minuten Fußmarsch vom Schloss entfernt, errichtete Strack außerdem zwischen 1853 und 1856 den als markanten Blick- und Aussichtspunkt konzipierten Flatowturm an der Stelle einer 1848 abgebrannten Wind- und Schneidemühle. Seit 1993 kann der Turm wieder besichtigt werden. Von der oberen umlaufenden Außengalerie erschließen sich dem Besucher Ausblicke in die Weite der Potsdamer Seen-, Garten- und Kulturlandschaft. Die Turmzimmer sind teils in der historischen Raumfassung wiederhergestellt und eingerichtet, teils bieten sie einer modernen Ausstellung Unterkunft, in der sich der Besucher über die Geschichte des Turms und des Parks informieren kann.

Schloss Babelsberg
Park Babelsberg 10
14482 Potsdam

Telefon
03 31/96 94-2 00

E-Mail
info@spsg.de

Internet
www.spsg.de

Blick auf Schloss Babelsberg aus nordwestlicher Sicht

Marmorpalais

Marmorpalais
Im Neuen Garten
14467 Potsdam

Telefon
03 31/96 94-5 50

E-Mail
info@spsg.de

Internet
www.spsg.de

Das Palais wurde zwischen 1789 und 1791 von Carl von Gontard als Sommerresidenz für König Friedrich Wilhelm II. am Ufer des Heiligen Sees erbaut. Mit dem Schloss hielt die klassizistische Architektur in Preußen Einzug.

Carl Gotthard Langhans entwarf die Innenausstattung, wie das vollständig boisierte Schlafkabinett des Königs, das ausgefallene Orientalische Kabinett oder den einem antiken Tempel nachempfundenen Konzertsaal. Die Ausstattungstücke wurden vom König selbst oder seiner langjährigen Mätresse Gräfin Lichtenau erworben. Dazu gehören antike Skulpturen, wertvolle Möbel, Gemälde u.a. von Angelika Kauffmann oder speziell für das Haus angefertigte Marmorkamine aus Rom. Des Weiteren besitzt das Marmorpalais die zweitgrößte Wegdwood-Keramik-Sammlung Deutschlands.

1797 begann man mit einer Erweiterung des Schlosses durch den Anbau von Seitenflügeln, die erst Mitte der 1840er Jahre unter Friedrich Wilhelm IV. nach Plänen von Boumann und Hesse vollendet wurden. Die Seitenflügel sind außen mit Marmorsäulen gestützt und mit der Nibelungensage verziert.

In der benachbarten Orangerie wurde zwischen die beiden Pflanzenhallen ein holzvertäfelter Raum gelegt, der Palmensaal, in dem Friedrich Wilhelm II. mit seinem Cellospiel die Hofgesellschaft und das Publikum in den angrenzenden Pflanzenhallen unterhielt.

Gelbseidene Kammer in der Wohnung Friedrich Wilhelms II.

Marmorpalais von der Seeseite

Berlin-Brandenburg ▪ Potsdam

Schloss Cecilienhof

Schloss Cecilienhof
Im Neuen Garten
14469 Potsdam

Telefon
03 31/9 69 45 20

E-Mail
schloss-cecilienhof@spsg.de

Internet
www.spsg.de

Das im Stil eines englischen Landhauses errichtete Schloss liegt im Norden des Neuen Gartens unmittelbar am Ufer des Jungfernsees. Es entstand im Auftrag Kaiser Wilhelms II. von 1913 bis 1917 als Residenz für den Kronprinzen Wilhelm von Preußen und seine Frau Cecilie. Nach der Novemberrevolution 1919 und dem damit verbundenen Ende der Monarchie blieb es der letzte Schlossbau der Hohenzollern. Der Architekt, Paul Schultze-Naumburg, gruppierte die einzelnen Baukörper um mehrere Innenhöfe herum und täuschte so über die wahre Größe des Gebäudes mit seinen 176 Zimmern hinweg. Die Fassade ist mit aufwändigem Fachwerk und dekorativen Schornsteinen geschmückt. Die repräsentativen Wohnräume des Kronprinzenpaares lagen im Mittelbau des Hauses und konnten von der Familie bis 1945 genutzt werden. Im Obergeschoss befanden sich die Privatgemächer, die nach erfolgter Wiederherstellung heute einen Eindruck von der gehobenen Wohnkultur des frühen 20. Jahrhunderts vermitteln. Auch ein als Schiffskabine entworfenes Kabinett der Kronprinzessin ist original erhalten.

Weltgeltung erlangte das Schloss als Tagungsort der Siegermächte des Zweiten Weltkrieges vom 17. Juli bis 2. August 1945. Die Haupträume wurden als Verhandlungssaal und Arbeitszimmer für die „Großen Drei" eingerichtet und sind heute als historische Stätte der Potsdamer Konferenz zu besichtigen. Den Mittelpunkt des Geschehens bildete die große Halle. Das ehemalige Schreibkabinett und der Musiksalon der Kronprinzessin Cecilie dienten als Arbeits- und Empfangszimmer für den sowjetischen Staatschef Josef Stalin. Der einstige Rauchsalon des Kronprinzen Wilhelm stand US-Präsident Harry S. Truman zur Verfügung und die Bibliothek fungierte zunächst als Büro für den britischen Premierminister Winston Churchill, der jedoch nach den Wahlen in England von Clement Attlee abgelöst wurde. Das am Ende des Gipfeltreffens unterzeichnete Kommuniqué ging als Potsdamer Abkommen in die Geschichte ein und legte die politische und territoriale Nachkriegsordnung für Deutschland und Europa fest.

Schloss Cecilienhof

Potsdam ■ **Berlin-Brandenburg**

Belvedere mit Torhalle, Säulengängen und Aussichtstürmen

Belvedere auf dem Pfingstberg

Der schönste Blick über Potsdam und die Havelseen bietet sich vom Belvedere auf dem Pfingstberg. Von Friedrich Wilhelm IV. als große Doppelturmanlage mit Terrassen, Kaskaden und Kolonnaden geplant, sollte es das Gelände bis an die Grenzen des Neuen Gartens mit einbeziehen. Als Vorbilder dienten dem König dabei italienische Renaissancevillen. In den beiden Bauphasen von 1847–1852 und von 1861–1863 wurde durch die Baumeister Ludwig Persius, Ludwig Ferdinand Hesse und Friedrich August Stüler lediglich die Doppelturmanlage realisiert. Sie umschließt den Innenhof mit einem Wasserbecken, der von Arkaden, Kolonnaden und Galerien umgeben ist, von denen man in zwei Kabinette im maurischen und römisch-pompejanischen Stil gelangt. Freitreppen führen auf das Dach der Torhalle, von dem der Blick in einen von Flügelmauern gerahmten Vorhof mit Rasenparterre und Laubengängen sowie auf den Pomonatempel fällt. Der 1801 in Form eines griechischen Tempels errichtete Teepavillon gilt als erstes ausgeführtes Bauwerk des damals gerade 19-jährigen Architekten Karl Friedrich Schinkel. Das kleine Gebäude mit nur einem Raum wurde nach der Göttin der Früchte, Pomona, benannt. Das mit einer Markise überspannte Dach kann als Aussichtsterrasse genutzt werden. Friedrich Wilhelm III. kaufte den Tempel 1817. Er diente der königlichen Familie als beliebtes Ausflugsziel.

Belvedere und Pomonatempel umgibt ein von Peter Joseph Lenné 1863 gestalteter Landschaftsgarten. Über einen Serpentinenweg, von dem aus sich zahlreiche Sichtachsen öffnen, wird die Verbindung zum Neuen Garten hergestellt.

Nach dem Zweiten Weltkrieg stark verfallen, wurde das historische Ensemble seit 1992 auf Initiative des Fördervereins Pfingstberg e.V. mit Spendengeldern restauriert und bietet seinen Besuchern heute wieder die schönste Aussicht Potsdams und eine einzigartige Atmosphäre. Während der Sommermonate von Mai bis September bilden Schloss und Park darüber hinaus die romantische Kulisse für zahlreiche Kulturveranstaltungen.

Belvedere auf dem Pfingstberg
Große Weinmeisterstraße 45a
14469 Potsdam

Telefon
03 31/2 00 57 93-0

E-Mail
info@pfingstberg.de

Internet
www.pfingstberg.de

Berlin-Brandenburg ▪ Rheinsberg

Park und Schloss Rheinsberg

Schloss Rheinsberg
Mühlenstraße 1
16831 Rheinsberg

Telefon
03 39 31/72 60

E-Mail
info@spsg.de

Internet
www.spsg.de

Die Geschichte von Rheinsberg ist eng mit der Kronprinzenzeit Friedrichs des Großen sowie mit dem Leben seines Bruders Prinz Heinrich verbunden. Nach Jahren härtester Konflikte zwischen Vater und Sohn schenkte der „Soldatenkönig" Friedrich Wilhelm I. im Jahre 1734 dem 22-jährigen Friedrich die Herrschaft Rheinsberg als kronprinzliche Residenz. Vorausgegangen war die Heirat mit Elisabeth Christine von Braunschweig-Bevern.

Der bereits vorhandene Renaissancebau auf der Schlossinsel, malerisch am Grienericksee gelegen, wurde nach den Bedürfnissen seiner neuen Bewohner zunächst 1734 von Kemmeter und ab 1737 von Georg Wenzeslaus von Knobelsdorff umgebaut. Fernab von seinem gestrengen Vater schuf Friedrich sich hier einen „Musenhof", wo er das erste Mal in seinem Leben ungehindert im Kreise Gleichgesinnter seine künstlerischen Neigungen leben konnte. Noch nicht von Regierungsverantwortung belastet, verbrachte er hier eine sehr glückliche Zeit.

Einige Jahre nach seiner Thronbesteigung schenkte er die Residenz seinem Bruder, dem Prinzen Heinrich. Dieser ließ das Schloss für eine eigene Hofhaltung, u. a. nach Entwürfen von Carl Gotthard Langhans, umbauen. Der friderizianische Park wurde erweitert und zu einem der frühesten empfindsamen Landschaftsgärten Deutschlands umgestaltet. Nach einem wechselvollen Schicksal – ab 1953 wurde hier ein Diabetikersanatorium eingerichtet – kam 1991 die Anlage zur Stiftung Preußische Schlösser und Gärten und wurde als Schlossmuseum wieder eröffnet. Umfangreiche Restaurierungsarbeiten, die noch nicht abgeschlossen sind, waren notwendig, um dem Schloss und dem Park wieder ihren ursprünglichen Charakter zu geben. Kurt Tucholsky hat mit seinem 1912 erschienenen „Rheinsberg – ein Bilderbuch für Verliebte" den Ort in die Literaturgeschichte eingehen lassen.

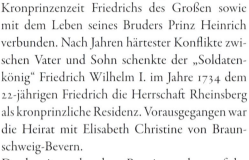

Schloss mit Blick auf das Theater

Schlossinsel mit Blick zum Obelisk

Muschelsaal

Berlin-Brandenburg ■ Ketzin

Schloss Paretz

Schloss Paretz
Parkring 1
14669 Ketzin

Telefon
03 32 33/7 36-11

E-Mail
info@spsg.de
schloss-paretz@spsg.de

Internet
www.spsg.de

In den Jahren 1797 bis 1804 wurde das 19 km nördlich von Potsdam gelegene Dorf Paretz für den damaligen Kronprinzen Friedrich Wilhelm III. und dessen Gemahlin Luise nach Plänen von David Gilly im gotischen Stil umgestaltet. Während das Dorf als Musterbeispiel preußischer Landbaukunst bekannt wurde, erlangten die Innenräume des Schlosses mit ihren gemalten und gedruckten Papiertapeten sowie hervorragenden Beispielen der Berliner Möbelkunst um 1800 Berühmtheit. Die Ausstattung der Zeit um 1800 hatte sich besonders in der königlichen Wohnung ohne große Veränderungen bis 1945 erhalten. Bis zu Beginn des Zweiten Weltkrieges war das Schloss als Museum für die Öffentlichkeit zugänglich. Erst nach der Entfernung der Tapeten 1947 und durch den Umbau zur Bauernhochschule 1948–1950 begannen empfindliche Veränderungen, die dem Schloss seine Identität nahmen. Von 1999 bis 2002 erfolgte eine umfassende Sanierung und Wiederherstellung nach historischem Vorbild. Seit 2002 ist das Schloss in die Verwaltung der Stiftung Preußische Schlösser und Gärten Berlin-Brandenburg übertragen worden und wieder als Museumsschloss mit einem Ausstellungsteil zur Restaurierung zu besichtigen. Seit 2006 wird in der Schlossremise die Ausstellung „Kutschen, Schlitten und Sänften aus dem preußischen Königshaus" gezeigt. Das 2008 umfassend sanierte und modernisierte Saalgebäude kann für Festlichkeiten ebenso wie für Vortragsveranstaltungen gemietet werden.

Gartensaal in der Schlossmitte

Schloss und Park Caputh

Unweit von Potsdam liegt am südlichen Havelufer der kleine kurfürstlich-königliche Landsitz Caputh. Das frühbarocke Schloss ist der einzige erhaltene Schlossbau aus der Zeit des Großen Kurfürsten Friedrich Wilhelm von Brandenburg in der Potsdamer Kulturlandschaft. 1662 von Philipp de Chièze errichtet, erwarb es der Kurfürst 1671 und schenkte es seiner zweiten Gemahlin Dorothea. In fast allen Räumen blieben bis heute die ursprünglichen Deckengestaltungen mit Gemälden und Stuckaturen erhalten. Die heute ausgestellten Kunstwerke, z. B. Lackmöbel, Porzellane, Fayencen, Skulpturen und Gemälde, repräsentieren höfische Kunstentfaltung und Wohnkultur um 1700.

Eine glanzvolle Zeit erlebte das Schloss Caputh auch unter Friedrich III., ab 1701 König Friedrich I. in Preußen. Friedrich Wilhelm I. nutzte Caputh für Jagdaufenthalte und ließ um 1720 den Sommerspeisesaal mit ca. 7500 niederländischen Fayencefliesen einrichten. Im 18. Jahrhundert wurde das Gebäude verpachtet und später von der Krone verkauft.

Nach der Restaurierung durch die Stiftung Preußische Schlösser und Gärten Berlin-Brandenburg sind nun Schloss und Park Caputh für die Öffentlichkeit zugänglich.

Neben der musealen Nutzung finden im Schloss Caputh zahlreiche Sonderveranstaltungen, Führungen, Vorträge, Konzerte und Ausstellungen statt.

Zum Schloss gehört ein kleiner, in Anlehnung an einen Plan von P. J. Lenné geschaffener Landschaftsgarten. Leider existieren nur noch wenige Fundstücke des ursprünglichen barocken Gartens, der um 1700 eine reiche Ausstattung mit Springbrunnen, Blumenparterres sowie Obstbäumen und Skulpturen aufwies.

Schloss Caputh
Straße der Einheit 2
14548 Schwielowsee

Telefon
03 32 09/7 03 45

E-Mail
schloss-caputh@spsg.de

Internet
www.spsg.de

Schloss Caputh, Fliesensaal

Schloss Königs Wusterhausen

Schloss Königs
Wusterhausen
Schlossplatz 1
15711 Königs
Wusterhausen

Telefon
0 33 75/2 11 70-0

E-Mail
info@spsg.de

Internet
www.spsg.de

Hervorgegangen aus einer mittelalterlichen Burganlage, hat das Schloss bis heute die bauliche Struktur eines „Festen Hauses" der Renaissancezeit bewahrt. Entscheidend geprägt wurde es durch Friedrich Wilhelm I. (reg. 1713–1740), den „Soldatenkönig", der das Anwesen 1689 von seinen Eltern, dem Kurfürsten Friedrich III., dem späteren ersten König in Preußen, und seiner Gemahlin Sophie Charlotte als Geschenk und Übungsfeld erhielt. In Wusterhausen, ab ca. 1717 Königs Wusterhausen, entwickelte Kronprinz Friedrich Wilhelm erste Grundlagen seiner Reformen in Verwaltung, Wirtschaft und Militär. Hier entstanden die Ursprünge der legendären „langen Kerls". Das Schloss, ein bevorzugter Aufenthaltsort Friedrich Wilhelms I., den er jährlich einige Monate mit seiner Gemahlin Sophie Dorothea von Hannover und den zahlreichen Kindern, darunter Kronprinz Friedrich II., bewohnte, diente ihm als Jagdrefugium und Residenz.

Nach seinem Tod 1740 erfuhr das Haus eine 250-jährige wechselhafte Nutzungsgeschichte, die vom kaiserlichen Jagdschloss über ein Museum, einen Standort sowjetischer Nachrichteneinheiten bis hin zum Rat des Kreises in DDR-Zeiten reichte.

Ende September 2000 wurde das Haus nach fast zehnjähriger Restaurierung als Museumsschloss der SPSG wiedereröffnet. Die mit Kunstwerken der ersten Hälfte des 18. Jahrhunderts ausgestatteten ehemaligen königlichen Wohnräume vermitteln in ihrer für die Barockzeit ungewöhnlichen Schlichtheit den für Königs Wusterhausen typischen Charakter. Besonders bemerkenswert sind die fast 40 eigenhändigen Werke des „Soldatenkönigs", die Offiziergalerie, das um 1737 entstandene Gemälde des bekannten Tabakkollegiums im gleichnamigen, neugestalteten Raum und die sehenswerten Bildnisse der königlichen Familie.

Schloss Königs Wusterhausen

Schloss Oranienburg

Schloss Oranienburg zählt zu den bedeutendsten Barockbauten der Mark Brandenburg.

Seine Ursprünge reichen zurück bis in das 13. Jahrhundert. Eine 1288 erstmals erwähnte Wasserburg gelangte nach mehrmaligen Besitzerwechseln 1485 unter Markgraf Johann Cicero endgültig in hohenzollernschen Besitz. Um 1550 ließ Kurfürst Joachim II. an gleicher Stelle ein Jagdhaus errichten und sein Nachfolger Johann Georg ließ das Innere gänzlich umgestalten. Noch heute sind im später barock überformten Mittelbau Reste dieser Renaissanceanlage zu finden.

Der heutige Schlossbau geht zurück auf einen Landsitz, der für die erste Gemahlin des Großen Kurfürsten (1620–1688), Louise Henriette, geb. Prinzessin von Oranien (1627–1667), ab 1651 errichtet wurde.

Ihr Sohn, der spätere König Friedrich I., ließ das Schloss ab 1689 von den Baumeistern Johann Arnold Nering und Johann Friedrich Eosander erweitern und prachtvoll ausstatten.

Um 1700 galt es als schönstes Schloss der preußischen Monarchie. Die Residenz erlebte Mitte des 18. Jahrhunderts eine zweite Blütezeit unter Prinz August Wilhelm von Preußen (1722–1758), einem Bruder Friedrichs des Großen.

Nach einer wechselvollen und folgenreichen Nutzungsgeschichte präsentiert das Schlossmuseum Oranienburg heute eine Sammlung einzigartiger Kunstwerke, darunter die prächtigen Etageren in der Porzellankammer. Herausragend ist eine Gruppe von Sitzmöbeln aus Elfenbein, entstanden um 1640 in Brasilien, sowie eine Serie von Tapisserien aus der Manufaktur des französischen Glaubensflüchtlings Pierre Mercier in Berlin, welche die Ruhmestaten des Großen Kurfürsten schildern.

Skulpturen und plastische Bildwerke von François Dieussart und Bartholomeus Eggers sowie Gemälde u. a. von Anthonis van Dyck, Jan Lievens, Willem van Honthorst, Thomas Willeboirts (Bosschaert) und Antoine Pesne vervollständigen die außerordentlich reiche Sammlung. Einen weiteren Höhepunkt bildet die Silberkammer, in der ausgewählte Beispiele königlichen Prunksilbers gezeigt werden.

Schloss Oranienburg
Schlossmuseum
Schlossplatz 1
16515 Oranienburg

Telefon
0 33 01/53 74 37

E-Mail
schlossmuseum-oranienburg@spsg.de

Internet
www.spsg.de

Schloss Oranienburg

Berlin-Brandenburg ▪ weitere Liegenschaften

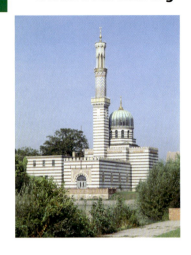

Dampfmaschinenhaus/
Moschee
Breite Str. 28
14471 Potsdam

03 31/96 94-2 00
info@spsg.de
www.spsg.de

Jagdschloss Stern
14469 Potsdam

03 31/96 94-2 00
info@spsg.de
www.spsg.de

Historische Mühle
Maulbeerallee 5
14469 Potsdam

03 31/5 50 68 51
info@spsg.de
www.spsg.de

Belvedere auf dem
Klausberg
14469 Potsdam

03 31/96 94-2 06
info@spsg.de
www.spsg.de

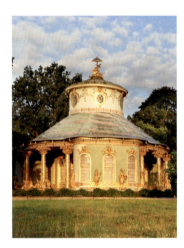

Chinesisches Haus
Am Grünen Gitter
14469 Potsdam

03 31/96 94-2 00
info@spsg.de
www.spsg.de

Normannischer Turm auf
dem Ruinenberg
14467 Potsdam

03 31/96 94-2 00
info@spsg.de
www.spsg.de

Hessen

Bad Homburg vor der Höhe
1 Schloss und Schlosspark S. 126
27 Römerkastelle Saalburg, Kapersburg und Schmitten entlang des Limes S. 154

Bad Hersfeld
2 Stiftsruine S. 128

Bensheim-Auerbach
3 Staatspark Fürstenlager S. 129
24 Schloss Auerbach S. 154

Breuberg
4 Burg Breuberg im Odenwald S. 130

Darmstadt
5 Prinz-Georg-Garten und Prinz-Georg-Palais S. 131

Erbach im Odenwald
6 Schloss Erbach S. 132

Hanau
7 Staatspark Wilhelmsbad mit Burg und Karussell S. 134

Calden
8 Schloss Wilhelmsthal S. 136
9 Schlosspark Wilhelmsthal mit Wasserspielen S. 137

Kassel
10 Schloss und Schlosspark Wilhelmshöhe S. 138
11 Schloss Wilhelmshöhe S. 140
12 Löwenburg im Schlosspark S. 141
13 Staatspark Karlsaue mit Insel Siebenbergen S. 142
14 Staatspark Karlsaue, Orangerie und Marmorbad S. 143

Lorsch
15 Kloster mit Torhalle und Kirche S. 144

Gelnhausen
16 Kaiserpfalz S. 146

Michelstadt-Steinbach
17 Einhardsbasilika S. 147

Münzenberg
18 Burgruine S. 148

Rüdesheim
19 Niederwalddenkmal S. 149

Seligenstadt
20 Ehemalige Benediktinerabtei mit Conventgarten S. 150

Steinau an der Straße
21 Schloss mit Brüder-Grimm-Gedenkstätte S. 151

Weilburg
22 Schloss und Schlossgarten mit Orangerien S. 152

Wiesbaden-Biebrich
23 Schlosspark S. 154

Fischbachtal-Lichtenberg
25 Schloss Lichtenberg S. 154

Hirschhorn
26 Schloss Hirschhorn am Neckar S. 154

Otzberg-Hering
28 Veste Otzberg S. 154

UNESCO-Welterbe Kloster Lorsch – Die Torhalle

Über 70 Jahre im Dienste des Kultur- und Naturerbes

Im Land Hessen, im Herzen der Bundesrepublik Deutschland, betreuen wir, die Verwaltung der Staatlichen Schlösser und Gärten und die Museumslandschaft Hessen Kassel, zahlreiche bedeutende Zeugnisse aus 2000 Jahren Bau- und Kunstgeschichte, darunter römische Kastelle am Limes, mittelalterliche Kirchen und Klosteranlagen, Burgen und Wehrbauten, Schlösser und Gärten. Mit dem Kloster Lorsch, dem Limes und dem hessischen Teil des Mittelrheintals gehören dazu drei UNESCO Welterbestätten und für Kassel besteht die begründete Hoffnung auf einen Eintrag im Jahr 2013.

Wir verstehen uns als Kultur- und Vermögensverwaltungen sowie als Bildungseinrichtungen mit kultureller, historischer, wirtschaftlicher und sozialer Ausrichtung.

Unser verfassungsgemäßer Auftrag ist die Erhaltung, Erforschung, Ergänzung und Präsentation des künstlerischen und geschichtlichen Erbes des Landes Hessen in staatlicher Hand. Viele dieser historisch gewachsenen Gesamtkunstwerke aus Gebäuden mit dazugehörigem Inventar und umgebenden Parkanlagen sind:

- Landmarken und auratische Träger von Identität und Authentizität
- Horte von Kultur und gestalteter Natur seit Jahrhunderten
- Stätten für Bildung, Erholung und Besinnung

Mit rund 400 Beschäftigten leisten wir eine qualifizierte Pflege des anvertrauten Kultur- und Naturerbes und bringen den vielen Besuchern Geschichte, Wert und Bedeutung der Liegenschaften näher. Die Burgen, Schlösser und Parkanlagen haben als Besuchermagnete für die jeweilige Kommune oder Region immer eine wichtige Funktion in touristischer Hinsicht. Besonders freuen wir uns, dass sich die vielfältigen Veranstaltungsangebote in den Liegenschaften des hessischen Kulturerbes eines lebhaften Zuspruchs erfreuen. Dazu gehören auch zahlreiche Kulturfestivals wie zum Beispiel die Bad Hersfelder Festspiele oder die Weilburger Schlosskonzerte, aber auch hunderte weitere, eigene Veranstaltungen. Nicht zuletzt freuen wir uns, eine ganze Reihe von Räumlichkeiten und Parkflächen auch für individuelle, private Veranstaltungen zur Verfügung stellen zu können.

Schloss und Schlosspark

Bad Homburg vor der Höhe
Schloss und Schlosspark
61348 Bad Homburg vor der Höhe

Telefon
0 61 72/92 62-1 48

E-Mail
info@schloesser.hessen.de

Internet
www.schloesser-hessen.de

Markant überragt der freistehende Bergfried des 14. Jahrhunderts die um zwei Höfe gruppierte Barockanlage. Paul Andrich entwarf sie 1678 für Landgraf Friedrich II., den Helden in Kleists Drama „Prinz Friedrich von Homburg". Das ursprünglich zweigeschossige Schloss ist der erste Neubau einer größeren modernen Residenzanlage in Hessen nach dem Dreißigjährigen Krieg.

Die Schauräume des Schlosses präsentieren zahlreiche Kunstschätze vom 17. bis 19. Jahrhundert und lassen die Wohnkultur nicht nur der Landgrafen, sondern auch der Hohenzollernkaiser lebendig werden. Schloss Homburg besitzt die einzige noch weitgehend original eingerichtete Wohnung des letzten deutschen Kaiserpaares in Deutschland, für die Homburg bis 1918 bevorzugte Sommerresidenz war. Das Wohnappartement im 1995 wiedereröffneten Englischen Flügel spiegelt Persönlichkeit, Reichtum und unermüdliche Sammlertätigkeit der englischen Königstochter Elizabeth wider, die 1818 durch Heirat zur Landgräfin von Hessen-Homburg wurde.

Der Schlossgarten Homburg wurde in der zweiten Hälfte des 18. Jahrhunderts landschaftlich umgestaltet. In einzelnen Bereichen sind jedoch Strukturen des älteren Barockgartens erhalten. Östlich des Schlosses liegt die bereits Ende des 17. Jahrhunderts erwähnte Orangerie sowie der „Holländische Garten". Südwestlich des Schlosses erstreckt sich der Landschaftsgarten, dessen Mittelpunkt der große Teich bildet. Im Nordwesten erinnern der Ökonomie- und der Obstgarten an die geometrische Konzeption. Im Zuge der landschaftlichen Gestaltung der nahen Schlossumgebung wurden die landgräflichen Gartenanlagen nordwestlich der Residenz bis in die Taunusberge erweitert. Angelegt wurden zwischen 1770 und 1840 die Tannenwaldallee und die Elisabethenschneise, entlang derer malerische Lustgärten entstanden. Noch heute ist dieses ehemalige Gesamtkunstwerk aus zentralem Schlosspark und bis an die Grenze des Limes reichender Lustgartenachse in den Grundzügen erhalten.

Blick über den Schlossteich zum Schloss mit dem Weißen Turm

Speisesaal, auch Pompejanischer Saal genannt, mit Wandmalereien um 1826–1829

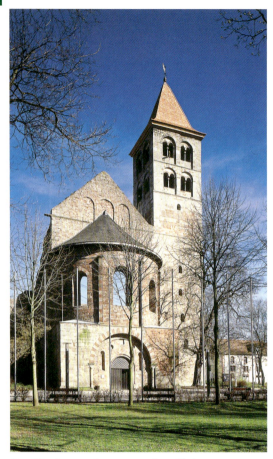

Der Westchor mit dem romanischen Glockenturm   *Blick vom Westchor auf Langhaus, Querschiff und Chor*

Stiftsruine

Bad Hersfeld, Stiftsruine
36251 Bad Hersfeld

Telefon
0 66 21/7 36 94

E-Mail
info@schloesser.hessen.de

Internet
www.schloesser-hessen.de

Die kraftvolle Architektur des größten Kirchenbaus Hessens aus dem 11. Jahrhundert beeindruckt die Besucher noch heute, auch wenn die Kirche im Jahre 1761 abbrannte und seither Ruine ist. Schon im Jahre 736 hatte der hl. Bonifatius Hersfeld missioniert. Hundert Jahre später entstand an der Stelle der heutigen Ruine ein großer karolingischer Neubau, der 1038 einem Brand zum Opfer fiel. Unmittelbar danach wurde mit dem Bau der heute noch stehenden Kirche begonnen, deren Weihe im Jahre 1144 stattfand. Der Hauptzugang von Westen erfolgt über eine ursprünglich offene überwölbte Halle, über der sich der Westchor mit seiner halbrunden Apsis erhebt. Der Turm wurde erst später hinzugefügt. Durch das aus mächtigen Steinquadern gebildete Kirchenportal betritt man das weite Langhaus, dem die Einfassung des Mittelschiffes durch gewaltige Säulen mit mächtigen Basen und Kapitellen sowie den Obergaden fehlt. Umso eindrucksvoller erheben sich dahinter die glatten, fast schmucklosen Mauern des ungeteilten Querschiffs mit ihren großen Fenstern, die so hoch über dem Fußboden liegen, dass das einfallende Licht unmittelbar aus dem göttlichen Himmel einzufallen schien. Einst führte aus dem Querschiff eine breite Freitreppe hinauf in den Langchor, dessen Seiten durch jeweils sechs Nischen gegliedert sind. Unter dem Chor befindet sich die Krypta, deren Gewölbe beim Brand von 1761 einstürzten. Hier wurde der größte Schatz des Klosters, die Reliquien des hl. Wigbert, aufbewahrt. Seit 1950 ist die Ruine während der Sommermonate die eindrucksvolle Kulisse für Theater- und Opernfestspiele.

Staatspark Fürstenlager

Das Fürstenlager bei Auerbach an der Bergstraße hat seinen ursprünglichen Charakter bis heute weitgehend bewahrt. Seine Entstehung beruht auf einer 1739 entdeckten mineralischen Heilquelle. Der ab 1766 einsetzende höfische Kurbetrieb konnte sich auf Dauer aber nicht etablieren. Stattdessen entstand unter dem zukünftigen Landgrafen Ludwig X. und Luise von Hessen-Darmstadt ab 1783 ein ländlicher Sommersitz abseits der strengen Hofetikette der Residenzstadt Darmstadt.

Die Wohn- und Wirtschaftsgebäude gruppieren sich dorfartig um den Gesundbrunnen. Nur das zweistöckige Herrenhaus, das der landgräflichen und großherzoglichen Familie vorbehalten war, tritt aus dem Ensemble gestalterisch hervor. Kavalier-, Prinzen- und Damenbau dienten als Wohnung für die Hofgesellschaft, ersterer auch als Unterkunft für Kurgäste. Im Fremdenbau war ab 1821 die Wohnung des zweitältesten Sohns Luises, des Prinzen Emil, untergebracht. Einen Eindruck der Einfachheit und Intimität biedermeierlicher Wohnkultur vermitteln die seit 1997 wieder eingerichteten Wohnräume.

Nach Plänen des Hofgärtners Carl Ludwig Geiger entstand ab 1790 der heute rund 42 ha große Landschaftspark nach dem Vorbild der „ornamental farm". Geiger berücksichtigte sowohl ästhetische als auch wirtschaftliche Aspekte und bezog vorhandene Acker- und Weideflächen, Weinberge und Obstwiesen in die Parkgestaltung ein. Auch die spannungsreiche Topografie des Geländes trägt zum besonderen Reiz des Fürstenlagers bei. Vom Dorf aus erschließt ein Netz geschwungener Alleen das enge, lang gestreckte Tal und führt zu Schmuckplätzen, kleinen Parkgebäuden und Aussichtspunkten auf den Kuppen der umgebenden Anhöhen. Dort bieten sich dem Besucher vielfältige Ausblicke zum Dörfchen, in den Park mit seinen Staffagebauten und in die abwechslungsreiche Landschaft der Bergstraße. Hofgärtner Georg Friedrich Schnittspahn ließ ab 1865 auf der Herrenwiese und an der Voliere exotische Gehölze pflanzen. Aus dieser Zeit ist einer der ältesten Mammutbäume Deutschlands erhalten. Weitere dendrologische Kostbarkeiten sind eine Pyramideneiche, eine Gurkenmagnolie oder ein Ginkgo.

Staatspark Fürstenlager
64625 Bensheim-Auerbach

Telefon
0 62 51/9 34 60

E Mail
info@schloesser.hessen.de

Internet
www.schlosser-hessen.de

Blick auf das Dörfchen

Burg Breuberg im Odenwald

Touristik Service der
Stadt Breuberg
Ernst-Ludwig-Str. 2-4
65747 Breuberg

Telefon
0 61 63/70 90

E-Mail
info@breuberg.de

Internet
www.breuberg.de

Die Burg Breuberg im Odenwald ist eine der bedeutendsten und am besten erhaltenen Burganlagen in Hessen. Die eindrucksvolle, aus rotem Sandstein errichtete Burg erhebt sich auf einem von der Mümling umflossenen Hügelrücken. Sie wurde um 1200 durch die Reiz von Lützelbach, die sich fortan von Breuberg nannten, auf Geheiß der Abtei Fulda zur Sicherung des Odenwälder Besitzes erbaut. Mit dem fast sakral wirkenden romanischen Portal zur Kernburg und dem mächtigen Bergfried aus Buckelquadern weist sie noch heute qualitätsvolle stauferzeitliche Architekturzeugnisse auf. 1323 starben die Herren von Breuberg mit Eberhard III. in männlicher Linie aus. In der Folge teilten sich verschiedene Adelsgeschlechter die Burg, wobei die Grafen von Wertheim ihren Anteil und Einfluss zunehmend ausbauten, bis sie 1499 die Alleinherrschaft übernahmen und mit dem weiteren Ausbau des Breubergs zu einer großen spätmittelalterlichen Dynastenburg und Festung begannen. Im 15. und 16. Jahrhundert wurde die Burg dementsprechend erheblich erweitert und verteidigungstechnisch aufgerüstet, wovon der mächtige Burggraben, die sog. Schütt und die Geschütztürme zeugen.

Mit dem Tod Graf Michals III. starb das Wertheimer Grafenhaus 1556 in der männlichen Linie aus. Erneut wurde die Burg unter den Erben aufgeteilt, in diesem Fall unter den Grafen von Erbach und den Grafen von Stolberg-Königstein. Da den Grafen von Erbach beim Teilungsvertrag nur wenig Nutz- und Wohnraum in der Kernburg zugefallen war, errichteten sie bis 1558 unter Einbeziehung des Torbaus einen neuen Wohnbau auf der Südseite der Vorburg.
Im frühen 17. Jahrhundert hatte Graf Johann Casimir von Erbach infolge einer Erbteilung seine Residenz auf die Burg Breuberg verlegt. Aus dieser Zeit stammt der Johann-Casimir-Bau, dessen beeindruckende renaissancezeitliche Stuckdecke noch heute zu besichtigen ist.
Die Grafen von Erbach hatten die Herrschaft Breuberg gemeinsam mit den Grafen von Löwenstein-Wertheim als ungeteilten Besitz inne, bis sie 1806 ihre alten Souveränitätsrechte verloren. Die Herrschaft Breuberg, die sie sich gemeinschaftlich geteilt hatten, wurde dem neuen Großherzogtum Hessen-Darmstadt zugeschlagen.

Blick über den Burggraben auf die Kernburg

Aufgang zur Kernburg mit dem romanischen Portal

Der Garten mit Blick auf das Pretlacksche Gartenhaus

Prinz-Georg-Garten und Prinz-Georg-Palais

Vor den Toren Darmstadts, angrenzend an den sogenannten „Herrngarten" mit dem Residenzschloss, entstand im 18. Jahrhundert der ländlich anmutende landgräfliche Lustgarten. Abseits des offiziellen Zeremoniells wurde die kleine Anlage Mittelpunkt ungezwungener, von der Hofgesellschaft des Rokoko hoch geschätzter Festlichkeiten. Die rechtwinklig zueinander verlaufenden, jeweils vom Prinz-Georg-Palais und vom Pretlackschen Gartenhaus ausgehenden Hauptachsen lassen erkennen, dass die Anlage aus zwei ursprünglich separaten Gärten zusammenwuchs. Hohe Mauern umschließen den Sommersitz, entsprechend dem in Rokokogärten häufig verwirklichten Wunsch nach Intimität und privater Atmosphäre. Nicht zuletzt durch diese „isolierte" Lage entging der Prinz-Georg-Garten der im Herrngarten erfolgten landschaftlichen Umgestaltung und konnte seine Rokokostrukturen im Wesentlichen bis heute bewahren.

Die gesamte Anlage ist von einem rechtwinkligen Wegenetz durchzogen, in dessen Schnittpunkten sich Brunnen und Sonnenuhren befinden. In den Beeten werden Zier- und Nutzpflanzen gezogen, eine Mischung, die den besonderen Reiz der Anlage ausmacht. Südlich des Prinz-Georg-Palais befand sich das Heckentheater, das für Theateraufführungen unter freiem Himmel genutzt wurde.

Die Räume des Prinz-Georg-Palais öffnen sich auf den Garten und die umgebende Landschaft. Im Obergeschoss bildet ein großer Saal mit fein gearbeiteter Stuckvoute den Mittelpunkt. Von zwei Balkonen aus konnte der Blick über den Garten schweifen. Vor dem Palais war ein kleiner Cour d'Honneur angelegt, flankiert von einer Orangerie und einer Remise. 1764 schenkte Landgraf Ludwig VIII. seinem zweitgeborenen Sohn Georg das Palais, das seitdem seinen Namen trägt. Großherzog Ernst-Ludwig ließ im Jahre 1908 alle Porzellane aus dem Besitz des Hessischen Hauses im Prinz-Georg-Palais zusammenführen und ausstellen, das daraufhin im Volksmund den Namen Porzellanschlösschen erhielt.

Darmstadt
Prinz-Georg-Garten
Schlossgarten 6 b
64289 Darmstadt

Telefon
0 61 51/4 92 71 31
0 62 51/9 34 60

E-Mail
info@schloesser.hessen.de

Internet
www.schloesser-hessen.de

Hessen — Erbach im Odenwald

Schloss Erbach

Schloss Erbach
Marktplatz 7
64711 Erbach im Odenwald

Telefon
0 60 62/80 93 60

E-Mail
info@schloss-erbach.de

Internet
www.schloss-erbach.de

Die Errichtung einer Burg an der Stelle des heutigen Schlosses Erbach geht vermutlich bis in das 12. Jahrhundert zurück, als sich die Reichsministerialen von Erbach zu einem führenden Herrschaftsgeschlecht im Odenwald entwickelten. Frühestes erhaltenes bauliches Zeugnis ist der Bergfried. Sein imposantes Mauerwerk aus Buckelquadern lässt ihn in die erste Hälfte des 13. Jahrhunderts datieren. Das heutige Schloss wurde im Jahr 1736 nach einer umfassenden Erweiterung eines bestehenden Renaissancebaus unter Graf Georg Wilhelm fertiggestellt. Die herausragende Bedeutung des Schlosses liegt heute vor allem in der hochwertigen Sammlung, die Graf Franz I. im späten 18. und frühen 19. Jahrhundert hier anlegte. Sie ist außergewöhnlich vollständig und authentisch erhalten wie nur sehr wenige fürstliche Sammlungen in Deutschland. Dabei beschränkte sich Franz I. nicht auf ein Thema. Die gräfliche Sammlung in Erbach umfasst antike Werke ebenso wie mittelalterliche Glasfenster, Rüstungen und Waffen oder eine umfangreiche naturhistorische Sammlung. Die Sammlungen wurden nach wissenschaftlichen Kriterien zusammengestellt und sind daher auch ein wertvolles Zeugnis für den Kenntnis- und Forschungsstand des späten 18. Jahrhunderts auf verschiedenen Gebieten. Der kunstinteressierte Regent, der in Straßburg studiert hatte und mehrere Reisen u. a. nach Frankreich, Italien, Wien und England unternahm, ließ sich von führenden Geistesgrößen der Zeit beraten. Neben den Objekten selbst geben die vollständig erhaltenen und zum Teil von Franz I. persönlich kommentierten Kataloge unverzichtbare Hinweise. Zudem weist die Sammlung herausragende Einzelstücke auf, wie eine der qualitätsvollsten römischen Kopien eines griechischen Porträts Alexanders des Großen.

Um 1800 ließ Graf Franz I. die Innenräume des Schlosses umgestalten, um seinen Sammlungen den jeweils gewünschten Rahmen zu verleihen. In dieser Form sind sie bis heute weitgehend erhalten und zu besichtigen.

Blick in das Römische Zimmer mit der Sitzstatue des Kaisers Trajan

Ansicht des Schlosses vom Marktplatz aus mit dem Bergfried im Hintergrund

Staatspark Wilhelmsbad mit Burg und Karussell

Staatspark Wilhelmsbad
63454 Hanau-Wilhelmsbad

Telefon
0 61 81/9 06 50 90

E-Mail
info@schloesser.hessen.de

Internet
www.schlosser-hessen.de

Wilhelmsbad entstand zwischen 1777 und 1785 als fürstliches Kurbad, in dem sowohl die höfische Gesellschaft als auch das aufstrebende Bürgertum mit Vorliebe weilten. Dem Modebad ging bald, nachdem der Erbauer Wilhelm IX. Hanau 1785 verlassen und als Landgraf die Regierung in Kassel übernommen hatte, das Heilwasser aus und wurde unpopulär. Aufgrund dieses „Schattendaseins" blieb der Kur- und Badeort aus dem 18. Jahrhundert bis heute nahezu vollständig erhalten. Entlang einer Allee reihen sich die spätbarocken Kurgebäude, umgeben von einem Park im Stil englischer Landschaftsgärten. Er zählt zu den frühesten Schöpfungen dieser Art in Deutschland, ein hervorragendes Dokument eines „empfindsamen" Landschaftsgartens, dessen stimmungsvolle Kleinbauten (Burg, Pyramide, Eremitage etc.) den auf sentimentale Ausstrahlung zielenden Gestaltungswillen der Zeit veranschaulichen.

An den idyllischen Park als Spiel- und Vergnügungsort für die Kurgäste erinnert das große Karussell, ein Meisterwerk damaliger Ingenieursbaukunst. Mittels eines kunstvollen verborgenen Mechanismus drehten sich Pferde und Wagen wie von Geisterhand bewegt.

Die zwischen 1779 und 1781 errichtete Burgruine, in unmittelbarer Nachbarschaft der Kurallee und doch abgesondert auf einer künstlichen Insel hinter knorrigen Eichen gelegen, ist auf dem europäischen Kontinent eines der frühesten und damit außerordentlich bedeutsamen Beispiele einer pseudomittelalterlichen Parkburg mit Ruinencharakter. Als Sommersitz für Erbprinz Wilhelm von Hessen-Kassel erbaut, zielt der scheinbar verfallene Turm auf Überraschung des Besuchers ab: Im Innern beherbergt er nämlich im Erdgeschoss ein elegantes fürstliches Appartement und im Obergeschoss einen prachtvollen Festsaal mit Ahnenbildnissen von Anton Wilhelm Tischbein.

Blick aus dem Park zur Promenade

Der Festsaal im Obergeschoss der Burg

Hessen — Calden

Schloss Wilhelmsthal

Schloss und Schlosspark
Wilhelmsthal
34379 Calden

Telefon
0 56 47/68 98

E-Mail
info@museum-kassel.de
besucherdienst@
museum-kassel.de

Internet
www.museum-kassel.de

Die Sommerresidenz der Landgrafen von Hessen-Kassel ist ein Hauptwerk des Münchener Hofarchitekten François de Cuvilliés und zählt durch Fülle und Erhalt seiner kostbaren Ausstattung zu den Spitzenleistungen deutscher Rokokokunst. Die Dreiflügelanlage, für den kunstsinnigen Statthalter und späteren Landgrafen Wilhelm VIII. zwischen 1743 und 1761 errichtet, ist im Inneren nach Entwürfen des Berliner Bildhauers Johann August Nahl dekoriert und vereinigt so bayerisches und friderizianisches Rokoko. In den vier herrschaftlichen Appartements haben sich zahlreiche herausragende Ausstattungsstücke erhalten, wie ein Schreibtisch und eine Standuhr von David Roentgen, rund 50 Gemälde von Johann Heinrich Tischbein d. Ä., die wegen ihres Pfauenfedermusters aus Perlmuttblättchen sogenannte Pfauenfederkommode und Porzellan aus Meißen, Berlin, Fulda und Höchst.

Schloss Wilhelmsthal von Osten

Calden ■ **Hessen**

Die Wasserachse mit der Grotte aus dem 18. Jahrhundert

Schlosspark Wilhelmsthal mit Wasserspielen

Park und Schloss bildeten eine von dominanten Achsen geprägte Gesamtanlage. Die reich geschmückte Südachse mit Kanal, Wasserbecken und Chinesenhäusern wurde 1756 vollendet. Die Mittelachse wurde 1760 teilweise als Wassertreppe realisiert.
Um 1800 erfolgte unter Landgraf Wilhelm IX., seit 1803 Kurfürst Wilhelm I. (1785–1821), durch die Hofgärtner Karl und Wilhelm Hentze eine Überformung als Landschaftsgarten.

Der Kanal im Bereich der erhaltenen Grotte von Georg Wenzeslaus von Knobelsdorff wurde um 1963 rekonstruiert und vermittelt eine Vorstellung von der vergangenen Pracht des Rokokogartens. Heute zeichnet den Schlosspark die gelungene Zusammenführung der beiden Gartenstile des Rokoko mit den erhaltenen Achsen und Alleen und der inszenierten Landschaft aus der Kombination von Freiräumen und Bäumen aus.

Schloss und Schlosspark Wilhelmsthal
34379 Calden

Telefon
0 56 74/68 98

E-Mail
info@museum-kassel.de
besucherdienst@
museum-kassel.de

Internet
www.museum-kassel.de

Schloss und Schlosspark Wilhelmshöhe

Schloss und Schlosspark Wilhelmshöhe
Antikensammlung, Gemäldegalerie Alte Meister, Graphische Sammlung, Weißensteinflügel, Herkules, Oktogon, Plattform und Pyramide, Großes Gewächshaus, Wasserkünste
34131 Kassel

Telefon
05 61/31 68 00

E-Mail
info@museum-kassel.de
besucherdienst@museum-kassel.de

Internet
www.museum-kassel.de

Auf Veranlassung Landgraf Karls von Hessen-Kassel entstand Anfang des 18. Jahrhunderts die barocke Anlage aus Riesenschloss mit der Herkules-Statue und der 250 Meter langen Kaskade nach Entwürfen des italienischen Architekten Giovanni Francesco Guerniero. Mit der Realisierung von einem Drittel der gewaltigen Planung wurde ein neuer Maßstab für Wasserinszenierung an Hängen gesetzt. Die Überformung zum Landschaftspark begann nach dem Siebenjährigen Krieg. Eine frühromantische Phase unter Landgraf Friedrich II. war geprägt durch die Vielzahl stimmungsvoller Parkbauten. Die Gestaltung des klassischen Landschaftsgartens erfolgte ab 1785 unter Wilhelm IX. Zu beiden Seiten der Mittelachse entstand unter Ausnutzung der natürlichen Gegebenheiten eine weitläufige „idealisierte" Naturlandschaft mit künstlich geschaffenen Wasserfällen und -anlagen. Von Mai bis Oktober sind die inszenierten Wasserspiele auch heute noch zweimal wöchentlich zu bewundern. Durch die Verbindung der Barockachse mit den natürlich anmutenden Strukturen des vielgestaltigen Landschaftsgartens entstand das bekannte Gartenkunstwerk – der heutzutage größte Bergpark Europas.

Neptungrotte mit Blick auf Kaskaden und Herkulesmonument im Schlosspark Wilhelmshöhe

Für seine Sammlung exotischer Pflanzen ließ Kurfürst Wilhelm II. 1822/23 von J. C. Bromeis ein beeindruckendes gläsernes Gewächshaus errichten

Hessen — Kassel

Schloss Wilhelmshöhe

Schloss Wilhelmshöhe
Antikensammlung,
Gemäldegalerie Alte
Meister, Graphische
Sammlung, Weißensteinflügel
34131 Kassel

Telefon
05 61/31 68 00

E-Mail
info@museum-kassel.de
besucherdienst@
museum-kassel.de

Internet
www.museum-kassel.de

Schloss Wilhelmshöhe wurde 1786–1798 nach Entwürfen der Architekten Simon Louis du Ry und Heinrich Christoph Jussow als Wohnschloss Landgraf Wilhelms IX., des späteren Kurfürsten Wilhelm I., im klassizistischen Stil neu errichtet. Seit den Zerstörungen des Zweiten Weltkriegs besitzt heute nur noch der Weißensteinflügel die ursprüngliche Raumeinteilung und Ausstattung. Letztere zählt zu den bedeutendsten Beispielen der Kunst um 1800.

Klassizistische Wand- und Deckenstuckaturen, Möbel im Louis-seize- und Empire-Stil und Marmorplastiken nach antiken Originalen lassen den gegenüber der Barockzeit gewandelten Geschmack adeliger Auftraggeber deutlich erkennen.

Die edle Schlichtheit mancher Wohnräume belegt den ins Privatere gewandelten Charakter einer fürstlichen Residenz im späten 18. und beginnenden 19. Jahrhundert, als das strenge, auf die öffentliche Repräsentation herrscherlicher Macht ausgerichtete Hofzeremoniell des Absolutismus an Bedeutung verloren hatte.

Im Hauptgebäude, dem Corps de Logis, haben die bedeutende Gemäldegalerie Alte Meister und die Antikensammlung ihren Platz gefunden.

Johann Erdmann Hummel, Schloss Wilhelmshöhe mit dem Habichtswald, um 1800

Löwenburg im Schlosspark

Die Löwenburg, malerisch im Schlosspark Wilhelmshöhe südlich des Schlosses auf einem Vorsprung des Hanges gelegen, präsentiert sich nach außen trutzig als mittelalterliche Ritterburg. Im Innern beherbergt sie jedoch fürstliche Wohnräume barocken Zuschnitts, die den Fürsten mit seinem Hofstaat aufnehmen konnten. Im ausgehenden 18. Jahrhundert in Zeiten größten gesellschaftlichen Umbruchs von Landgraf Wilhelm IX. errichtet, beschwört die Löwenburg mit ihrem Ruinencharakter nicht nur Belagerungsstürme und Abwehrkämpfe, sondern versucht auch, mit ihrem scheinbar ehrwürdigen Alter die Anciennität des Fürstengeschlechts und damit den Herrschaftsanspruch des Hauses Hessen-Kassel zu legitimieren.

Neben der Rüstkammer mit Waffen und Ritterrüstungen des 16. bis 17. Jahrhunderts und der Burgkapelle mit der Grablege des Erbauers stehen dem Besucher derzeit wesentliche Bereiche der teils möblierten, teils museal eingerichteten fürstlichen Wohnräume im Damen- und Herrenbau offen.

Löwenburg im Schlosspark Wilhelmshöhe
34131 Kassel

Telefon
05 61/31 68 00

E-Mail
info@museum-kassel.de
besucherdienst@museum-kassel.de

Internet
www.museum-kassel.de

Das Vorzimmer der Damenwohnung in der Löwenburg mit kostbaren Perltapeten

Hessen — Kassel

Staatspark Karlsaue mit Insel Siebenbergen

Staatspark Karlsaue
Insel Siebenbergen
34121 Kassel

Telefon
05 61/31 68 05 00, 05 61
05 61/7 39 21 73
(Insel Siebenbergen)

E-Mail
info@museum-kassel.de
besucherdienst@
museum-kassel.de

Internet
www.museum-kassel.de

Die Karlsaue war nahezu 300 Jahre lang Sommersitz der Landgrafen und späteren Kurfürsten von Hessen-Kassel. Das von zwei Fulda-Armen umflossene inselartige Auegelände kam sukzessive in den Besitz der Landesherren. Über den im 16. Jahrhundert angelegten Renaissancegarten (im Bereich der heutigen Hessen-Kampfbahn) hinaus wurde die gesamte Aue dem gestalterischen Willen des absolutistischen Fürsten, Landgraf Karl, unterstellt und die barocke Parkanlage geschaffen. In dieser war das Wasser in künstliche Formen, wie Bassins und ornamental-rahmende Kanäle gefasst. Wie viele andere barocke Gartenkunstwerke wurde die Karlsaue seit Ende des 18. Jahrhunderts zum Landschaftspark umgestaltet. Die Wasserrahmung des Parks blieb jedoch im Wesentlichen erhalten. Auch die gewaltige barocke Hauptachse, die vom Orangerieschloss über die Karlswiese, die mittlere Allee, das große Bassin mit der Schwaneninsel bis zur im kleinen Bassin gelegenen Insel „Siebenbergen" reicht, beherrscht bis heute den malerischen, botanische Vielfalt enthaltenden Auepark.

Die Insel entstand während des Ausbaues des von zwei Fulda-Armen umflossenen, inselartigen Auegeländes zur barocken Parkanlage unter Landgraf Karl im 18. Jahrhundert.

Von Beginn an wurde Siebenbergen als „point de vue" im südlichen Endpunkt der barocken Hauptachse mit Sorgfalt bepflanzt und unter Landgraf Friedrich II. nach 1763 um wertvolle Gehölze bereichert.

Die zweite Blüte Siebenbergens setzte unter Wilhelm Hentze ein, der die kurhessischen Gärten von 1822 bis 1864 als Hofgartendirektor betreute. Die Insel ist heute noch weitgehend so erhalten, wie Hentze sie in der Zeit von 1832 bis 1864 angelegt hatte.

Blick von der Insel Siebenbergen über die Schwaneninsel. Auf der durch den umgebenden Wassergürtel klimatisch begünstigten Insel gestaltete Hentze einen Blumen- und Pflanzengarten von höchster botanischer Qualität

Das Orangerieschloss im Park Karlsaue

Staatspark Karlsaue, Orangerie und Marmorbad

Als Endpunkt der barocken Blickachsen des Parks in der Karlsaue ließ Landgraf Karl in den Jahren 1701 bis 1710 die Orangerie errichten, gleichzeitig Sommerschloss und Überwinterungsmöglichkeit für Orangen-, Zitronen- und Lorbeerbäume. Heute beherbergt sie das Astronomisch-Physikalische Kabinett mit Planetarium. 1722–1728 wurden die Gebäude durch einen Pavillon im Westen, dem Marmorbad, ergänzt, der die von Etienne Monnot (1657–1733) geschaffenen Skulpturen und Reliefs aufnehmen sollte. Monnots Bildwerke stellen Geschichten aus den Metamorphosen des Ovid dar, darunter die Verwandlung der Daphne in einen Lorbeerbaum. Daran erinnerten die Lorbeerbäume in der Orangerie, die dort nicht fehlen durften. Die Sinnlichkeit von Monnots Figuren aus samtig schimmerndem weißem Carrara-Marmor wird durch ihre kostbare Umrahmung gesteigert, eine Wandvertäfelung aus unterschiedlichsten Arten farbiger Marmorplatten, die durch eine aufwändige Politur Glanz und Tiefe gewannen.

Staatspark Karlsaue
Astronomisch-
Physikalisches Kabinett
mit Planetarium
34121 Kassel

Telefon
05 61/31 68 05 00

E-Mail
info@museum-kassel.de
besucherdienst@
museum-kassel.de

Internet
www.museum-kassel.de

Hessen — Lorsch

Kloster mit Torhalle und Kirche

Weltkulturerbe
Kloster Lorsch
Nibelungenstraße 32
64653 Lorsch

Telefon
0 62 51/5 14 46

E-Mail
info@schloesser.hessen.de

Internet
www.schloesser-hessen.de

Das Kloster Lorsch, 764 erstmals urkundlich erwähnt, 767 vom Ort der ersten Gründung (später Altenmünster genannt) an den späteren Standort verlegt, 772 Königskloster (bis 1232) und 876 Grablege der ostfränkischen Dynastie der Karolinger, gehörte zu den bedeutendsten klösterlichen Zentren des europäischen Frühmittelalters. Seine Besitzungen reichten bereits um 850 von der niederländischen Nordseeküste bis in die heutige Schweiz mit besonderer Dichte am Mittelrhein. Das Kloster verfügte über eigene Märkte, Handelsniederlassungen und drei Münzstätten. Eine große Bibliothek bezeugt Lorsch als wichtigen Ort der Verdichtung und Vermittlung von Wissen bis zur Aufhebung des Klosters im Zuge der Reformation 1557. Die Zerstörungen während des Dreißigjährigen Krieges und der systematische Abtrag der Klosterbauten im 18. Jahrhundert ließen von der Klosterstadt nur die sogenannte Königshalle aus karolingischer Zeit und einen Torso der Klosterkirche stehen. 1991 wurde die Anlage von der UNESCO als Weltkulturdenkmal ausgezeichnet.

Das bedeutendste Bauwerk ist die „Tor-" oder „Königshalle", deren exakte Bauzeit ebenso wie ihre ursprüngliche Funktion bis heute nicht geklärt werden konnte. Sie steht in erstaunlicher Unversehrtheit exemplarisch für das Kunstwollen der „karolingischen Renaissance". Architektur und Fragmente karolingischer Wandmalerei im Inneren bilden ein Ensemble von herausragender künstlerischer Qualität und Aussagekraft. Die archäologische Erforschung des Klosters seit dem Ende des 19. Jahrhunderts lässt die Abtei des Heiligen Nazarius nun auch als eine „Klosterstadt" erscheinen, in der sich schon sehr früh ein herausragendes Handwerkszentrum befunden hat.

Innenraum der Torhalle

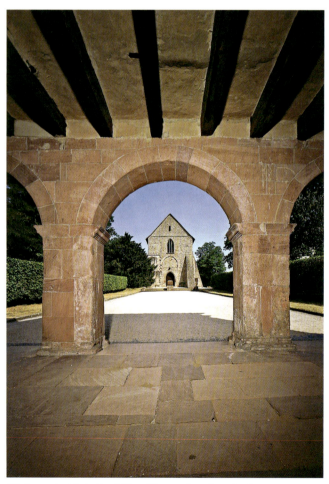

Blick von der Torhalle auf den Überrest der Klosterkirche

Gotische Wandmalereien in der Torhalle

Hessen — Gelnhausen

Die Hofseite des Palas. Im Hintergrund die Marienkirche von Gelnhausen

Kaiserpfalz

Kaiserpfalz Gelnhausen
63571 Gelnhausen

Telefon
0 60 51/38 05

E-Mail
info@schloesser.
hessen.de

Internet
www.schloesser-
hessen.de

Im Jahr 1170 verlieh der Stauferkaiser Friedrich II. Barbarossa dem Ort Gelnhausen die Stadtrechte und begann zur gleichen Zeit unterhalb der Stadt, in den Auen des Flusses Kinzig, mit dem Bau einer Pfalz. Zehn Jahre später war sie fertiggestellt und diente anschließend mehrmals als Schauplatz von Reichstagen. Sie ist von einer mächtigen Ringmauer umgeben, die sich in ihren unregelmäßigen Formen dem Lauf der Kinzig anpasste. Ihr bis zu sechs Meter hohes Mauerwerk besteht außen aus Buckelquadern, die der Pfalz ein trutziges und wehrhaftes Aussehen verleihen. Im Inneren dagegen repräsentierte die Architektur die kaiserliche Macht durch ihre Vielfalt und kunstvolle Verzierung. Der Zugang führt durch die überwölbte Torhalle, die sich in zwei weiten Bögen auf einen großen Innenhof öffnet; das Kapitell mit vier Adlern vor dem mittleren Pfeiler verweist auf die kaiserliche Würde. Von der Torhalle aus führen Treppen in die darüberliegende Kapelle und den seitlich anschließenden, einst dreigeschossigen Palas. Von ihm, dem Palast des Kaisers, sind die unteren Geschosse der Hoffassade und ein Teil der Rückwand erhalten. Die Fassade ist reich gegliedert durch Arkaden, die von doppelten Säulen getragen werden. Ihre Kapitelle sind mit höchster Feinheit gearbeitet, wie auch der Bogen über dem Portal in der Form eines Kleeblatts und der Kamin, der sich auf der gegenüberliegenden Innenwand befindet und einst einen Saal beheizte. In der Torhalle stehen weitere reich verzierte Säulen und steinerne Bildwerke, die aus dem Palas stammen und die kaiserliche Macht symbolisieren. Südlich der Torhalle erhebt sich der Torturm, als letzter Fluchtort im Falle einer Eroberung gedacht und deshalb wie die Umfassungsmauer aus Buckelquadern errichtet. Ursprünglich deutlich höher, bietet er heute von seiner modernen Plattform aus eine weite Aussicht in das Kinzigtal und auf die Stadt Gelnhausen.

Einhardsbasilika

Zu Beginn des 9. Jahrhunderts gehörte Einhard zu den einflussreichsten Gelehrten am Hofe Kaiser Karls des Großen und seines Sohnes Ludwigs des Frommen. Als Alterssitz ließ er in dem zu dieser Zeit ganz abgelegenen Ort Michelstadt im Odenwald eine kleine Kirche nach römischem Vorbild errichten, deren Krypta er als Grabstätte für sich selbst und seine Frau Imma vorgesehen hatte. Sie zählt heute zu den ganz wenigen Bauwerken in Deutschland aus karolingischer Zeit, die so vollständig erhalten sind.

In der Form einer altrömischen Basilika überragt das Mittelschiff mit seiner halbrunden Apsis die niedrigeren Seitenschiffe, die im Osten an größere Nebenchöre anschlossen. Am äußeren Mauerwerk ist die sorgfältige Bearbeitung der Werksteine zu erkennen, die regelmäßig und mit breiten Fugen vermauert wurden. Im Inneren lässt sich noch der ursprüngliche Gesamteindruck der Erbauungszeit mit seinen harmonischen Proportionen erleben, obwohl die Bogenöffnungen zu den Seitenschiffen seit dem späten Mittelalter vermauert sind. Der fast schmucklose Innenraum war ursprünglich verputzt und weiß getüncht, auch die Pfeiler aus flachen Backsteinen, die an römisches Mauerwerk erinnern. Nur unmittelbar unterhalb der Decke gab es gemalte Konsolen, die die einst geschlossene Decke zu tragen schienen, und von denen Spuren erhalten sind. Einhard gelang es, aus Rom die Gebeine zweier bedeutender Heiliger nach Michelstadt zu übertragen. Diese ließen jedoch durch Zeichen erkennen, dass sie hier nicht bleiben wollten, und so brachte Einhard sie nach Seligenstadt. Dort gründete er ein Kloster, das in der Barockzeit umgebaut wurde und heute ein lohnendes Besucherziel ist. Einhards Besitz in Michelstadt fiel nach seinem Tod an das Kloster Lorsch, wo die berühmte Torhalle steht, die ebenfalls aus dem 9. Jahrhundert stammt.

Einhardsbasilika
64720 Michelstadt-Steinbach

Telefon
0 60 61/7 39 67

E-Mail
info@schloesser.hessen.de

Internet
www.schloesser-hessen.de

Die Einhardsbasilika von Südosten. Apsis und Mittelschiff stammen überwiegend noch aus dem 9. Jahrhundert

Hessen — Münzenberg

Burgruine

Burgruine Münzenberg
35516 Münzenberg

Telefon
0 60 04 / 29 28

E-Mail
info@schloesser.
hessen.de

Internet
www.schloesser-
hessen.de

Bei der Burg Münzenberg handelt es sich um eine der bedeutendsten stauferzeitlichen Burgen in Deutschland, die in einem Zuge mit Anlagen wie der Wartburg in Eisenach oder der Kaiserpfalz in Gelnhausen genannt werden muss. Mit ihren beiden charakteristischen Rundtürmen ist sie eine aus großer Ferne sichtbare Landmarke, die die gesamte Wetterau beherrscht. Diese Situation hatte den Basaltkegel im 12. Jahrhundert so attraktiv für die Errichtung einer Höhenburg gemacht, zumal die Wetterau unter den Staufern zum Reichsterritorium ausgebaut worden war.

Die Bauherren der Burg Münzenberg entstammen der einflussreichen Familie der Reichsministerialen von Hagen-Arnsburg. Die Reichsministerialen, hohe Verwaltungs- und Hofbeamten, waren wichtige Stützen der staufischen Reichspolitik, die jedoch immer abhängig vom Kaiser und damit nominell unfrei waren.

Der Baubeginn der Burg Münzenberg kann für das letzte Drittel des 12. Jahrhunderts angenommen werden. Ältester Teil der Burganlage ist die Kernburg mit der Umfassungsmauer aus eindrucksvollen Buckelquadern. Die großformatigen Quader bestehen aus Sandstein. Das prachtvollste Gebäude war der reich verzierte romanische Palas auf der Südseite der Burg.

Nach dem Aussterben der Münzenberger im Mannesstamm wurde die Burg Münzenberg unter Philipp von Falkenstein ab ca. 1260 deutlich erweitert. Erst jetzt wurde auch die Umfassungsmauer vollendet. Auf der Nordseite, der Stadt zugewandt, wurde ein weiterer Wohnbau errichtet. Dieser ist gegenüber dem romanischen Palas deutlich schmuckloser gestaltet. Hohe zwei- und dreiteilige Lanzettfenster prägen die Fassade.

Die jüngsten Bauteile der Burg sind ihre im 15. Jahrhundert errichteten Verteidigungsanlagen. Die Burg besitzt drei Tore – ein unteres und ein mittleres Tor sowie das zur Kernburg. Im 16. Jahrhundert setzte der allmähliche Verfall der Burg ein.

Die Burganlage mit den beiden Rundtürmen und dem Falkensteiner Palas

Blick über den Burghof mit dem romanischen Palas (links), dem Westturm und dem Falkensteiner Palas (rechts) in die Wetterau

Nach der Neukonzeption der Beleuchtung ist das Denkmal auch nachts ein weithin sichtbarer Orientierungspunkt in der Landschaft

Niederwalddenkmal

Das Niederwalddenkmal mit der Figur der Germania wurde zwischen 1877 und 1883 an exponierter Stelle hoch über dem Rhein von dem Architekten Karl Weißbach, dem Bildhauer Johannes Schilling und dem Bronzegießer Ferdinand Miller geschaffen. Das mit dem Sockel über 38 Meter hohe Denkmal ist von weither sichtbar und bildet einen markanten Orientierungspunkt in der Landschaft. Errichtet wurde es zur Erinnerung an den Sieg über Frankreich im Deutsch-Französischen Krieg 1870/71. Der Krieg hatte die Gründung des deutschen Kaiserreiches zur Folge. Das Denkmal auf dem Niederwald sollte die deutsche Einigkeit und Stärke unter preußischer Führung demonstrieren, personifiziert in der Figur der Germania. Die Wahl des Standortes ist im Zusammenhang mit der Rheinromantik des 19. Jahrhunderts und dem nationalen Zeitgeist zu sehen. Der Rhein galt als vaterländisches Symbol, was sich auch im Ausbau vieler Rheinburgen durch die Preußischen Könige manifestierte.

Das Niederwalddenkmal ist kein singuläres Werk. Im späten 19. Jahrhundert wurde eine Vielzahl von Sieges- und Friedensdenkmälern, Bismarcktürmen oder Kaiserdenkmälern, wie beispielsweise das Reiterstandbild am Deutschen Eck, errichtet. Ein Spezifikum ist hier allerdings die Hervorhebung des einheitlichen Reichsgedankens, der in der Darstellung aller deutschen Fürsten im zentralen Sockelrelief zum Ausdruck kommmt. Die Aussage eines nationalistischen Monuments wie diesem ist heute nicht mehr zeitgemäß, deshalb werden seine Geschichte und die Hintergründe des Monuments durch Schautafeln erklärt.

Rund 1,5 Millionen Menschen unterschiedlichster Nationalitäten kommen jährlich, wobei der landschaftliche Reiz des Ortes eine zentrale Rolle spielt. Das Niederwalddenkmal liegt am Tor zum 2002 als UNESCO-Welterbe anerkannten Mittelrheintal. Es wurde in einem zum Jagdschloss Niederwald gehörenden, ab 1787 durch François F. Mangin für den Grafen von Ostein angelegten englischen Landschaftspark errichtet. Der Niederwald stellt eine Kulturlandschaft dar, die eine hohe historische Kontinuität seit dem 13. Jahrhundert aufweist. Das gesamte Gelände des Parks gehörte ursprünglich als Jagdwald zu der unterhalb gelegenen mittelalterlichen Burg Ehrenfels.

Rüdesheim Tourist AG
Geisenheimer Strasse 22
65385 Rüdesheim am Rhein

Telefon
0 67 22/1 94 33

E-Mail
touristinfo@t-online.de

Internet
www.ruedesheim.de

Hessen ▪ Seligenstadt

Der Conventgarten mit den Klostergebäuden und der Basilika im Hintergrund

Ehemalige Benediktinerabtei mit Conventgarten

Ehemalige Benediktinerabtei Seligenstadt
63500 Seligenstadt

Telefon
0 61 82/2 26 40

E-Mail
info@schloesser.hessen.de

Internet
www.schloesser-hessen.de

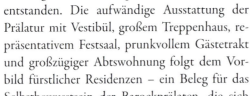

Die um 828 gegründete Benediktinerabtei Seligenstadt stellt mit Kirche, Klausur- und Wirtschaftsgebäuden, Gärten und umgebender Ringmauer ein seltenes und eindrucksvolles Beispiel einer autonomen „Klosterstadt" dar.

Als größte karolingische Basilika nördlich der Alpen überragt die Klosterkirche die übrigen Klostergebäude, die größtenteils 1685–1725 entstanden. Die aufwändige Ausstattung der Prälatur mit Vestibül, großem Treppenhaus, repräsentativem Festsaal, prunkvollem Gästetrakt und großzügiger Abtswohnung folgt dem Vorbild fürstlicher Residenzen – ein Beleg für das Selbstbewusstsein der Barockprälaten, die sich als Territorialherren durch eine standesgemäße Hofhaltung legitimierten.

Die Geschichte des Klosters, das bis zu seiner Auflösung im Jahr 1803 ein wichtiges machtpolitisches, wirtschaftliches und kulturelles Zentrum der Region darstellte, ist im Landschaftsmuseum dokumentiert. Zu besichtigen sind außerdem Klosterapotheke, Klostermühle, Backhaus und Eiskeller.

Die großen Gärten innerhalb des Abteibezirks waren eine wesentliche Basis für die Selbstversorgung des wirtschaftlich autarken Klosters. Der Conventgarten, im 18. Jahrhundert als symmetrisch gegliedertes Parterre neu gestaltet, lieferte Gemüse, Obst, Gewürzkräuter für die Klosterküche und Heilpflanzen für die Klosterapotheke. Im Mühl- oder Tiergarten wurden Hirsche gehalten. Überdies widmeten sich die Benediktiner dem Weinbau.

Dienten diese Nutzgärten vornehmlich der Produktion von Nahrungsmitteln, so gab es daneben dekorative Ziergärten, wie etwa den traditionellen Innenhof im Kreuzgang. Das „Engelsgärtchen" mit ornamentalem Blumenparterre, um 1700 als Lustgärtchen vor der Prälatur angelegt, bezeugt, dass auch im Bereich des Gartenbaus die höfische Kultur imitiert wurde. Dies gilt ebenso für das Gewächshaus (1760) mit schräger Glaswand und Fußbodenheizung, das eigens für die Zucht exotischer Tafelfrüchte (Ananas) errichtet wurde.

Schloss mit Brüder-Grimm-Gedenkstätte

Schloss Steinau, am ehemaligen Fernhandelsweg von Frankfurt/M. nach Leipzig gelegen, diente von 1272–1736 den Grafen von Hanau als Nebenresidenz zur Verwaltung und Verteidigung ihres Herrschaftsgebietes sowie als repräsentativer Wohnsitz, Gästequartier reisender Kurfürsten, Jagdschloss und Wegezollstation. Zwischen 1525 und 1560 wurde die mittelalterliche Burg zu einem mächtigen, wohnlichen Renaissanceschloss umgebaut, das von einer Wehranlage mit Torhäusern, Zwinger und Hirschgraben umschlossen ist. Diese hätte zwar einer schweren Belagerung nicht getrotzt, doch konnte man sich dadurch vor Fehden und Aufständen in den unruhigen Zeiten der Reformations- und Bauernkriege schützen. Damals hochmoderne Bau- und Ausstattungsdetails wie Renaissanceerker, Vorhangbogenfenster und im Inneren erst teilweise freigelegte Wandmalereien zeugen von der einstigen Pracht eines der bedeutendsten Renaissanceschlösser Hessens.

Besichtigt werden können der mächtige Bergfried, der einen weiten Überblick über Stadt und Land bietet, die beiden Hofstuben, einst als Speisesäle und für festliche Handlungen genutzt, die große Küche und die gräflichen Appartements in der Beletage. Neben einer Marionettenausstellung des Steinauer Marionettentheaters präsentiert das Schloss auch eine bedeutende Sammlung der in Steinau aufgewachsenen Brüder Grimm mit Familienporträts, Zeichnungen Ludwig Emil Grimms, Kinderzeichnungen der Brüder und originalen Alltagsgegenständen.

Schloss Steinau
36396 Steinau an der Straße

Telefon
0 66 63/68 43

E-Mail
info@schloesser.hessen.de

Internet
www.schloesser-hessen.de

Schloss Steinau von Südwesten

Blauer Saal, ehemalige Schlafkammer des Grafen, mit freigelegter Wandmalerei

Hessen — Weilburg

Schloss und Schlossgarten mit Orangerien

Schloss und Schlossgarten Weilburg
35781 Weilburg/Lahn

Telefon
0 64 71/9 12 70

E-Mail
info@schloesser.hessen.de

Internet
www.schloesser-hessen.de

Hoch über der Lahn liegt Schloss Weilburg, eine der am vollständigsten erhaltenen deutschen Kleinresidenzen des Absolutismus. Die Vierflügelanlage des im 16. Jahrhundert erbauten Renaissanceschlosses beherbergt zwei Hofstuben, ehemals Schauplatz offizieller Staatshandlungen, wie Huldigungen beim Regierungsantritt eines Grafen oder Gerichtsverhandlungen.

Ab 1702 wurde das Schloss durch J. L. Rothweil zur barocken Residenz ausgebaut: Um einen angemessenen Rahmen für barocke Repräsentation und höfisches Zeremoniell zu schaffen, entstanden ein repräsentatives Treppenhaus, der prächtige Gästetrakt sowie neue Wohn- und Gesellschaftszimmer der gräflichen Familie, deren Raumfolge und prunkvolle Ausstattung sich an den großen europäischen Höfen orientiert. Wache, Marstall, Wirtschaftshof und Verwaltungsgebäude wurden neu errichtet. Die Schlosskirche, 1707–1713 nach dem Entwurf J. L. Rothweils geschaffen, gilt als der bedeutendste protestantische Kirchenbau des Barock in Hessen.

Der Renaissancegarten des 16. Jahrhunderts wurde zwischen 1700 und 1720 durch den Hofgärtner F. Lemaire im Sinne der französischen Gartenarchitektur umgestaltet: Zwei Orangerien, Wasserkünste, Grotten, Skulpturen sowie die im Barock übliche Einteilung in symmetrische, auf das Schloss ausgerichtete Kompartimente schmücken die terrassierten, von Stützmauern umgebenen Gartenräume, die sich, verbunden durch ein Lindenboskett, über zwei Plateaus des Schlossbergs erstrecken. Die obere, prächtiger ausgestattete Orangerie vereinigt Pflanzenhaus mit Festsaal und ermöglichte den Grafen zugleich den direkten Zugang von der Residenz zum Herrscheroratorium in der Schlosskirche.

Am Steilhang unterhalb der Gartenterrassen bildet das „Gebück", dem Begriff nach eine mehrreihige Pflanzung ineinander verflochtener Hainbuchen, eine undurchdringliche natürliche Wehrmauer, die vom Mittelalter bis weit ins 18. Jahrhundert hinein als Grenzmarkierung und als Schutz vor militärischen Übergriffen diente und seitdem als landschaftlich gestaltetes Waldstück in die Gartenkonzeption einbezogen ist.

Kurfürstliches Gemach

Die untere Orangerie

Schloss Weilburg an der Lahn

Hessen ■ Weitere Liegenschaften

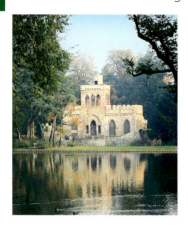

Schlosspark
Wiesbaden-Biebrich

Hessisches Immobilien-
management
65203 Wiesbaden-
Biebrich

06 11/13 56 17 06

Schwarze@hi.hessen.de

www.hi-hessen.de

Schloss Auerbach

Café und Restaurant
64625 Bensheim-Auer-
bach

0 62 51/7 29 23

Andreas.pietralla@
schlossauerbach.de

www.schloss-
auerbach.de

Schloss Lichtenberg

Museum Schloss
Lichtenberg
64405 Fischbachtal-
Lichtenberg

0 61 66/4 04

gemeinde@
fischbachtal.de

www.schloss-
lichtenberg.de

Schloss Hirschhorn am
Neckar

Schlosshotel Hirschhorn
Auf der Burg
69434 Hirschhorn

0 62 72/9 20 90

Schlosshotel-
hirschhorn@t-online.de

www.castle-hotel.de

Römerkastelle Saalburg,
Kapersburg und
Schmitten entlang des
Limes

Römerkastell Saalburg
Archäologischer Park
Saalburg 1
61350 Bad Homburg
v.d.H.

0 61 75/9 37 40

info@
saalburgmuseum.de

www.saalburg
museum.de

Veste Otzberg

Museum Otzberg
64853 Otzberg-Hering

0 61 62/7 11 14

Historische-
veranstaltungen
@rolf-tilly.de

www.veste-otzberg.de

Mecklenburg-Vorpommern

Staatliche Schlösser
und Gärten
Mecklenburg-Vorpommern

Klütz
1 Schloss und Park
   Bothmer **S. 158**

Binz auf Rügen
2 Jagdschloss Granitz **S. 160**

Dobbertin
3 Klosterkirche Dobbertin **S. 162**

Güstrow
4 Schloss und Schlossgarten
   Güstrow **S. 164**

Hohenzieritz
5 Schloss und Schlosspark
   Hohenzieritz **S. 166**

Ludwigslust
6 Schloss und Schlosspark
   Ludwigslust **S. 168**

Mirow
7 Schloss Mirow **S. 170**

Neustrelitz
8 Schlosspark und Orangerie
   Neustrelitz **S. 171**

Schwerin
9 Schloss und Schlossgarten
   Schwerin **S. 172**

Lübstorf
10 Schloss und Park Wiligrad **S. 174**

Die barocken Linden der Bothmerschen Festonallee

Zwischen Feldern, Seen und Wäldern – Schlösser, Gärten und Klöster in Mecklenburg-Vorpommern

Mecklenburg-Vorpommern ist das Land der ungezählten Felder, Seen, Wälder und der malerischen Ostseeküste, das schon Caspar David Friedrich in seinen Bann zog. Eingebettet in diese für Deutschland einzigartige und weitläufige Landschaft liegen hunderte Schlösser, Parks, Herrenhäuser und auch Klöster.
Die Verwaltung der Staatlichen Schlösser und Gärten ist dem Betrieb für Bau und Liegenschaften Mecklenburg-Vorpommern (BBL M-V) angegliedert. Die nördlichste staatliche Schlösserverwaltung Deutschlands ist zugleich auch die jüngste. Im Herbst 2003 wurde sie gegründet und ist seit 2006 dem Ministerium für Verkehr, Bau und Landesentwicklung nachgeordnet. Als obere Landesbehörde betreut sie die schönsten Zeugnisse der Architekturgeschichte und Gartenkunst in Mecklenburg-Vorpommern. Dazu gehören die landeseigenen Schlösser und Gärten in Ludwigslust, Güstrow, Schwerin, Klütz, Wiligrad, Mirow, Neustrelitz, Hohenzieritz, Granitz und die Klosterkirche in Dobbertin. Die genannten Kulturdenkmale decken den großen Zeitraum vom Mittelalter bis zum Historismus ab.
Erst durch die Gründung der Verwaltung wurde es möglich, die dringend notwendige Restaurierung aller betreuten Schlösser und Gärten in Angriff zu nehmen. Diese große Herausforderung bestimmt derzeit die Arbeit. Die Außenfassade des Schweriner Schlosses, Sitz des Landtages, erstrahlt bereits wieder in neuem Glanz. Die laufenden Maßnahmen konzentrieren sich auf die Sicherung der Gründung und Restaurierung historischer Räume. Auch die Fassadenarbeiten in Ludwigslust sind abgeschlossen. Hier finden die Restaurierung der historischen Raumfassungen und parallel die Gestaltung einer völlig neuen Ausstellungskonzeption statt. Das Gleiche gilt für das Barockschloss Mirow. Die Arbeiten am Schlossensemble Wiligrad haben begonnen, ebenso an dem erst 2008 vom Land übernommenen Schloss Bothmer. Die Renaissanceresidenz Güstrow und der dazugehörige Lustgarten werden grundlegend saniert. Spektakulärster Aspekt der Aufgaben auf dem Jagdschloss Granitz ist die Restaurierung der selbsttragenden Eisenkunstgusstreppe im Schinkelturm. In Hohenzieritz ist die Restaurierung des englischen Landschaftsgartens fast abgeschlossen, während sie im Schlosspark von Neustrelitz anläuft. Die Fertigstellung der bereits im Äußeren restaurierten Klosterkirche Dobbertin zählt zu den zukünftigen Aufgaben.
Neben den großen Restaurierungsmaßnahmen gehören die Pflege der anvertrauten Liegenschaften und die Entwicklung von Konzepten für eine denkmalverträgliche und dauerhafte Nutzung zu den Aufgaben der Schlösserverwaltung. Grundlage der täglichen Arbeit ist die wissenschaftliche Erforschung der Bau-, Landes- und Kulturgeschichte. Ein weiterer und wichtiger Focus ist die Öffentlichkeitsarbeit, um den rund eine halbe Million Besuchern neben dem unbeschwerten Genuss einen Einblick in die reichhaltige Kunst- und Kulturgeschichte des Landes zu präsentieren.

Mecklenburg-Vorpommern ■ Klütz

Schloss und Park Bothmer

Schloss Bothmer
Am Park
23948 Klütz

Das Schloss ist aufgrund laufender Restaurierungsarbeiten bis 2014 geschlossen.
Der Park ist zugänglich. Einschränkungen sind möglich.

E-Mail
info@mv-schloesser.de
Internet
www.mv-schloesser.de

Nur wenige Kilometer von der Ostseeküste entfernt liegt vor den Toren der Stadt Klütz Schloss Bothmer, die größte barocke Schlossanlage Mecklenburg-Vorpommerns. Das prachtvolle Ensemble mit seinen leuchtend roten Backsteinfassaden wurde bewusst in die malerische Landschaft des Klützer Winkels hineinkomponiert. Errichtet wurde Schloss Bothmer in den Jahren von 1726 bis 1732 durch den Architekten Johann Friedrich Künnecke (gest. 1738) für Reichsgraf Hans Caspar von Bothmer (1656–1732). Der Bauherr war als Diplomat im Dienst der hannoverschen Kurfürsten und späteren englischen Könige weit gereist und lebte ab 1720 bis zu seinem Tod in London in der No. 10 Downing Street. Bothmer war nicht nur der „Königsmacher" der hannoverschen Kurfürsten, sondern nach der Thronbesteigung Georgs I. auch wichtigster Minister des deutschen Hofes in London.

Der Reichsgraf kannte weite Teile Europas. So verwundert es nicht, dass das Schloss mit seinen Außenanlagen auf englische, niederländische und französische Vorbilder und Einflüsse zurückgeht.

Mit Weitsicht erwarb Bothmer seit den 1720er Jahren Land und Güter im Klützer Winkel, ließ das Schloss als standesgemäßen Wohnsitz erbauen und errichtete auf dem neuerworbenen Besitz ein Majorat. Da er keine männlichen Nachkommen hatte, wurde schließlich sein Neffe Hans Caspar Gottfried von Bothmer (1694–1765) erster Bewohner des Hauses und Nutznießer des Majorats. Das Schloss und der im 19. Jahrhundert zum Park umgestaltete Garten befinden sich auf einer rechteckigen Insel, die von einem vierseitigen Graben nach niederländischem Vorbild umschlossen ist. Von der ursprünglichen barocken Struktur des Gartens zeugen heute noch die Lindenalleen. Auch die einzigartige Festonallee aus geschnittenen und girlandenartig miteinander verbundenen Linden, die als Hauptzufahrt vom ehemaligen Vorwerk Hofzumfelde auf das Hauptgebäude zuläuft, ist ein ursprüngliches barockes Element.

Frühlingsimpression aus dem Schlosspark Bothmer

Schloss und Park Bothmer mit der Festonallee

Mecklenburg-Vorpommern — Binz auf Rügen

Jagdschloss Granitz

Jagdschloss Granitz
18609 Binz

Telefon
03 83 93/66 38 15

E-Mail
info@mv-schloesser.de

Internet
www.mv-schloesser.de

Das Jagdschloss Granitz ist für die jährlich fast 200.000 Besucher im wahrsten Sinne des Wortes ein Höhepunkt ihrer Reise nach Rügen. Es liegt auf einem Hügel inmitten eines der größten zusammenhängenden Waldgebiete der Insel. Von seinem Turm bietet sich oberhalb der Baumwipfel ein spektakulärer Blick über ganz Rügen.

Das Schloss wurde in den Jahren 1837–1851 im Auftrag des Fürsten Wilhelm Malte I. zu Putbus errichtet. Der Fürst war mit dem künstlerisch hoch begabten preußischen Kronprinzen, dem späteren König Friedrich Wilhelm IV., eng befreundet. Dieser griff in den Entwurf ein und skizzierte ein die damalige romantische Gedankenwelt kulminierendes Architekturgebilde, das durch einen schlank wirkenden Turm noch überhöht wurde. Karl Friedrich Schinkel (1781–1841) wurde als Berater hinzugezogen und so entstand unter der Führung des Architekten Johann Gottfried Steinmeyer (1780–1854) ein Bau, der die Hinwendung zu einer durch das Mittelalter geprägten Ritterromantik in Verbindung mit dem italienischen sogenannten Rundbogenstil darstellt. Fürst Malte hatte in jungen Jahren auch Italien besucht und sich in der internationalen Baukunst geschult. All dies spiegelt sich in dem verputzen Backsteinbau mit den vielen mit Maßwerk versehenen Rundbogenfenstern, dem apsisartigen Anbau an der Ostseite, den vier Ecktürmen und dem alles überhöhenden Rundturm und seinem Zinnenkranz wider.

Die im Stil des Historismus entworfenen und ausgestalteten historischen Räume tragen die Handschrift des Architekten Friedrich August Stüler (1800–1865). Hier finden sich dem Zeitgeschmack entsprechend zahlreiche industriell hergestellte Verzierungen aus Zinkguss und Steinpappe. Die gusseiserne, frei tragende Treppe, die sich elegant an den Außenwänden nach oben schwingt, stellt eine ingenieurstechnische Meisterleistung dar. Sie wurde 1845 von der Eisengießerei von Franz Anton Egells (1788–1854) in Berlin gefertigt und galt als Demonstration der aufstrebenden preußischen Eisengussindustrie und technisches Wunderwerk.

Das in dem Schloss befindliche Museum informiert über die Geschichte des Hauses und seiner Bewohner.

Die Wendeltreppe im Jagdschloss Granitz

Jagdschloss Granitz

Klosterkirche Dobbertin

Klosterkirche Dobbertin
Am Kloster
19399 Dobbertin

E-Mail
info@mv-schloesser.de

Internet
www.mv-schloesser.de
www.kloster-dobbertin.de

Inmitten der malerischen Landschaft der mecklenburgischen Seenplatte liegt auf einer Landzunge am Dobbertiner See das gleichnamige Kloster. Die Anlage wurde 1220 von Fürst Heinrich Borwin I. als Benediktinermönchskloster gegründet und bereits um 1235 in ein Nonnenkloster umgewandelt. Von der gotischen Klosteranlage zeugen heute noch das Innere der Klosterkirche und der geschlossene Kreuzgang der anschließenden Klausurgebäude. 1572 wurde Dobbertin säkularisiert, aber als adliges Damenstift weitergeführt. Erst im Jahr 1919 wurde das Stift aufgehoben und der Besitz an das Land überführt.

Auch in nachmittelalterlicher Zeit wurde am Klosterkomplex weitergebaut, wovon die Bauten aus dem 18. und 19. Jahrhundert zeugen. Die Kirche wurde schließlich im Äußeren in den Jahren von 1828 bis 1849 nach Plänen Karl Friedrich Schinkels (1781–1841) durch den Schweriner Schlossbaumeister Georg Adolf Demmler (1804–1886) umgestaltet. In Anlehnung an Schinkels Friedrichwerdersche Kirche in Berlin entstand die prägnante Doppelturmanlage im neogotischen Stil, deren Spitzen weit über die umgebende Landschaft grüßen. 1857 wurde die Kirche neu geweiht. Im Inneren blieben u. a. die gotische Nonnenempore und der Renaissancetaufstein aus dem Jahr 1586 erhalten, während der Chorbereich eine umfangreiche neogotische Ausstattung mit Sauer-Orgel, Altar, Evangelistenfiguren und Glasmalereien von verschiedenen, vor allem mecklenburgischen Künstlern erhielt. Die Klosterkirche wird baulich von der Verwaltung der Staatlichen Schlösser und Gärten Mecklenburg-Vorpommern betreut. Die Klostergebäude dienen der Diakonie als Wohnanlage. Der an die Kirche anschließende Kreuzgang mit seinem Hof wird für Konzerte und weitere Veranstaltungen genutzt.

Die Doppelturmanlage der Klosterkirche Dobbertin

Blick über den Dobbertiner See zur Klosteranlage

Schloss und Schlossgarten Güstrow

Staatliches Museum
Schwerin
Schloss Güstrow
Franz-Parr-Platz 1
18273 Güstrow

Telefon
0 38 43/75 20

E-Mail
info@mv-schloesser.de
info@schloss-
guestrow.de

Internet
www.mv-schloesser.de
www.schloss-
guestrow.de

Schloss Güstrow zählt zu den bedeutendsten Zeugnissen der Renaissance im gesamten Ostseeraum. In zwei Etappen von 1558 bis 1598 ließ der kunstsinnige Herzog Ulrich zu Mecklenburg (1527–1603) den prachtvollen Bau als eine Mischung aus italienischen, französischen, niederländischen und deutschen Einflüssen durch die Architekten Franz Parr (gest. 1580), Philipp Brandin (gest. 1594) und Claus Midow (gest. 1602) errichten. Dieses stilistische Konglomerat macht den besonderen Reiz aus und blieb in der mitteleuropäischen Baukunst jener Zeit einzigartig.

Auch im 17. Jahrhundert wurde weiter an der Residenz gebaut. So kam 1620 die reich mit Jagdszenen aus aller Welt gestaltete Stuckdecke von Daniel Anckermann in den Festsaal. Auch der kaiserliche Generalissimus Wallenstein, der 1628/29 das Schloss bewohnte, plante umfangreiche barocke Modernisierungen. Der letzte in Güstrow residierende Herzog, Gustav Adolf (1633–1695), ließ durch den Architekten Charles Philipp Dieussart (um 1625–1696) u. a. als prunkvollen Empfang das frühbarocke Torhaus mit der Schlossbrücke erbauen.

Nach dem Aussterben der Güstrower Herzogslinie verwaiste das Residenzschloss und verfiel teilweise. Ende des 18. Jahrhunderts wurden schließlich der gesamte Ostflügel und der halbe Nordflügel abgerissen, womit der geschlossene Charakter einer Vierflügelanlage verloren ging. Von 1817 bis 1945 diente das Schloss als Landarbeitshaus für Mecklenburg und wurde besonders im Inneren stark verändert. Die bedeutendsten Räume blieben glücklicherweise erhalten. In den 1960er und 1970er Jahren wurde das Schloss innen und außen umfassend restauriert. In dieser Zeit entstand auch der längst untergegangene Schlossgarten in Anlehnung an Renaissance- und frühbarocke Gärten sowie nach Kupferstichvorlagen des 17. Jahrhunderts neu. Ein schattiger Laubengang und duftende Lavendelbeete laden zum Verweilen ein.

Schloss Güstrow von Südwesten

Blick in die herzogliche Stube

Lavendelblüte im Schlossgarten

Mecklenburg-Vorpommern ■ Hohenzieritz

Schloss und Schlosspark Hohenzieritz

Schloss Hohenzieritz
Schulstraße 1
17237 Hohenzieritz

Telefon
03 98 24/2 00 20

E-Mail
info@mv-schloesser.de

Internet
www.mv-schloesser.de
www.Louisen-Gedenkstaette.de

Schloss Hohenzieritz ging als Sterbeort der legendären Königin Luise von Preußen in die Geschichte ein. In den Jahren 1790 und 1791 wurde das alte Hohenzieritzer Herrenhaus zu einem Schloss ausgebaut und in den folgenden Jahren prachtvoll mit Möbeln und kostbaren Tapeten ausgestattet. Nachdem ihr Vater Carl II. (1741–1816) 1795 die Regentschaft von Mecklenburg-Strelitz übernommen hatte, kam Luise in den Sommermonaten häufig zu Besuch nach Hohenzieritz und verstarb dort völlig unerwartet 1810 im Alter von 34 Jahren. Ihr Vater ließ im Park einen Tempel zur Erinnerung an die geliebte Tochter errichten. Von der einst prachtvollen Innenausstattung des Schlosses haben sich nur wenige Reste erhalten. Die ehemalige Sommerresidenz ist heute Sitz des Nationalparkamtes Müritz. Das restaurierte Sterbezimmer der Königin Luise und eine Gedenkstätte im Schloss stehen den Besuchern dank der Arbeit und der Einsatzbereitschaft des Schlossvereins Hohenzieritz Louisen-Gedenkstätte e.V. offen. Im Kastellanhaus des Schlosses werden regelmäßig Sonderausstellungen gezeigt.

Bereits im Jahre 1770 schenkte Herzog Adolph Friedrich IV. zu Mecklenburg-Strelitz das Gut seinem jüngeren Bruder Carl II. 1771 hatte dieser nach einem Besuch in England beschlossen, sich einen Landschaftsgarten in Hohenzieritz anlegen zu lassen. Umgesetzt wurde das Projekt von dem englischen Gärtner Archibald Thomson, der aus dem Umkreis des berühmten Gartenarchitekten Lancelot Capability Brown stammte. Eingebettet in malerische Endmoränen entstand so der früheste englische Landschaftsgarten Norddeutschlands. Nahezu unverändert präsentiert sich dieses Juwel der Gartenkunst bis zum heutigen Tag.

Sterbezimmer der Königin Luise von Preußen

Schloss und Park Hohenzieritz

Schloss und Schlosspark Ludwigslust

Schloss Ludwigslust
Schlossfreiheit
19288 Ludwigslust

Telefon
0 38 74 / 5 71 90

E-Mail
info@mv-schloesser.de
info@schloss-
ludwigslust.de

Internet
www.mv-schloesser.de
www.schloss-
ludwigslust.de

Die in der Griesen Gegend gelegene Stadt Ludwigslust wandelte sich in ihrer Geschichte vom kleinen Jagdsitz zur Residenz der mecklenburgischen Herzöge. Prinz Christian Ludwig zu Mecklenburg-Schwerin (1683–1756) ließ sich in der Nähe des Dorfes Klenow um 1735 ein Jagdhaus von dem zuvor schon am Schloss Bothmer tätigen Architekten Johann Friedrich Künnecke errichten. Christian II. Ludwig wurde 1747 regierender Herzog und benannte 1754 das Dorf in „Ludwigs-Lust" um. Sein Sohn und Nachfolger, Herzog Friedrich der Fromme (1717–1785), verlegte schließlich die Hofhaltung von Schwerin nach Ludwigslust.

Ab 1758 erhielt der Architekt Johann Joachim Busch (1720–1802) den Auftrag, neben der ebenfalls am Reißbrett entstandenen Stadt Ludwigslust eine neue, repräsentative Residenz zu errichten. Von 1772 bis 1776 wurde das Schloss im Übergangsstil vom Barock zum Klassizismus errichtet. Als oberen Abschluss zieren im Wechsel mit sandsteinernen Vasen 40 überlebensgroße allegorische Sandsteinfiguren von Rudolf Kaplunger (1746–1795) die Attika. Der überhöhte Mittelrisalit beherbergt im ersten und zweiten Obergeschoss den reich dekorierten Goldenen Saal, der als Fest- und Konzertsaal genutzt wurde. Dank der hervorragenden Akustik ist er auch heute noch eine beliebte Aufführungsstätte für kammermusikalische Konzerte. Die meisten Dekorationen der Schlossräume sind aus Papiermaché, dem sogenannten „Ludwigsluster Karton", gefertigt. In der Verwendung dieses günstigen Werkstoffes als Alternative zu edleren Materialien brachten es Ludwigsluster Kunsthandwerker zu überregionalem Ruhm.

Zeitgleich begann der Ausbau des ausgedehnten Parks. Der ursprünglich von Künnecke geplante regelmäßige Garten wurde ab 1785 stetig erweitert. Mitte des 19. Jahrhunderts erfolgte die Umgestaltung im Sinne eines Landschaftsgartens nach Plänen von Peter Joseph Lenné. Dabei blieben wichtige barocke Elemente wie Achsen, Alleen, Kaskaden und Kanäle erhalten.

Im Schloss präsentiert das Staatliche Museum Schwerin höfische Kunst des 18. und 19. Jahrhunderts.

Schloss Ludwigslust vom Karauschenteich aus gesehen

Kaskade mit Stadtkirche im Hintergrund

Mecklenburg-Vorpommern ■ Mirow

Blick auf die Mirower Schlossinsel

Schloss Mirow

Schloss Mirow
Schlossinsel
17252 Mirow

E-Mail
info@mv-schloesser.de

Internet
www.mv-schloesser.de

Inmitten der weitläufigen mecklenburgischen Seenlandschaft befindet sich in romantischer Lage auf einer Insel das Schlossensemble von Mirow. Hier verbinden sich Schloss, Torhaus, Kavalierhaus, Johanniterkirche und der sie umgebende Landschaftspark zu einem einzigartigen Zeugnis von fast 800 Jahren Bau- und Kulturgeschichte.
Das Barockschloss wurde ab 1709 für die junge Witwe Christiane Emilie Antonie zu Mecklenburg-Strelitz (1681–1751) errichtet. Sie bewohnte das Haus für die folgenden 40 Jahre und zog hier ihren Sohn, Prinz Carl, groß. König Friedrich II. von Preußen, der als Kronprinz von Rheinsberg aus zu Besuch kam, nannte den Strelitzer Familienzweig scherzhaft die „Mirokesen". Diese brachten eine Reihe berühmter Persönlichkeiten hervor, wie Königin Charlotte von England oder ihren Bruder Adolph Friedrich IV., Fritz Reuters Dörchläuchting. Auch der Vater der preußischen Königin Luise war ein Sohn des Prinzen von Mirow.

Ausführender Baumeister des Schlosses war Joachim Borchmann. Im ersten Stock des Hauses befindet sich ein hochbarocker Festsaal, der mit phantastischen Stuckdekorationen des Italieners Giovanni Battista Clerici ausgestattet ist. Der Großteil der weiteren Räumlichkeiten wurde ab 1753 im Auftrag der zweiten Eigentümerin, Herzogin Elisabeth Albertine (1713–1761), umgestaltet. Dazu gehören geschnitzte und gefasste Wanddekorationen in reinstem friderizianischen Rokoko, die einzigen Beispiele außerhalb Preußens, bemalte Öltapeten mit Streublumen, Watteau'schen Szenen und Stillleben, Pekingtapeten und handbestickte Seidentapeten. Bis heute haben sich große Teile dieser kostbaren Raumausstattung erhalten. Gegenwärtig wird das Schloss durch die Verwaltung der Staatlichen Schlösser und Gärten umfassend restauriert und ist daher nicht zugänglich.

Schlosspark und Orangerie Neustrelitz

Der Bau eines neuen Residenzschlosses und die Anlage des barocken Lustgartens ab 1726 durch Herzogin Dorothea Sophie zu Mecklenburg-Strelitz (1692–1765) waren die Keimzelle der Stadt Neustrelitz. Das Schloss wurde 1945 zerstört. Von den barocken Wurzeln zeugen heute noch große Teile der weitläufigen Gartenanlage und die anschließende Idealstadt. Das Schloss, der Garten und die Stadt wurden von Christoph Julius Löwe entworfen und errichtet.

Der älteste Part ist die barocke Achse zwischen Schloss und Hebetempel mit seinen Terrassen und den Alleen. Sie verjüngt sich in Richtung des Tempels, wodurch eine perspektivische Wirkung entsteht, die eine größere Weite der Anlage vortäuscht. Im Auftrag von Großherzog Georg und unter Einbeziehung Peter Joseph Lennés wurde der Garten 1842/43 im Sinn eines englischen Landschaftsparks umgestaltet. Im westlichen Teil befindet sich die 1892 errichtete Gedächtnishalle für die preußische Königin Luise, geborene Prinzessin zu Mecklenburg-Strelitz und Schwester Großherzog Georgs, mit einer Kopie der zweiten Grabstatue von Christian Daniel Rauch.

Nachdem das Residenzschloss zerstört wurde, ist heute die Orangerie das bedeutendste Bauwerk im Schlossbezirk. Sie wurde 1755 von Martin Seydel als Winterquartier für exotische Pflanzen errichtet. In den Jahren 1840–1842 bekam der Bau sein klassizistisches Erscheinungsbild nach Plänen von Schinkel und Rauch. Verantwortlich hierfür war der Neustrelitzer Hofbaumeister Buttel. Im Inneren der Orangerie finden sich in drei großen Sälen aufwändige pompejanische Wand- und Deckenmalereien. Sie bieten eine schillernde Bühne für die große Sammlung von Abgüssen antiker und klassizistischer Statuen.

Orangerie Neustrelitz
An der Promenade 22
17235 Neustrelitz

Telefon
0 39 81/23 74 87

E-Mail
info@mv-schloesser.de

Internet
www.mv-schloesser.de

Die barocke Achse im Schlosspark von Neustrelitz

Mecklenburg-Vorpommern ■ Schwerin

Schloss und Schlossgarten Schwerin

Schloss Schwerin
Lennéstraße 1
19053 Schwerin

Telefon
03 85/5 25 29 20

E-Mail
info@mv-schloesser.de
info@schloss-schwerin.de

Internet
www.mv-schloesser.de
www.schloss-schwerin.de

Die ehemalige Residenz der Großherzöge zu Mecklenburg-Schwerin liegt romantisch auf einer Insel des Schweriner Sees. Schloss Schwerin zählt zu den bedeutendsten Bauten des Historismus in Europa. Seine markante Gestalt erhielt es während des letzten großen Umbaus 1845–1857 unter der Leitung der Architekten Georg Adolph Demmler, Friedrich August Stüler und Hermann Willebrand. Dabei wurden ältere, zum Teil aus dem 16. Jahrhundert stammende Gebäude zu einem imposanten Prachtbau zusammengefasst.

Seit 1990 ist das Schloss Sitz des Landtages von Mecklenburg-Vorpommern. Die prächtige Residenz beherbergt heute außerdem das Schlossmuseum in den historischen Räumen der Bel- und Festetage und bietet zusätzlich Gelegenheiten für Veranstaltungen und Konferenzen. Die Fest- und Wohnräume beeindrucken durch ihre qualitätvolle Ausstattung mit reichem plastischen und malerischen Schmuck sowie kunstvollen Intarsienfußböden.

Der Burggarten, der das Schloss umgibt, wird durch Wasserspiele, Skulpturen und Terrassen sowie üppige Blumenrabatten und Kübelpflanzen geprägt. An der Planung hat der königlich-preußische Gartendirektor Peter Joseph Lenné maßgeblich mitgewirkt. Als eine der schönsten Barockanlagen Norddeutschlands erstreckt sich südwestlich der Burgseeinsel der Schlossgarten nach französischem Vorbild. Ab 1748 erhielt er seine prägende Gestaltung. Nach Entwürfen des Gartenarchitekten Jean Laurent Legeay entstand als Kernstück der Kreuzkanal, den Skulpturen aus der Werkstatt des sächsischen Hofbildhauers Balthasar Permoser säumen. Nach Plänen von Lenné wurde um die Mitte des 19. Jahrhunderts der Schlossgarten erweitert. Dabei blieb die barocke Grundstruktur bestehen, während die angrenzende Umgebung eine landschaftliche Gestaltung erhielt.

Blick über den Kreuzkanal im Schlossgarten zum Schloss

Der Speisesaal im Schweriner Schloss

Mecklenburg-Vorpommern ■ Lübstorf

Schloss und Park Wiligrad

Schloss Wiligrad
19069 Lübstorf

Telefon
03 85 / 50 90

E-Mail
info@mv-schloesser.de

Internet
www.mv-schloesser.de

Das inmitten eines Waldgebietes am westlichen Steilufer des Schweriner Sees gelegene Schloss Wiligrad ist mit seinen ebenfalls sehenswerten Nebengebäuden und dem dazugehörigen Park ein Kleinod der Neorenaissance. Es wurde innerhalb von zwei Jahren 1896–1898 als bewusst historisierender Bau von dem seinerzeit sehr bekannten Hannoveraner Architekten Albrecht Haupt (1852–1932) errichtet. Es handelt sich um eines der jüngsten Schlösser in Mecklenburg-Vorpommern. Es zitiert die Bauformen und -materialien des Johann-Albrecht-Stils des 16. Jahrhunderts und ähnelt damit den Schlossbauten in Schwerin, Wismar und Gadebusch. Phantasievolle Terrakottareliefs mit Ornamenten, Masken und pflanzlichen Motiven zieren die Giebel und Fassaden des über dem See thronenden Schlosses.

Auftraggeber für den Bau waren der Herzog Johann Albrecht zu Mecklenburg-Schwerin (1857–1920) und seine erste Gemahlin, Elisabeth von Sachsen-Weimar-Eisenach (1854–1908). Für das Schloss und seine Nebengebäude hatte der Bauherr fast jedes Detail selbst mitbestimmt. Die Anlage erhielt ihren Namen Wiligrad in Anlehnung an den slawischen Begriff für „Große Burg" und verweist damit auf die Burg Mecklenburg, die etwas weiter nördlich bei dem heutigen Dorf Mecklenburg liegt. Der Bauherr wollte hierdurch an die historischen Wurzeln seiner herzoglichen Familie erinnern und dokumentieren, dass auch Wiligrad den Charakter einer fürstlichen Residenz hat. Von dem riesigen Panoramafenster des Salons der herzoglichen Familie ergibt sich der Blick auf das 15 km entfernte Schloss Schwerin, der wichtigsten Residenz des Großherzogshauses.

Den zur weiträumigen Schlossanlage dazugehörigen Park, der sich nahtlos in den umgebenden Wald einfügt, ließ der Fürst für seine Frau in gestalterischer Anlehnung an den Schlosspark Belvedere in deren Heimat Weimar planen und anlegen. Derzeit wird das gesamte Ensemble einschließlich des Parks restauriert.

Schloss Wiligrad

Rheinland-Pfalz

GENERALDIREKTION
KULTURELLES ERBE

Trier	**Kastel-Staadt**	**Annweiler**	**Gemeinde Pelm**
1 Kaiser- und Barbarathermen S. 178	9 Klause Kastel S. 186	15 Burg Trifels S. 192	21 Ruine Kasselburg S. 196
2 Porta Nigra S. 179	**Koblenz**	**Bad Dürkheim**	**Nassau**
3 Thermen am Viehmarkt S. 180	10 Schloss Stolzenfels S. 187	16 Burgruine Hardenburg S. 193	22 Burgruine Nassau S. 196
4 Amphitheater S. 181	**Niederheimbach**	**Dahn**	**Burgschwalbach**
Fließem	11 Burg Sooneck S. 188	17 Die Dahner Burgruinen und Burgruine Neudahn S. 194	23 Burgruine Schwalbach S. 196
5 Römische Villa Otrang S. 182	**Mayen**	**Edenkoben**	**Altenbamberg**
Kobern-Gondorf	12 Schloss Bürresheim S. 189	18 Villa Ludwigshöhe S. 195	24 Burgruine Altenbaumburg S. 196
6 Matthias-Kapelle S. 183	**Nürburg**	**Igel/Mosel**	**Klingenmünster**
Kaub	13 Burgruine Nürburg S. 190	19 Igeler Säule bei Igel/Mosel S. 196	25 Burgruine Landeck S. 196
7 Burg Pfalzgrafenstein S. 184	**Neuwied-Engers**	**Kamp-Bornhofen**	**Landstuhl**
Koblenz-Ehrenbreitstein	14 Schloss Engers S. 191	20 Burgruine Sterrenberg S. 196	26 Burgruine Nanstein S. 196
8 Festung Ehrenbreitstein S. 185			

Vorwort ▪ Rheinland-Pfalz

Burg Pfalzgrafenstein

Geschichte erleben – von den Römern über das Mittelalter bis in die Romantik

Unter diesem Motto lädt Sie „Burgen, Schlösser, Altertümer Rheinland-Pfalz" ein in mächtige Römerbauten, verwunschene Ruinen, kostbar ausgestattete Burgen und Schlösser, in einen mittelalterlichen Grenzposten mitten im Rhein oder in eine der größten Festungsanlagen Europas.

Rheinland-Pfalz, als Bundesland vor gerade etwas mehr als 60 Jahren neu entstanden, umschließt in seinen Landesgrenzen alte Kulturlandschaften mit einer über 2000-jährigen Geschichte.

Trier, oft als „Rom des Nordens" bezeichnet, war einst ein Machtzentrum des Römischen Reiches. In der Pfalz und in Rheinhessen lagen Kernlande des mittelalterlichen deutschen Kaiserreiches, drei Kurfürstentümer – Trier, Mainz und die Pfalz – hatten ihre Territorien innerhalb rheinland-pfälzischer Landesgrenzen. Preußische Herrscher unterlagen dem romantischen Zauber des Rheins und bayerische dem einer Landschaft wie der Pfalz.

Denkmäler, oft auch nur Ruinen – denn das Land inmitten Europas war auch Zentrum kriegerischer Auseinandersetzungen – blieben als steinerne Zeugen der Geschichte erhalten; 82 davon werden heute von „Burgen, Schlösser, Altertümer Rheinland-Pfalz" betreut.

Die historische Vielfalt des baulichen Schaffens ist dabei mit allen Gattungen und Epochen vertreten:

Bauten der römischen Antike in Trier wie Porta Nigra, Amphitheater, Barbara- und Kaiserthermen, Burgen und Burgruinen wie der Pfalzgrafenstein mitten im Rhein, die Nürburg in der Eifel, Burg Nassau an der Lahn sowie der Trifels und die Hardenburg in der Pfalz, reich ausgestattete Museumsschlösser wie Schloss Bürresheim mit seiner über mehrere Jahrhunderte gewachsenen Anlage und Schloss Stolzenfels, die neugotische Burg der Romantik, Bauwerke des Klassizismus wie Schloss Villa Ludwigshöhe, aber auch militärische Anlagen wie die preußische Festung Ehrenbreitstein in Koblenz.

„Burgen, Schlösser, Altertümer Rheinland-Pfalz", im Mai 1998 als Organisationseinheit unter dem Dach des Landesamtes für Denkmalpflege neu gebildet, steht in der Nachfolge der Verwaltung der staatlichen Schlösser Rheinland-Pfalz. Im Zuge einer großen Strukturreform wurde 2007 die Generaldirektion Kulturelles Erbe Rheinland-Pfalz geschaffen, zu der neben den drei Landesmuseen Mainz, Koblenz und Trier auch die Direktionen Landesdenkmalpflege, Landesarchäologie und „Burgen, Schlösser, Altertümer" zählen. Aufgabe von „Burgen, Schlösser, Altertümer" ist, das ihr anvertraute kulturelle Erbe, Bauwerke und Sammlungen zu sichern, zu unterhalten, zu pflegen und für künftige Generationen zu bewahren. Gleichzeitig werden die Denkmale kulturell und touristisch erschlossen, verständlich und lebendig präsentiert. Der Besuch eines Kulturdenkmals wird so zu einem spannenden Erlebnis.

Rheinland-Pfalz ▪ Römerbauten in Trier

Kaiser- und Barbarathermen

Verwaltung Kaiserthermen
Weimarer Allee 2
54290 Trier

Telefon
06 51/4 36 25 50

E-Mail
bsa@gdke.rlp.de

Internet
www.burgen-rlp.de

Als eine der vier Hauptstädte des Imperium Romanum ist Trier wie keine andere Stadt in Deutschland von der römischen Kultur geprägt. Der preußische Staat begann mit den Ausgrabungen der antiken Stätten, dadurch gelangten die bedeutendsten Römerbauten in Trier in staatlichen Besitz. Heute werden sie von „Burgen, Schlösser, Altertümer" betreut.

Die mächtigen Ruinen der um 300 n. Chr. erbauten Kaiserthermen sind nur bescheidener Rest der ursprünglich riesigen Anlage. In der Thermenanlage, deren Bau wahrscheinlich unter der Regierung von Kaiser Konstantin begonnen und wohl nie fertiggestellt wurde, erholten und amüsierten sich die vornehmen Römer. Das zum Teil erhaltene, zum Teil wieder aufgebaute Mauerwerk der großen Apsis gehörte einst zum Warmbadesaal. Natürlich gab es auch noch andere Badesäle, das Kaltwasserbad, die Sauna und Massageräume. In den Höfen konnte man Sport treiben und in Wandelhallen Dichtern oder Musikanten zuhören, während in den unterirdischen Gängen die Sklaven ohne Pause arbeiteten, um den Badenden heißes und sauberes Wasser zu bieten.

Die um 150 n. Chr. entstandenen Barbarathermen sind sogar die größten noch erhaltenen römischen Badeanlagen nördlich der Alpen und wie die übrigen Trierer Monumentalbauten der Römerzeit Weltkulturerbe. Die Mauern der Kellerräume, in denen die unterirdischen Heizanlagen von einem Heer von Sklaven versorgt wurden, sind besonders gut erhalten. Auch die Grundmauern der Erdgeschossräume, in denen sich zwei Hallenschwimmbäder befanden, sind beeindruckend. Die Räume waren mit Marmor, Reliefs und Skulpturen reich ausgestattet.

Kaiserthermen, Blick auf die Apsis des Caldariums

Porta Nigra

Als Gesamtheit sind die Trierer Römerbauten in die UNESCO-Liste des Weltkulturerbes eingetragen. Der populärste und am meisten besuchte Ort unter ihnen ist wohl die Porta Nigra. Obwohl sie nie ganz fertiggestellt wurde, ist sie das besterhaltene römische Baudenkmal nördlich der Alpen.
Als Teil der römischen Stadtbefestigung wurde die Porta Nigra um 180 n. Chr. erbaut. Das Doppeltor mit zwei Flankentürmen und den großen Bogenfenstern, die mit hölzernen Klappläden geschlossen werden konnten, diente als Wehrbau. Es erfüllte jedoch auch repräsentative Zwecke: Gegenüber den zahlreichen Reisenden, die sich der Stadt Trier näherten, demonstrierte es die wirtschaftliche und kulturelle Blüte der Stadt.
Die römischen Baumeister türmten die Steinquader ohne Mörtel aufeinander, Eisenklammern und das Gewicht der nächsten Quaderlage halten sie bis heute zusammen. Selbst mittelalterliche Metallräuber, die die Eisenklammern zwischen den Steinen heraus brachen, konnten dieser Stabilität keinen Abbruch tun.

Ihren Erhalt verdankt die Porta Nigra dem griechischen Wandermönch Simeon, der 1028 hier einzog, um in Einsamkeit ein frommes Leben zu führen. So wurde sie nach seinem Tode zu einer Doppelkirche (Stifts- und Pfarrkirche) umgebaut und blieb damit erhalten.
Erst der französische Kaiser Napoleon I. begann damit, den Römerbau von den meisten Spuren der wechselhaften Vergangenheit zu „befreien". Aus kulturpolitischen und denkmalpflegerischen Motiven wünschte er, dass alle mittelalterlichen Einbauten entfernt werden sollten. Die Arbeiten an der Freilegung des römischen Bauwerks endeten auch mit der Übergabe an den preußischen Staat 1816 nicht. Für die Erhaltung des romanischen Ostchors des Kirchenbaus setzte sich der preußische Denkmalpfleger der Stadt, Carl Friedrich Quednow, erfolgreich ein.
Die jahrhundertelange Verwitterung der Steine gab der Porta Nigra das dunkle Aussehen, von dem sie bereits im 11. Jahrhundert ihren Namen erhielt: schwarzes Tor.

Porta Nigra
Simeonstraße 60
54290 Trier

Telefon
06 51/4 60 89 65

E-Mail
bsa@gdke.rlp.de

Internet
www.burgen-rlp.de

Porta Nigra, Landseite

Viehmarktthermen, Innenansicht

Thermen am Viehmarkt

Thermen am Viehmarkt
Viehmarktplatz
54290 Trier

Telefon
06 51/9 94 10 57

E-Mail
bsa@gdke.rlp.de
viehmarktthermen@
burgen-rlp.de

Internet
www.burgen-rlp.de

Die Thermen am Viehmarkt öffnen wie keine andere der antiken Stätten ein Fenster in die Stadtgeschichte Triers. Auf ein römisches Wohnviertel des 1. Jahrhunderts n. Chr. folgte ein Großbau, in dem die Bewohner von „Augusta Treverorum" im 3. und 4. Jahrhundert n. Chr. die Annehmlichkeiten römischer Badekultur genießen konnten. Es war ein „Volksbad" entstanden, das dem allgemeinen Publikum zu günstigen Tarifen Körperhygiene und Gesundheitspflege anbot. Mit luxuriösen Badepalästen wollte man hier nicht konkurrieren.

Durch das Domkapitel im 13. Jahrhundert als „Steinbruch" bewirtschaftet, verlor die Ruine der Thermen im Mittelalter an Substanz. Im 17. und 18. Jahrhundert wurde der Garten eines Kapuzinerklosters zum Vorläufer des Viehmarktplatzes, der hier nach der Aufhebung des Klosters im Jahre 1802 entstand.

Durch Baumaßnahmen für eine Tiefgarage 1987 aus dem „Tiefschlaf" erweckt, wurde das gesamte Areal bis 1994 durch das Rheinische Landesmuseum Trier ausgegraben. Die beeindruckenden Überreste aus der Geschichte des Viehmarktplatzes bilden heute mit dem nicht minder beeindruckenden Schutzbau des Architekten Oswald M. Ungers ein ungewöhnliches und spannungsvolles Zusammenspiel moderner und antiker Architektur.

Heute werden die Thermen am Viehmarkt auch als Veranstaltungsort für Feiern, Empfänge, Vorträge und Konzerte genutzt.

Amphitheater

Am Ende des 2. Jahrhunderts n. Chr. hatte sich das aus Holz gebaute Amphitheater als zu klein erwiesen, da die Bevölkerung Triers rasch zunahm. Es wurde ein neues, in die Stadtmauer integriertes Theater errichtet, dessen Eingangstore als Eingang in die Stadt und als Torburgen dienten.

Die Größe der antiken Amphitheater wechselte zwar, ihr Bauplan blieb jedoch stets der gleiche: eine ebene, gewöhnlich ovale Fläche für die Kämpfe von Tieren, Gladiatoren und Tierkämpfern, die von ansteigenden Sitzreihen für die Zuschauer umschlossen wird. An der Arena befinden sich die Tierkäfige und in der Mitte Abgänge zu den unterirdischen Kellern, in denen die benötigten Requisiten und Kulissen für die oft blutigen Schauspiele gelagert wurden.

Von den über 70 bekannten Amphitheatern der Antike steht das Trierer Theater was seine Größe angeht mit ca. 18.000 Plätzen ungefähr an zehnter Stelle.

Eine Besonderheit des Trierer Amphitheaters ist seine landschaftliche Einbettung in den Hang des Petrisberges: Die Bergseite wurde abgetragen, um auf der gegenüberliegenden Seite einen Erdwall aufzuschütten, der die Zuschauerränge auf der Stadtseite bildete.

Im Mittelalter wurde das Amphitheater von den Mönchen des Klosters Himmerrod als Steinbruch genutzt, später bauten sie die Hänge der Arena als Weinberge aus. 1816, in preußischer Zeit, begann man mit der Freilegung des Theaters. In den 20er und 50er Jahren des 20. Jahrhunderts wurden die Hänge unter gartenpflegerischen und denkmalpflegerischen Gesichtspunkten erforscht und so modelliert, dass die Grundgestalt des einstigen Theaters sich heute dem Besucher wieder leicht erschließt.

Verwaltung
Amphitheater
Olewiger Straße
54295 Trier

Telefon
06 51/7 30 10

E-Mail
bsa@gdke.rlp.de
amphitheater@burgen-rlp.de

Internet
www.burgen-rlp.de

Amphitheater

Rheinland-Pfalz ■ Römerbauten

Römische Villa Otrang

Verwaltung
Römische Villa Otrang
Otranger Straße 1
54636 Fließem

Telefon
0 65 69/8 07

E-Mail
bsa@gdke.rlp.de
hedrich@villa-otrang.de

Internet
www.burgen-rlp.de

In der Gegend um Trier legten die Römer zahlreiche Villen an. Eine davon war die Villa bei Otrang. In diesem Landgut mit Herrenhaus, zu dem auch eine Kultstätte mit zwei Tempeln sowie Gräberfelder gehörten, lebten bereits im 1. Jahrhundert n. Chr. römische Siedler. Sie zählt heute zu einer der größten und besterhaltenen römerzeitlichen Villenanlage im Rheinland.

Die Villa wurde mehrfach erweitert, bis sie ebenerdig etwa 66 Räume und Badeanlagen mit mehreren Fußbodenheizungen besaß. Die Größe der Anlage und deren Ausschmückung zeugen vom Wohlstand und der Kultur der einstigen Besitzer. In der Völkerwanderungszeit um 400 n. Chr. wurde die Villa zerstört.

Auf Veranlassung des späteren Königs Friedrich Wilhelm IV. von Preußen ließ man die wiederentdeckte Ruine ab 1838 ausgraben. Die freigelegten Reste wurden durch Schutzhäuser gesichert – ein frühes Beispiel für Denkmalschutz in Deutschland. In vier Räumen haben sich die wunderbaren Mosaikfußböden erhalten. Zu bestaunen sind unter anderem Tierdarstellungen: Raubtiere jagen ihre Beute durch Bögen aus Ornamentranken, während ein Kranich eine Schlange verspeist. Ein solcher Wohnluxus entsprach durchaus dem der Oberschicht in der Hauptstadt Rom.

Villa Otrang

Matthias-Kapelle

Matthias-Kapelle

Die Matthias-Kapelle liegt hoch über dem Moseltal zwischen den Ruinen der längst zerstörten Oberburg. Einzigartig wie ihre Lage – vergleichbar mit der Burgkapelle in Vianden – ist auch ihre künstlerische Gestalt, die nur aus ihrer ursprünglichen Funktion als Reliquien- und Wallfahrtskapelle zu verstehen ist: In der Kapelle wurde das Haupt des Apostels Matthias aufbewahrt. Möglicherweise brachte ein Ritter von Isenburg diese Reliquie von einem Kreuzzug mit und ließ daraufhin um 1230 die Matthias-Kapelle wahrscheinlich nach dem Vorbild der Grabeskirche in Jerusalem errichten. Die Reliquie blieb bis vor 1347 in Kobern, danach wurde sie an verschiedenen Orten – unter anderem auf der Festung Ehrenbreitstein bei Koblenz – aufbewahrt, bis sie schließlich 1927 in die Benediktinerabtei St. Matthias in Trier gebracht wurde und dort bis heute geblieben ist. Die Matthias-Kapelle ist ein sechsseitiger Zentralbau mit reich gegliedertem Innenraum. Die Säulen und Kapitelle sind Meisterwerke der Frühgotik. Ihren Erhalt verdankt die Kapelle der katholischen Pfarrgemeinde Kobern, die sie 1819 an den preußischen Staat verkaufte. Nachdem der Kronprinz Friedrich Wilhem (IV.) die Kapelle besucht hatte, beauftragte er den Koblenzer Architekten Johann Claudius von Lassaulx mit den Restaurierungsmaßnahmen, die bis 1844 durchgeführt wurden. Damals entstand der kostbare, aus verschiedenfarbigen Plättchen zusammengesetzte Fußboden.

Heute widmet sich besonders die St. Matthias-Bruderschaft Kobern der Pflege der Kapelle. Neben der Kapelle, im noch erhaltenen romanischen Bergfried der Oberburg, befindet sich heute eine Gaststätte.

Matthiaskapelle
an der Oberburg Kobern
56330 Kobern-Gondorf

E-Mail
bsa@gdke.rlp.de

Internet
www.burgen-rlp.de

Burg Pfalzgrafenstein

Burg Pfalzgrafenstein
56349 Kaub

Telefon
01 72/2 62 28 00

E-Mail
bsa@gdke.rlp.de

Internet
www.burgen-rlp.de

Die Burg Pfalzgrafenstein erinnerte den französischen Schriftsteller Victor Hugo an ein steinernes Schiff, das für immer vor Anker gegangen sei. Bemerkenswert ist, dass die Burg Pfalzgrafenstein eine der wenigen Burgen ist, deren genaues Baudatum, nämlich 1327, bekannt ist. Dieses gibt auch Aufschluss über die Funktion, die ihr primär vom Bauherrn König Ludwig dem Bayern, Pfalzgraf bei Rhein, zugewiesen war: die militärische Sicherung der neu gewonnen Territorien in Kaub gegenüber den Nachbarn, den Kurfürsten von Mainz und Trier. Gleichzeitig sollte die Zollstelle in Kaub, wo der Zoll erhoben wurde, gesichert werden. Der Pfalzgrafenstein wurde im Gegensatz zu den meisten anderen Burgen und Schlössern am Rhein ausschließlich aus wirtschaftlichen Gründen errichtet: Er diente immer als Stützpunkt für die Zollerhebung. Mitten im Rhein auf einer Insel liegend, wird diese Funktion auch an der Lage deutlich. Sogar bis zum Papst drang der Ärger, als die Weinschiffer der Klöster und Prälaten des Pfalzgrafen Zoll bezahlen mussten. Man kann sich heute kaum noch vorstellen, dass die Schiffe zwischen Mainz und Köln an zwölf Zollstellen halten mussten. Obwohl die Burg 1607 und 1755 modernisiert wurde, stammt sie zum größten Teil noch aus dem 14. Jahrhundert. Die kargen Räume machen noch heute das bescheidene Leben der kleinen, etwa 20 bis 30 Mann starken Besatzung anschaulich.

Pfalzgrafenstein

Pfalzgrafenstein, Innenansicht des Burghofes

Festung Ehrenbreitstein

Die von 1817 bis 1828 erbaute Festung Ehrenbreitstein ersetzte die 1801 von den Franzosen gesprengte kurtrierische Festung und galt bei ihrer Fertigstellung als uneinnehmbar.

Im Kriegsfall fanden 1500 Soldaten und 80 Kanonen hier Platz. Eine halbjährige Belagerung konnte man mit den Vorräten aushalten. Dabei ist die Festung Ehrenbreitstein nur ein Teil der Festung Koblenz, zu der zwei weitere große Festungssysteme auf der linken Rheinseite sowie mehrere Forts gehörten. Nach Gibraltar war Koblenz damals die größte Festung in Europa. Doch war sie nicht nur eine der größten, sondern auch eine der einheitlichsten, nämlich in der sogenannten „neupreußischen" Festungsmanier errichtet.

Diese Einheitlichkeit hat sich bis heute erhalten. Schon im 19. Jahrhundert war der Blick vom Ehrenbreitstein auf das Deutsche Eck ein „Muss" für jeden Rheinreisenden. Im Augenblick putzt sich die Festung Ehrenbreitstein für die Bundesgartenschau 2011 heraus. Während und nach der BUGA wird sie in neuem Glanz erstrahlen und bietet noch weit mehr als ihre imposante Architektur; sie ist ein Kulturzentrum mit einer Vielzahl von Einrichtungen und Angeboten: das Landesmuseum Koblenz, einen Rundweg zu 3000 Jahre Festungsgeschichte, das Ehrenmal des Heeres, ein Restaurant, eine Jugendherberge und zahlreiche Einzelveranstaltungen wie Konzerte, Historienspiele oder Open-Air-Kino.

Festung Ehrenbreitstein
56077 Koblenz-Ehrenbreitstein

Telefon
02 61/66 75-40 00

E-Mail
bsa@gdke.rlp.de

Internet
www.burgen-rlp.de

Landesmuseum Koblenz

Telefon
02 61/66 75-0

E-Mail
info@landesmuseum-koblenz.de

Internet
www.landesmuseum-koblenz.de

Festung Ehrenbreitstein

Festung Ehrenbreitstein, Blick von Norden auf die Kurtine

Klause Kastel

Klause Kastel

Altertumsverwaltung
Klause Kastel
König-Johann-Str.
54441 Kastel-Staadt

Telefon
0 65 82/5 35

E-Mail
bsa@gdke.rlp.de

Internet
www.burgen-rlp.de

Schon im Mittelalter gruben fromme Einsiedler Höhlen in den weichen Sandstein, um hier hoch über dem Saartal abgeschieden zu leben. Ein Franziskanermönch baute um 1600 eine Kapelle auf der engen Terrasse über der Saar. Der preußische Kronprinz Friedrich Wilhelm, der spätere König Friedrich Wilhelm IV., ließ die seit Langem verlassene Ruine nach 1833 zu einer Grabkapelle für den böhmischen König Johann den Blinden ausbauen.

König Johann von Böhmen – aus dem Hause Luxemburg – war, obgleich erblindet, 1346 in die Schlacht von Crécy gezogen und dort gefallen. Der preußische Kronprinz verehrte ihn als einen seiner Vorfahren, der für ihn der Inbegriff ritterlicher Tapferkeit war, und ließ seine Gebeine in der Kapelle über dem Saartal beisetzen. Karl Friedrich Schinkel, der berühmte preußische Architekt, fertigte die Entwürfe für die Kapelle. Im Kapellenraum steht noch der für die Gebeine des sagenumwobenen Königs angefertigte Sarkophag. Aus schwarzem Marmor gefertigt, liegt auf dessen Deckenplatte eine bronzene Nachbildung der böhmischen Königskrone mit dem Reichsapfel.

1946 wurden die Gebeine König Johanns in die Kathedrale von Luxemburg überführt.

Schloss Stolzenfels

Der Wiederaufbau der im Zuge der pfälzischen Erbfolgekriege abgebrannten Burg Stolzenfels entsprang nicht nur zeitgenössischer romantischer Begeisterung für die Rheinlandschaft und mittelalterliche Geschichte, er war auch Teil preußischer Kulturpolitik am Rhein. 1823 erhielt Kronprinz Friedrich Wilhelm, der spätere König Friedrich Wilhelm IV. von Preußen, die schön gelegene Burgruine als Geschenk. Nach genauer Bauaufnahme der mittelalterlichen Überreste beschloss Friedrich Wilhelm, aus der Burgruine eine neugotische Sommerresidenz nach Plänen des berühmten Berliner Architekten Karl Friedrich Schinkel entstehen zu lassen: 1842 bildeten das fertiggestellte Schloss und der Park einen malerischen Hintergrund für ein Fest in historischen Kostümen. Mit seinem hellen Anstrich, den Springbrunnen und den ummauerten Gärten strahlt das Schloss eine italienisch anmutende Heiterkeit aus.

Die Einrichtung der königlichen Wohnräume ist noch so erhalten, wie der romantische Herrscher sie einrichten ließ: Jahrhundertealte Bilder, Waffen und Möbel mischen sich mit der neugotischen Ausstattung aus der Mitte des 19. Jahrhunderts. Die Wandmalereien in der Schlosskapelle und im Kleinen Rittersaal gehören zu den bedeutendsten Werken der rheinischen Hochromantik.

Mit dem vom bedeutenden preußischen Gartenkünstler Peter Josef Lenné entworfenen Landschaftspark und den Schlossgärten entstand ein romantisches Gesamtkunstwerk, das als wichtigstes Zeugnis preußischer Romantik am Rhein gelten kann. Für die Koblenzer Bundesgartenschau 2011 werden im Rahmen der baulichen Instandsetzung der Schlossanlage auch die Gärten und der umgebende Landschaftspark wiederhergestellt.

Schloss Stolzenfels
56075 Koblenz

Telefon
02 61/5 16 56

E-Mail
bsa@gdkc.rlp.de
Stolzenfels@burgen-rlp.de

Internet
www.burgen-rlp.de

Schloss Stolzenfels

Rheinland-Pfalz ■ Militärisches und romantisches Preußen

Burg Sooneck

Burg Sooneck
55413 Niederheimbach

Telefon
0 67 43/60 64

E-Mail
bsa@gdke.rlp.de
sooneck@burgen-rlp.de

Internet
www.burgen-rlp.de

Auf einer Rheinreise im Jahr 1842 verabredeten König Friedrich Wilhelm IV. von Preußen und seine Brüder, die Prinzen Wilhelm, Karl und Albrecht, die Burgruine Sooneck zu einem Jagdschloss auszubauen. Hier wollte sich der König ohne Hofstaat mit seinen Brüdern zur Jagd im Soonwald treffen. Die Verwirklichung dieser typisch romantischen Idee scheiterte an der Revolution von 1848, an Familienstreitigkeiten im Königshaus und schließlich an Krankheit und Tod des Königs. Die Burg wurde von den Hohenzollern zwar wieder aufgebaut, aber nie von ihnen bewohnt. Das Hauptgebäude der Burg war um 1840 eine gut erhaltene Ruine, der nur die Dächer und die Zwischendecken fehlten. Der Ausbau im 19. Jahrhundert war so behutsam, dass das gotische Mauerwerk mit den abgesägten Gerüstbalken und dem mittelalterlichen Putz sorgfältig erhalten wurden. Die bescheidenen Wohnräume der Burg sind mit Möbeln aus der ersten Hälfte des 19. Jahrhunderts und mit Rheinansichten aus dem Besitz der Hohenzollern ausgestattet. Im Speisesaal beeindruckt ein Schlachtengemälde von 1825 mit einer Szene aus den Befreiungskriegen gegen Napoleon I.

Die Stiftung Koeth-Wanscheid im 2. Obergeschoss enthält Rheinansichten, Adelsporträts und Möbel des 18. und 19. Jahrhunderts aus dem Besitz einer rheinischen Adelsfamilie.

Burg Sooneck

Burg Sooneck, Esszimmer

Schloss Bürresheim

Selten findet man heute noch ein uraltes Schloss, das seit hunderten von Jahren einsam in einer unzerstörten und unzersiedelten Landschaft steht, mit Bächen und waldigen Berghängen. Schloss Bürresheim wurde nie erobert oder verwüstet – im Gegensatz zu fast allen anderen Burgen im Rheinland. Generationen einer Adelsfamilie, die bis 1938 hier lebte, trugen eine reiche Einrichtung an Möbeln und Bildern zusammen. So blieb bis heute ein einmaliges Zeugnis rheinischer Adels- und Wohnkultur erhalten. Das Schloss bildet eine malerische Baugruppe, die zwischen dem 12. und dem 17. Jahrhundert wuchs. Zur Gründungsanlage gehört noch der urtümliche Bergfried. Das Barockgärtchen auf der Südseite der Burg wurde schon auf Gemälden um 1700 abgebildet. Der Burghof bezaubert durch das reiche, bunte Fachwerk und unterschiedliche Dachformen mit Schieferdächern und Turmhelmen. Die Raumaufteilung des spätmittelalterlichen Palas zeigt noch, wie einfach man um 1490 wohnte. In jedem Stock liegt ein großer Saal mit Eichenholzpfeilern, Balkendecken und riesigen Kaminen. Erst in späteren Jahrhunderten teilte man gemütlichere Zimmer ab. Möbel vom 15. bis zum 19. Jahrhundert wurden bis heute liebevoll aufbewahrt. Zahllose Porträts zeigen Familienmitglieder und Fürsten vergangener Jahrhunderte.

Schlossverwaltung Bürresheim
56727 Mayen

Telefon
0 26 51/7 64 40

E-Mail
bsa@gdke.rlp.de
buerresheim@burgen-rlp.de

Internet
www.burgen-rlp.de

Schloss Bürresheim

Schloss Bürresheim, Burghof

Rheinland-Pfalz ▪ Mittelalter, Renaissance und Barock in der Eifel

Burgruine Nürburg

Burgverwaltung
Nürburg
53520 Nürburg

Telefon
0 26 91/27 04

E-Mail
bsa@gdke.rlp.de

Internet
www.burgen-rlp.de

Im Motorengedröhn des Nürburgrings denkt wohl kaum jemand daran, dass der Berg mit der Nürburg schon seit der Römerzeit uraltes Siedlungsgebiet war. Auf dem „mons nore", dem schwarzen Berg, erbauten die Grafen von Are im 12. Jahrhundert eine Burg, von der eine ausgedehnte Ruine erhalten blieb. Am Fuß des Burgberges trifft der Besucher auf die Reste der um 1200 entstandenen romanischen Burgkapelle. Ein gewundener Fußweg führt zum Haupttor der Burg, einem mächtigen Doppeltor.

Mit ihren zahlreichen Rundtürmen, die seit einer umfassenden Restaurierung wieder durch charakteristische Zeltdächer geschützt sind, beherrscht sie weithin das Land. Die Kernburg, durch eine Ringmauer und ein inneres Tor gesichert, entstand am Anfang des 13. Jahrhunderts. Der mächtige runde Bergfried besitzt noch ein spätromanisches Rippengewölbe. Die Reste eines Kamins und ein Aborterker lassen seine ehemalige Funktion als Wohnraum erkennen. An die Ringmauer waren Wohngebäude angebaut, am westlichen Ringmauergebäude findet man sogar einen großen Kamin, der wohl zu einer Burgküche gehörte.

Steigt man die Treppe des Bergfrieds hinauf, gelangt man auf eine Plattform, von der man einen großartigen Blick über die weite, waldige Eifellandschaft hat.

Burgruine Nürburg

Schloss Engers, Stadtseite

Schloss Engers

Am Rheinufer liegt das Barockschloss eines der letzten Kurfürsten von Trier: das Jagdschloss Johann Philipps von Walderdorff, erbaut von 1759–1762. Der heutige prunkvolle Barockbau des 18. Jahrhunderts verrät kaum, dass seine bauliche Vorgeschichte 500 Jahre weiter zurückreicht und die urkundlich belegte Geschichte des Ortes noch älter ist. Bereits 773 wird der Engersgau erwähnt und Engers war von fränkischer bis staufischer Zeit Zentralort eines Reichsgutsbezirks. Im Zuge des Ausbaus des rechtsrheinischen Herrschaftsbereichs durch Kurtrier erwarb der Trierer Erzbischof Kuno von Bolanden-Falkenstein (1362–1388) im Jahre 1371 den Ort Engers. Sein Nachfolger Werner von Bolanden-Falkenstein (1388–1418) ließ 1412 den Rheinzoll von Kapellen bei Koblenz nach hierher verlegen. Die Burg mit ihrem mächtigen runden Bergfried wurde Burg Kunostein genannt. Bekannt ist sie nur aus einer 1636 datierten Stadtansicht von Wenzel Hollar. 1689 wurde die Burg durch französischen Kanonenbeschuss zerstört.

Für den Bau des neuen Schlosses ließ der Kurfürst von seinem Architekten Johannes Seiz, einem Schüler Balthasar Neumanns, die mittelalterliche Burg Kunostein abreißen. Unmittelbar am Rhein gelegen, entstand nun ein Juwel spätbarocker Architektur und Kunst.

Die Schauseite des Schlosses ist zum Rhein gerichtet: Hier legten die kurfürstlichen Jachten von Trier kommend an. Ein geräumiges Treppenhaus mit schön geschwungener Treppe und einem kunstvoll geschmiedeten Geländer führt in das Hauptgeschoss. Der Festsaal ist besonders prächtig ausgestattet. Hier befinden sich üppige Stuckaturen und ein original erhaltenes Deckenfresko von Januarius Zick, der 1730 in München geboren wurde und seit 1760 kurfürstlich-trierischer Hofmaler war.

Einen besonderen kulturellen Reiz besitzt Schloss Engers heute auch wegen der Stiftung „Villa Musica", Akademie für Kammermusik, die im Festsaal regelmäßig Konzerte veranstaltet, und wegen seines ausgezeichneten Restaurants.

Villa Musica
Schloss Engers
Alte Schlossstr. 2
56566 Neuwied-Engers

Telefon
0 26 22/9 26 40

E-Mail
bsa@gdke.rlp.de
info@schloss-engers.de

Internet
www.burgen-rlp.de
www.schloss-engers.de

Rheinland-Pfalz ■ Mittelalter und Renaissance in der Pfalz

Burg Trifels

Burg Trifels

Burgverwaltung Trifels
76855 Annweiler

Telefon
0 63 46/84 70

E-Mail
bsa@gdke.rlp.de
trifels@burgen-rlp.de

Internet
www.burgen-rlp.de

Hoch auf dem Felsenriff steht sie da, dreifach ist der rostrote Buntsandstein gespalten, daher wohl ihr Name „Trifels". Sie galt als die mächtigste Burg des staufischen Kaiser- und Königtums und war in der Zeit zwischen 1088 und 1330 als Reichsburg Mittelpunkt politischer Ereignisse. Die zwei nahebei liegenden Burgen Anebos und Scharfenberg bildeten mit der Trifels einen gemeinsamen Schutzverbund, der die Burg Trifels zur „sichersten" Burg des Heiligen Römischen Reichs machte.

So wurde der Trifels Schauplatz einer historischen Ungeheuerlichkeit: Der englische König Richard Löwenherz wurde hier durch Kaiser Heinrich VI. 1193 vorübergehend gefangengesetzt, konnte sich aber am Ende für die gigantische Summe von 23 Tonnen Silber, die England für die Freiheit des Königs aufbrachte, freikaufen. Für Heinrich war sie die finanzielle Grundlage für seinen Eroberungszug gegen Sizilien.

Aus der Glanzzeit der Burg zwischen 1088 und 1330 ist der Hauptturm mit seinen mächtigen staufischen Buckelquadern sowie dem Kapel-

lenerker erhalten. Die „Reichskleinodien" hütete man in der gewölbten romanischen Burgkapelle im Obergeschoss. Diese Zeichen der kaiserlich-königlichen Macht haben höchsten materiellen Wert, ihre eigentliche Bedeutung als Insignien der rechtmäßigen Herrschaft und zugleich sakralen Legitimation der von Gott verliehenen Autorität ist jedoch symbolischer Natur: „Wer den Trifels hat, hat auch das Reich."

Bis in das 15. Jahrhundert hinein hatten die Reichskleinodien keinen festen Aufbewahrungsort, auf der Burg Trifels lagerten sie zwischen 1125 und 1298. Heute sind dort in der sogenannten Schatzkammer sehr gute Nachbildungen zu sehen.

Der erst nach dem Zweiten Weltkrieg vollendete Palas entstand nach Plänen Rudolf Esterers aus dem Jahr 1938. Er ist eine Neuschöpfung aus der Zeit des Nationalsozialismus, als der Trifels zu einer nationalen Weihestätte werden sollte.

Die ständige Ausstellung „Macht und Mythos" erklärt nicht nur die Geschichte und den Bau der Burg, sondern erzählt auch von ihren Bauherren und Herrscherpersönlichkeiten.

Burgruine Hardenburg

Die gewaltige Hardenburg ist eine der größten Burgruinen des Landes Rheinland-Pfalz. Schon seit dem 13. Jahrhundert Sitz der Grafen von Leiningen entstand die jetzige Anlage in der Zeit zwischen 1500 und 1590. Den mächtigen Befestigungswerken sieht man an, dass die Grafen von Leiningen streitsüchtige Herren waren, die im 15. und 16. Jahrhundert an 20 kriegerischen Fehden gegen ihre Nachbarn beteiligt waren. Die Schwierigkeiten begannen schon beim Bau der Burg damit, dass die Leininger sich unrechtmäßig Grund und Boden des Klosters Limburg aneigneten. Im Unterschied zu den anderen rheinland-pfälzischen Wehranlagen wurde die Hardenburg nach Erfindung der Feuerwaffen nicht aufgegeben, sondern von den Leiningern vom 16. bis ins frühe 18. Jahrhundert zu einem befestigten Schloss ausgebaut. Heute sind beispielsweise der Renaissancegarten und der Obstgarten wieder rekonstruiert. Die Zerstörung mitsamt der kostbaren Innenausstattung erfolgte 1794, als französische Revolutionssoldaten die Hardenburg niederbrannten. Aber auch noch als Ruine ist der runde Geschützturm, der die Burg an der schwächsten Stelle gegen den Berghang schützte, beeindruckend. Seine mächtigen Mauern von 7 m Stärke hielten auch feindlichen Kanonen stand. Von den prächtigen Wohnräumen sind nur noch Reste – Treppentürme, Fenster und elegante Portale – erhalten. Staunen kann man über die riesigen Keller mit weit gespannten Rippengewölben aus dem Jahre 1509, die dem Brand und Verfall bis heute widerstanden haben.

Burgverwaltung
Hardenburg
67098 Bad Dürkheim

Telefon
0 63 22/75 30
E-Mail
bsa@gdke.rlp.de
Internet
www.burgen-rlp.de

Burgruine Hardenburg

Rheinland-Pfalz ■ Mittelalter und Renaissance in der Pfalz

Die Dahner Burgruinen und Burgruine Neudahn

Dahner Burgen
66994 Dahn

Telefon
0 63 91/36 50 oder
99 35 43

E-Mail
bsa@gdke.rlp.de
Dahner-burgen@
webmail.burgen-rlp.de

Internet
www.burgen-rlp.de

Auf einer Sandsteinklippe aus fünf Felsen entstanden nacheinander drei Burgen. Sie sind eindrucksvolle Beispiele für die Felsenburgen des Wasgaues. Im Verfall haben sich die verwitterten Mauern und die abgemeißelten Felsen verbunden, Natur und Architektur wurden mehr und mehr zu einer Einheit. Die Burg Tanstein ist nach den archäologischen Funden die älteste Anlage. Alt-Dahn entstand wohl im 13. Jahrhundert. Grafendahn, die mittlere der drei Burgen, wird 1287 als neu errichtete Feste erwähnt. Die drei Burgen thronen wie Adlerhorste auf den Felsen. Sie waren gegeneinander verteidigungsfähig.

In einem wiederaufgebauten Burghaus befindet sich ein Museum mit interessanten Grabungsfunden aus den Burgen. Hier wird gezeigt, was den Burgbewohnern so alles abhanden kommen kann: nicht nur eine Taschensonnenuhr aus Elfenbein, sondern auch zerbrochene Töpfe, zahlreiche Schlüssel, eine Miederkette, Spiele, viele wertvolle Silbermünzen und schließlich der schön gearbeitete silberne Hochzeitslöffel des Johann Christoph von Dahn und der Maria von Wallbronn.

Neudahn, 3 km nordwestlich vom Ort Dahn im Wald gelegen, wurde um 1230 von Heinrich Mursal, der aus einer Seitenlinie der Ritter von Dahn stammte, errichtet. Durch einen konsequenten Ausbau Anfang des 16. Jahrhunderts stellte sich die Burg auf die Pulvergeschütze ein. König Heinrich II. von Frankreich dürfte bei seinem Besuch 1552 bereits die mächtigen Batterietürme bewundert haben, die den Zugang zur Unterburg verteidigten und noch heute in der beeindruckenden Höhe von drei Geschossen erhalten sind.

Dahner Burgen, Alt-Dahn

Dahner Burgen, Blick auf Tanstein, Grafendahn und Alt-Dahn

Villa Ludwigshöhe

„Eine Villa italienischer Art, nur für die schöne Jahreszeit bestimmt und in des Königreichs mildestem Teil" – diesen Wunsch verwirklichte sich Ludwig I. bei Edenkoben: eine an antiken Vorbildern orientierte klassizistische Villa mit Deckenmalereien im „pompejanischen Stil", in einer Landschaft, die ihn mit ihren Weinbergen und Esskastanienhainen (die Ludwig I. eigens anpflanzen ließ) ebenfalls an Italien erinnerte.

Die Villa wurde von 1846–1852 nach den Plänen des Architekten Friedrich Wilhelm von Gärtner errichtet. 1848 musste König Ludwig I. abdanken und so zogen sich die Bauarbeiten bis 1851 hin. Aus seiner Privatschatulle finanziert, besaß Ludwig nun seinen Prachtbau. Die „pomejanischen" Wandmalereien, die heute den besonderen Reiz der Villa ausmachen, wurden allerdings erst 1899 ausgeführt. Nicht als ständiger Wohnsitz gedacht, verbrachte der König bis zu seinem Tod 1868 jeden zweiten Sommer hier, um seinen Geburtstag zu feiern.

Die Villa blieb bis zum Ersten Weltkrieg im Familienbesitz. Während des Krieges diente sie als Lazarett, danach war in ihr französisches Militär untergebracht.

Während des Zweiten Weltkriegs wurde die Villa als Lagerraum genutzt, nach dem Krieg wurde sie von alliierten Truppen bewohnt und diente als Kinderheim.

1947 übernahm sie wieder die Schlossverwaltung des Wittelsbacher Ausgleichsfonds, die das Vermögen der königlichen Familie verwaltete. Aus dessen Besitz erwarb das Land Rheinland-Pfalz 1975 dieses einzigartige Ensemble und gliederte es der damals noch Verwaltung der staatlichen Schlösser ein.

Seit 1985 finden im ehemaligen Speisesaal Konzerte statt. Außerdem laden den Besucher zahlreiche Vorträge, das jährlich stattfindende Schlossfest und nicht zuletzt zwei Museen zum Verweilen in der Villa Ludwigshöhe ein, so auch das Landesmuseum Mainz mit der Max-Slevogt-Galerie. Neben Liebermann und Corinth zählt Slevogt zu den großen deutschen Impressionisten. Im historischen Gewölbekeller ist, auf Anmeldung, die einzigartige Sammlung „Moderne Keramik des 20. Jahrhunderts" zu besichtigen.

Schlossverwaltung
Villa Ludwigshöhe
Villastraße 65
67480 Edenkoben

Telefon
0 63 23/9 30 16

E-Mail
bsa@gdke.rlp.de
villaludwigshoehe@burgen-rlp.de

Internet
www.burgen-rlp.de

Villa Ludwigshöhe, Detail Speisesaal

Villa Ludwigshöhe

Rheinland-Pfalz ■ Weitere Liegenschaften

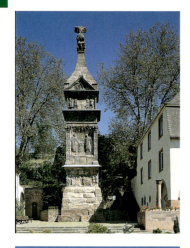

Igeler Säule bei Igel/Mosel

bsa@gdke.rlp.de
www.burgen-rlp.de

Burgruine Sterrenberg
56341 Kamp-Bornhofen
Rhein-Lahn-Kreis

0 67 73/3 23
bsa@gdke.rlp.de
www.burgen-rlp.de
Fax 0 67 73/93 89

Ruine Kasselburg
bei Gerolstein
54970 Gemeinde Pelm

bsa@gdke.rlp.de
www.burgen-rlp.de

Burgruine Nassau
Rhein-Lahn-Kreis
56377 Nassau

0 26 04/94 29 54
bsa@gdke.rlp.de
www.burgen-rlp.de

Burgruine Schwalbach
Burgschwalbach
Paul-Morant-Allee 5
65558 Burgschwalbach

0 64 30/66 11
bsa@gdke.rlp.de
www.burgen-rlp.de

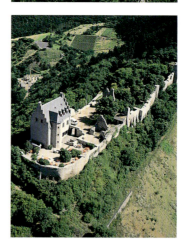

Burgruine Altenbaumburg
55585 Altenbamberg

0 67 08/35 51
bsa@gdke.rlp.de
www.burgen-rlp.de

Burgruine Landeck
76889 Klingenmünster

0 63 49/87 44
bsa@gdke.rlp.de
www.burgen-rlp.de

Burgruine Nanstein
66849 Landstuhl

0 63 71/1 34 60
bsa@gdke.rlp.de
www.burgen-rlp.de

Sachsen

SCHLÖSSERLAND SACHSEN
STAATLICHE SCHLÖSSER, BURGEN UND GÄRTEN

www.schloesserland-sachsen.de

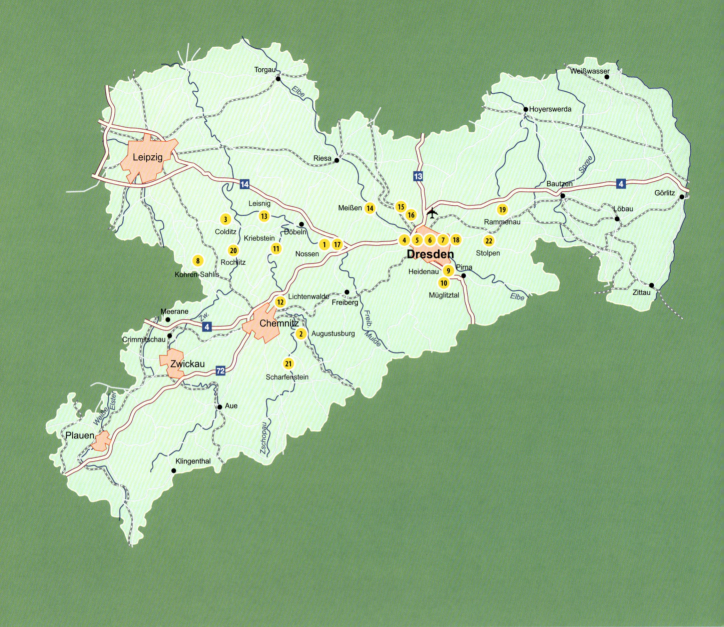

Nossen
1 Klosterpark Altzella S. 200
17 Schloss Nossen S. 223

Augustusburg
2 Schloss Augustusburg S. 201

Colditz
3 Schloss Colditz S. 202

Dresden
4 Festung Dresden S. 203
5 Großer Garten in Dresden S. 205
6 Dresdner Stallhof S. 206
7 Dresdner Zwinger S. 207
18 Schloss & Park Pillnitz S. 224

Kohren-Sahlis
8 Burg Gnandstein S. 209

Heidenau
9 Barockgarten Großsedlitz S. 210

Müglitztal
10 Schloss Weesenstein S. 211

Kriebstein
11 Burg Kriebstein S. 213

Lichtenwalde
12 Schloss & Park Lichtenwalde S. 215

Leisnig
13 Burg Mildenstein S. 216

Meißen
14 Albrechtsburg Meissen S. 218

Moritzburg
15 Fasanenschlösschen Moritzburg S. 220
16 Schloss Moritzburg S. 221

Rammenau
19 Barockschloss Rammenau S. 226

Rochlitz
20 Schloss Rochlitz S. 228

Scharfenstein
21 Burg Scharfenstein S. 229

Stolpen
22 Burg Stolpen S. 230

Wallpavillon im Dresdner Zwinger

Alte Pracht in neuem Glanz

Mehr als 800 Jahre lang lebten die Sachsen unter einer einzigen Herrscherfamilie. Die kunstsinnigen Markgrafen, Herzöge, Kurfürsten und Könige aus dem Haus Wettin banden erstrangige Baumeister und Künstler dauerhaft an ihren Hof, vor allem im Barock, als der „sächsische Sonnenkönig" August der Starke und sein Sohn Friedrich August II. das Land glanzvoll regierten. Die Welt der Wettiner ist ein einziges Fest für die Augen, das alljährlich Millionen von Besuchern in das Land an den Ufern der Elbe lockt.

Sachsen liegt im Herzen Mitteleuropas, an der Schnittstelle großer Kulturen, dort, wo sich im Mittelalter die Verkehrsströme zwischen Ostsee und Adria, zwischen Russland und Flandern vielfach kreuzten. Wer sich inmitten einer unübersichtlichen Gemengelage aus weltlichen und kirchlichen Interessen behaupten wollte, der benötigte feste Stützpunkte, die nicht einfach zu erstürmen sein durften. Später, als Diplomatie, Erbrecht und Heiratspolitik an die Stelle mittelalterlichen Raubrittertums traten, verwandelten sich viele dieser Burgen in repräsentative Schlösser.

Kulturträger war aber nicht nur der Adel, sondern auch die Kirche: Bedeutende Bibliotheken und Kunstschätze fanden sich hinter dicken Klostermauern. In Kapitelhäusern und Mönchsklausen wurden die klassischen Sprachen gepflegt, unter den stillen Kreuzgängen die Künste der Medizin, des Gartenbaus und des Handwerks. Nach der Reformation, die ihre erste „feste Burg" bekanntlich in Sachsen errichtete, wurden viele Klöster in weltliche Nutzung überführt.

Die Residenzstadt Dresden entwickelte sich zu einer der schönsten Städte Deutschlands, reich ausgestattet mit prächtiger Architektur und einzigartiger Kunst. Eine die Sinne verwirrende Fülle von Kulturdenkmälern ersten Ranges wuchs aber auch an vielen anderen Orten in Sachsen heran. Im 19. Jahrhundert kamen „neue Herren" hinzu: Montanfürsten und Großindustrielle errichteten Herrenhäuser, die der Pracht feudaler Residenzen nur an Alter nachstanden.

Die Aufgabe der Staatlichen Schlösser, Burgen und Gärten Sachsen ist es, diesen Reichtum an Kulturdenkmälern zu bewahren und erlebbar zu machen.

Klosterpark Altzella

Klosterpark Altzella
Zellaer Straße 10
01683 Nossen

Telefon
03 52 42/5 04 50

E-Mail
altzella@
schloesserland-
sachsen.de

Internet
www.schloesserland-
sachsen.de

Als die Wogen der europäischen Reformation über das Land brachen, vertrieben die zum lutherischen Glauben konvertierten deutschen Landesfürsten die Mönche aus ihren Klöstern. Verwaiste Anlagen blieben zurück, in denen nur für den Geschichtskundigen der Widerhall des Wirkens der Ordensbrüder vernehmbar war. Das geschah auch in Altzella, nachdem der sächsische Landesfürst Heinrich der Fromme die Säkularisierung des dortigen Zisterzienserklosters angeordnet hatte. Die seit 1175 von Mönchen bewirtschaftete Anlage zerfällt, ihre Steine werden für andere Bauwerke verwendet, die fast tausend kostbare Bände umfassende Bibliothek wird der Universität Leipzig übereignet. Weil Altzella aber auch die Erbbegräbnisstätte des Wettinischen Fürstengeschlechtes ist, lässt das Interesse des Dresdner Hofes an dem Gelände nie vollständig nach. Kurfürst August III. errichtet hier im Jahr 1787 ein Mausoleum im Stil des Frühklassizismus, sein Kunstgärtner Johann Friedrich Hübler umgibt die stille weiße Grabstätte mit einem romantischen Landschaftspark. Die so organisch wirkende künstliche Landschaft mit ihren alten Spitzbögen, den unerschütterlich wirkenden Giebeln und den gebrochenen Pfeilern lockt schon bald herausragende Protagonisten der deutschen Malerei wie Caspar David Friedrich und Ludwig Richter an, die in Altzella Inspiration in Hülle und Fülle finden. Was die Romantiker damals faszinierte, ist auch heute noch für jeden spürbar, der sich auf die leise Pracht der alten Klosteranlage einlässt.

Das Refektorium der Konversen im Klosterpark Altzella

Schloss Augustusburg

Schloss Augustusburg

Dort, wo einst Hengste vor herrschaftlichen Kaleschen schnaubten, dröhnen heute die Motorrösser. Schloss Augustusburg ist eines der beliebtesten Reiseziele für Zweiradfans, denn es beherbergt das größte Motorradmuseum Europas. Zahlreiche einmalige Exponate aus der Geschichte des faszinierenden Fortbewegungsmittels werden hier präsentiert, und beim „Wintertreffen" der Bikergemeinde wird Augustusburg zum Magneten für tausende Motorradfreunde. Das monumentale Renaissanceschloss steht an wohl gewähltem Platz, weithin sichtbar erhebt sich das alte Jagddomizil auf einem Porphyrkegel über das Tal der Zschopau und wird wegen seiner Dachform „Krone des Erzgebirges" genannt. Vollendet im Jahr 1572 hat das imposante Bauwerk auch nach über vier Jahrhunderten nichts von seiner Ausstrahlung eingebüßt.

Doch Augustusburg beeindruckt nicht nur durch geschichtsträchtige Atmosphäre. Der im Überfluss vorhandene Raum wird aufs Beste genutzt, kaum ein Schloss in Deutschland birgt in seinen Mauern so vielfältige Kultur- und Bildungsangebote. Der Besucher findet auf Augustusburg neben dem Motorradmuseum weitere sehenswerte Ausstellungen sowie einen Aussichtsturm. Dazu zeigt ein Adler- und Falkenhof majestätische Greifvögel hautnah. Kunstbeflissene dürften beim Anblick des von Lucas Cranach dem Jüngeren geschaffenen Altarbildes der Schlosskirche ins Schwärmen geraten. Es zählt zu den bemerkenswertesten seiner Art und hat seit der Weihe der Kirche seinen ursprünglichen Bestimmungsort nie verlassen. Und: Wer von so viel Sehenswertem müde geworden ist, darf gern bleiben, denn auf dem Schlossgelände befindet sich auch eine Jugendherberge.

Augustusburg –
Scharfenstein –
Lichtenwalde
Schlossbetriebe GmbH
Schloss 1
09573 Augustusburg

Telefon
03 72 91/38 00

E-Mail
augustusburg@
schloesserland-
sachsen.de

Internet
www.schloesserland-
sachsen.de

Schloss Colditz

Schloss Colditz

Kultur/Museum –
Gesellschaft Schloss
Colditz e.V.
Schlossgasse 1
04680 Colditz

Telefon
03 43 81/4 37 77

E-Mail
colditz@
schloesserland-
sachsen.de

Internet
www.schloesserland-
sachsen.de

Herrschersitz, Jagdschloss, Witwenresidenz – mit seinen weißen Giebeln ist Schloss Colditz eines der schönsten und stilistisch reinsten mitteldeutschen Baudenkmäler des 16. Jahrhunderts. Wenn sich aber heute auf dem Schlossgelände Reisegruppen aus aller Welt drängen, dann liegt das meist weniger am Interesse für Renaissancearchitektur. Der Ansturm hat zeitgeschichtliche Gründe jüngerer Natur, denn der weitläufige Schlossbau war während des Zweiten Weltkriegs ein bedeutendes Internierungslager für hochrangige Offiziere der Westalliierten und wurde später durch das Buch „The Colditz Story" und den gleichnamigen Film weltberühmt. Vorrangig britische, niederländische und französische Militärangehörige waren hier inhaftiert, unter ihnen der Neffe Winston Churchills und der Neffe des damaligen englischen Königs George VI. Die Insassen des „Oflag (Offizierslager) IV C" zeigten sich aber nur begrenzt beeindruckt vom anmutigen Ambiente des Schlosses und wollten vor allem eines: weg. Etwa 300 dokumentierte Ausbruchsversuche von zum Teil unglaublicher Kreativität, darunter einige erfolgreiche, sind heute Legenden der Militärgeschichte. Geheime Radioräume hielten Kontakt mit der Heimat, Tunnel brachen sich ihren Weg durchs Gemäuer, sogar ein Segelflugzeug entstand – selbstverständlich berücksichtigt das „Fluchtmuseum" diesen Teil der Schlossgeschichte ausführlich. Aber auch der alte Wehrgang mit seinen mächtigen Mauern, das Fürstenhaus, das Renaissanceportal der Dreifaltigkeitskirche, der Turmbau mit der welschen Haube und die alte Steinbrücke beeindrucken Besucher immer wieder aufs Neue. Ebenfalls im Schloss angesiedelt sind die Landesmusikakademie Sachsen und die „Europa-Jugendherberge Schloss Colditz".

Festung Dresden

Vom kriegerischen Hintergrund höfischen Glanzes, von Fehden und Kampagnen zeugen die Überreste der Festung Dresden, deren unscheinbarer Eingang versteckt zwischen Kunstakademie und Albertinum liegt. Mächtige gemauerte Wälle rings um das über 400 Jahre alte Ziegeltor umgeben den Besucher, hier, wo Johann Friedrich Böttger in seinem Laboratorium tief unter der Jungfernbastei 1707 das europäische Porzellan erfand. Zu dieser Zeit bereits militärisch bedeutungslos geworden, konnte die Festung allerdings nicht verhindern, dass die Preußen die sächsische Residenzstadt im Siebenjährigen Krieg brandschatzten. Bei repräsentativer Prachtentfaltung erwiesen sich die sächsischen Herrscher einmal mehr weit geschickter als beim Umgang mit ihren Truppen oder in der Wahl militärischer Bündnispartner. Über dem Dunkel der Festungskasematten liegt die Brühlsche Terrasse, die im Auftrag des einflussreichen kurfürstlichen Günstlings Heinrich von Brühl geschaffen wurde. Das von einem Wehrbau in eine Flanieranlage umgestaltete Dresdner Wahrzeichen wird „Balkon Europas" genannt, weil sich dort seit jeher Menschen aus der ganzen Welt treffen – der Blick auf das Elbpanorama und die weißen Raddampfer ist ein unabdingbarer Bestandteil eines jeden Dresden-Besuchs. An die Zeit des Reichsgrafen Brühl erinnert noch heute der Delphinbrunnen – das Albertinum mit der Galerie Neue Meister, die Sächsische Kunstakademie mit ihrer weithin sichtbaren Kuppel und die zahlreichen Denkmäler und Statuen sind bereits Zeugnisse des Stolzes und der Kunstsinnigkeit des Dresdner Bürgertums.

Nächste Seite: Brühlsche Terrasse, Dresden

Schlösser
und Gärten Dresden
Georg-Treu-Platz 1
01067 Dresden

Telefon
03 51/4 38 37 03 20

E-Mail
festung.dresden@
schloesserland-
sachsen.de

Internet
www.schloesserland-
sachsen.de

Innenansicht der Festung Dresden

Großer Garten in Dresden

Die sächsische Hauptstadt selbst ist eine große Gartenlandschaft. Nur wenige Großstädte liegen der Natur so nah, in einem weithin grünen Bereich aus weitläufigen Gärten, ausgedehnten Parks und großzügigen Spiel- und Liegewiesen. Der beeindruckendste Park in der grünen Sachsenmetropole ist mit 147 Hektar Fläche der Große Garten. Kurfürst Johann Georg III. begann 1678 nach französischem Vorbild mit dem Bau der beliebtesten Dresdner Parkanlage mit ihren schnurgeraden Alleen. Das Palais am Schnittpunkt der Hauptachsen ist ein Juwel frühbarocker Baukunst. Als Festgebäude im Grünen wird es auch heute noch genutzt. In der warmen Jahreszeit sind die Freilichtbühnen und das Puppentheater des Großen Gartens immer gut besucht. Weitere Attraktionen sind der Botanische Garten und der Zoo, während am Rande des Parks die Produktion von Luxuswagen in der „Gläsernen Manufaktur" von Volkswagen moderne Akzente setzt. Für den Weg hinein in die weite Erlebnislandschaft nutzen große und kleine Besucher gern die Dresdner Parkeisenbahn, die traditionell von Dresdner Schülern betrieben wird.

Schlösser und Gärten Dresden
Geschäftsstelle Großer Garten/Kavaliershaus G,
Hauptallee 5
01219 Dresden

Telefon
03 51/4 45 66 00

E-Mail
grosser.garten@schloesserland-sachsen.de

Internet
www.schloesserland-sachsen.de

Palais mit Palaisteich im Großen Garten

Dresdner Stallhof

Schlösser und Gärten Dresden
Geschäftsstelle Zwinger,
Brühlsche Terrasse,
Stallhof, Theaterplatz
01067 Dresden

Telefon
03 51 / 4 38 37 03 12

E-Mail
stallhof@
schloesserland-
sachsen.de

Internet
www.schloesserland-
sachsen.de

Mitten in der Stadt, zwischen Schloss und Frauenkirche, befindet sich ein Stück der in Dresden sehr selten gewordenen Renaissancebaukultur: Der Stallhof, begrenzt durch das frühere Stallgebäude „Kurfürstlich Reissiger Stall" und den Langen Gang mit seinen toskanischen Säulen. Auf seiner Rückseite ist der 102 Meter lange „Fürstenzug" zu bewundern. Auf 25 000 Kacheln aus der Meissener Porzellanmanufaktur sind alle sächsischen Herrscher verewigt. Der Stallhof, ursprünglich als Turnier- und Festspielplatz für Hof und Adel angelegt, dient heute als stimmungsvolle Kulisse für Reitturniere, Theateraufführungen oder den mittelalterlichen Weihnachtsmarkt.

Langer Gang mit toskanischen Säulen im Stallhof Dresden

Dresdner Zwinger

Eigentlich ist ein „Zwinger" nur der freie Raum zwischen dem äußeren und dem inneren Ring der Stadtmauer. In Sachsens Hauptstadt Dresden aber entsteht hier das prächtigste Freigelände für die repräsentativen Festlichkeiten des europäischen Hochadels im frühen 18. Jahrhundert. Vorangetrieben von der architektonischen Leidenschaft Augusts des Starken, gewinnen anfänglich schlichte Pläne für eine neue Orangerie rasch an Umfang und Größe; der geniale Baumeister Matthäus Daniel Pöppelmann und der Bildhauer Balthasar Permoser schaffen hier ihr „höfisches Gesamtkunstwerk". Ein daran anschließender Schlossneubau lässt sich nicht mehr verwirklichen. Im 19. Jahrhundert treten Gottfried Sempers Gemäldegalerie und Staatsoper an seine Stelle. Im Zwinger finden die Besucher heute Museen der Staatlichen Kunstsammlungen Dresden, darunter die Porzellansammlung und die Gemäldegalerie Alte Meister. Im Sommer bildet der Zwinger eine stimmungsvolle Kulisse für eine Reihe von Open-Air-Veranstaltungen. Das versteckter gelegene Nymphenbad mit seinen heiteren Wasserspielen stillt das Ruhebedürfnis der Besucher.

Nächste Seite: Wallpavillon im Dresdner Zwinger

Schlösser und Gärten Dresden
Geschäftsstelle Zwinger,
Brühlsche Terrasse,
Stallhof, Theaterplatz
01067 Dresden

Telefon
03 51/4 38 37 03 11

E-Mail
zwinger@
schloesserland-
sachsen.de

Internet
www.schloesserland-
sachsen.de

Nymphenbad im Dresdner Zwinger

Burg Gnandstein

Die am besten erhaltene romanische Wehranlage Sachsens erhebt sich unweit der „Töpferstadt" Kohren-Sahlis. Aus altem meißnischen Adel stammten die Herren der Burg, die Familie derer von Einsiedel. „Einsiedlerisch" im Sinne von eng an einen Ort jenseits des Weltgetriebes gebunden, schienen die Burgherren tatsächlich gewesen zu sein, denn die Familie bewohnte Gnandstein ohne Unterbrechung vom späten 14. Jahrhundert bis zum Ende des Zweiten Weltkrieges, ohne je den Burgschlüssel aus der Hand gegeben zu haben. Vielleicht ist die Anlage deshalb, trotz zahlreicher Umbauten und Erweiterungen, eine der Ritterburgen Deutschlands, die den Geist uralter Zeiten besonders unmittelbar spürbar machen. Bergfried, Zwinger, Zinnen, Schildmauer – die Festung hoch über dem Flüsschen Wyhra ist ein Stein gewordener Traum aller Mittelalterfreunde. Beim Besteigen des Bergfrieds, im Kriegsfall allerletzter Fluchtort für die Burgbewohner, oder beim Besuch der spätgotischen Kapelle kann man sich noch heute in die unruhigen Zeiten zurückversetzen, in denen Sachsens Wohl in den Händen geharnischter Krieger lag. Damit nicht genug: Passend zur Mittelalter-Aura von Gnandstein existiert eine alte Sage, nach der noch heute ein Schatz auf dem Burggelände seiner Entdeckung harrt. Besucher des romanischen Trutzbaus gehen aber auch ohne einen Fund von Gold und Edelsteinen reich beschenkt von Gnandstein weg, denn die Ausstellung der Sammlung Groß gewährt dem Burgbesucher einen Blick auf rund 400 wertvolle Exponate aus sieben Jahrhunderten.

Burg Gnandstein
Burgstraße 3
04655 Kohren-Sahlis

Telefon
03 43 44/6 13 09

E-Mail
gnandstein@
schloesserland-
sachsen.de

Internet
www.schloesserland-
sachsen.de

Burg Gnandstein

Sachsen — Heidenau

Barockgarten Großsedlitz

Barockgarten
Großsedlitz
Parkstraße 85
01809 Heidenau

Telefon
0 35 29/5 63 90

E-Mail
grosssedlitz@
schloesserland-
sachsen.de

Internet
www.schloesserland-
sachsen.de

Großsedlitz zählt zu den bemerkenswertesten Gartenensembles Deutschlands. Seine außerordentliche Bedeutung liegt darin begründet, dass sich in seiner Formgebung die Handschrift eines herausragenden sächsischen Herrschers erkennen lässt. Nachdem sich Reichsgraf von Wackerbarth hier im Jahr 1719 seinen Ruhesitz erbaut hatte, veräußerte er das Gelände wenige Jahre später – wohl nicht ganz freiwillig – an August den Starken persönlich. Der neue Besitzer ließ das Areal vollständig umgestalten, wobei die Planung auf Skizzen aus des Kurfürsten eigener Hand fußte. Nicht weniger als ein sächsisches Versailles sollte hier entstehen. Letztlich blieb Großsedlitz aber unvollendet – akuter Geldmangel am traditionell ausgabefreudigen Dresdner Hof ließ die schöpferische Fantasie an der monetären Realität zerschellen. Trotzdem: Schon die letztlich ausgeführten 12 Hektar sind so prachtvoll, dass man sich kaum ausmalen kann, wie der Park in seiner geplanten Ausdehnung von 96 Hektar ausgesehen hätte. Das weitläufige terrassierte Gelände zeigt sich heute als Gartenkunstwerk mit zwei Orangerien, Wasserspielen und rund 60 Skulpturen. Beim Rundgang offenbaren sich immer wieder neue Sichtachsen, die die Raffinesse des planerischen Könnens noch heute offenbaren. Besonders in den Sommermonaten, wenn exotische Pflanzen und Orangenbäume den Park mit Duft und Farben erfüllen, kann sich der Besucher selbst ein Bild von der Vorstellungskraft des hochwohlgeborenen Schöpfers von Großsedlitz machen.

Unteres Orangerieparterre im Barockgarten Großsedlitz

Schloss Weesenstein mit Schlosspark

Schloss Weesenstein

Einer Perle gleich wuchs Weesenstein Schicht um Schicht. Das Schloss, das sich seit 700 Jahren über das Müglitztal erhebt, wurde immer wieder umgebaut, teilweise abgerissen und dem Zeitgeschmack entsprechend verändert, weshalb sich hier Stilelemente von der Gotik bis zum Klassizismus finden. So entstand ein Unikum unter den sächsischen Schlössern, das über die Jahrhunderte hinweg den Hang hinab und seinen Besitzern gelegentlich über den Kopf wuchs. Hier, auf seinem Lieblingsschloss, arbeitete der feinsinnige Prinz Johann an seiner Übersetzung von Dantes „Göttlicher Komödie", bevor er die sächsische Königswürde annahm. Heute erkunden Besucher sein verwinkeltes Treppenreich: Im fünften Stock stoßen sie auf einen Pferdestall, während die herrschaftlichen Gemächer des 18. und 19. Jahrhunderts mit ihren wertvollen Tapeten ein Stockwerk unterhalb des Kellers zu finden sind. Im „Mönchsgang" spukt derweil der verirrte Geist eines einstigen Schlossherrn. Vielleicht verhindern ja die überall zu findenden illusionistischen Fassadenmalereien, dass er in all dieser Wirrnis Frieden findet – hier, in diesem merkwürdigen Schloss, an dem selbst die Fenster oft genug Täuschung sind, denn jedes dritte ist nur aufgemalt. Kurzum: Wer sich die Freude am Labyrinthischen und Unerwarteten bewahrt hat, der findet in der heimlichen Residenz des Königs Johann immer sein kleines Abenteuer. Anschließende Erholung gewähren ein Spaziergang im Schlosspark, ein Besuch des Restaurants „Königliche Schlossküche" oder ein Krug vom guten Weesensteiner Schlossbräu, dessen Tradition bis ins 16. Jahrhundert zurückreicht.

Schloss Weesenstein
Am Schlossberg 1
01809 Müglitztal

Telefon
03 50 27/62 60

E-Mail
weesenstein@
schloesserland-
sachsen.de

Internet
www.schloesserland-
sachsen.de

Innenansicht der Schlosskapelle von Schloss Weesenstein

Burg Kriebstein

Die Flößer schlugen ein Kreuz, wenn sie die schroffe Klippe der ockerfarbenen Burg Kriebstein erreichten: Ab hier war die Zschopau halbwegs gezähmt und die Landschaft sicher – in Friedenszeiten jedenfalls. Zu dem wehrhaft-schroffen Granulitfelsen, auf dessen äußerster Spitze das spätgotische Kleinod erbaut wurde, führt heute die steilste Straße Sachsens hinauf. Einmalig ist schon der 45 Meter hohe Wohnturm mit seinen sechs Dacherkern, der dem ersten Burgbesitzer Dietrich von Beerwalde vor über 600 Jahren als Wohnsitz diente. Er beinhaltet das vollständig bemalte Kriebsteinzimmer aus der Zeit um 1423. Ebenso einmalig sind die illusionistischen Wandmalereien im Schatzgewölbe aus dem 15. Jahrhundert, die Marienszenen in der Kapelle von 1410 und natürlich der Alexiusaltar. Im Jahr 1986 wurde im Schornstein des Wohnturms ein Schatz entdeckt, dessen Preziosen heute im Schatzgewölbe ausgestellt sind. Ein facettenreiches Veranstaltungsprogramm sorgt für kulturelles Leben auf dem steilen Felsen: vom Mittelalterfest über die „Burg der Märchen", Rockkonzerte und stilvolle Ritteressen bis hin zu schaurig-geheimnisvollen Führungen durch uralte Mauern.

Nächste Seite: Burg Kriebstein

Burg Kriebstein
09648 Kriebstein

Telefon
03 43 27/95 20

E-Mail
kriebstein@
schloesserland-
sachsen.de

Internet
www.schloesserland-
sachsen.de

Schlosskapelle von Burg Kriebstein

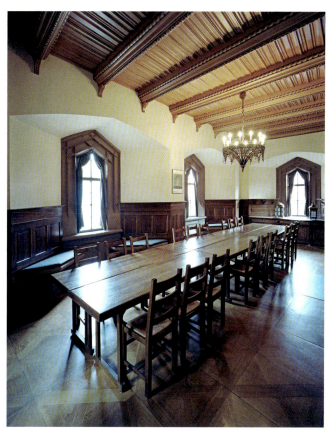

Kleiner Festsaal von Burg Kriebstein

Schloss & Park Lichtenwalde

Was Lichtenwalde von allen anderen sächsischen Schlössern unterscheidet, ist sein ungeheurer Reichtum an Wasserspielen. Ganze 100 davon, mit insgesamt über 400 einzelnen Springstrahlen, sind über den Barockgarten verteilt und durch einen ausgeklügelten Kreislauf verbunden. Gerade im Frühling kann der Besucher hier eine Sinfonie aus Blätterrauschen, Brunnengeplätscher und Blütenduft erleben – nicht umsonst wurde Lichtenwalde zu einem der schönsten Parkensembles der Republik gekürt. Nähert man sich dem Schloss über die Allee, so ist man fast sprachlos ob der feinsinnigen Gestaltung dieses grünen Ortes der Ruhe. Der terrassierte Park, der den Übergang vom Barock zum Rokoko vorzüglich illustriert, erschließt sich dem Auge nie in seiner Gesamtheit. Immer wieder wird der Blick auf verspielte Details wie antike Amphoren, Statuen oder Blütenrondelle gelenkt – oder aber hinaus aus dem künstlichen Garten in die ursprüngliche Natur des nahen Zschopautals, das heute ein Landschaftsschutzgebiet ist. Das Schloss selbst beherbergt mehrere ethnologische Sammlungen, die sich unter der thematischen Klammer „Begegnungen der Kulturen" den Zivilisationen Asiens und Afrikas widmen. Auch dem Scherenschnitt-Museum mit seinen filigranen zweidimensionalen Preziosen sollte man unbedingt seine Aufwartung machen – es zählt zu den ganz wenigen seiner Art in Deutschland.

Schloss & Park Lichtenwalde
Schlossallee 1
09577 Lichtenwalde

Telefon
03 72 91/38 00

E-Mail
lichtenwalde@schloesserland-sachsen.de

Internet
www.schloesserland-sachsen.de

Schloss Lichtenwalde mit Schlosspark

Sachsen ■ Leisnig

Burg Mildenstein

Burg Mildenstein
Burglehn 6
04703 Leisnig

Telefon
03 43 21/6 25 60

E-Mail
mildenstein@
schloesserland-
sachsen.de

Internet
www.schloesserland-
sachsen.de

Die mächtige Burg Mildenstein zählt zu den ältesten Burganlagen Sachsens, schon im Jahr 1046 taucht ihr Name erstmals urkundlich auf. Nacheinander halten hier Salierkönige, die Staufer unter Kaiser Barbarossa, der die Burg großzügig ausbauen ließ, später die wettinischen Markgrafen Hof. Unter ihnen wurde Mildenstein Gerichtshof und berüchtigtes Gefängnis. Noch heute lassen die Folterwerkzeuge und vielfach verriegelten Türen hinter meterdicken Mauern jene Besucher erschauern, die zuvor noch der Anblick des 3,70 Meter hohen »Döbelner Riesenstiefels« erheiterte. Bauhistorisch bedeutsam sind die Holzkonstruktion des gotischen Kornhausbodens, der Bergfried und die romanische Burgkapelle mit ihrem dreiflügeligen Altar ebenso wie die mittelalterlichen Rittersäle. Die schiere Größe der Burganlage lässt Mehrfachnutzungen zu: Ausstellungen und Konzerte begleiten die Besucher durch das Jahr. Köstlichkeiten, die damals dem Kurfürsten in festlich ausgeleuchteten Sälen serviert wurden, werden auch heute noch zum Martinstag von Truchsessen und Pagen gereicht. Zugleich können die rustikalen Rittersäle für private Feiern genutzt werden und auch Heiratswilligen überlässt Mildenstein gern für einen Tag die Herrschaft über die Burg. Die Dauerausstellung im Vorderschloss von Mildenstein informiert umfassend über die fast 1000-jährige Geschichte des steinernen Machtsymbols und lässt auf lebhafte Weise die Zeiten wiederauferstehen, in denen die Burg ein Ort nicht immer feinfühliger feudaler Gerichtsbarkeit war.

Burg Mildenstein

Großer Rittersaal von Burg Mildenstein

Albrechtsburg Meissen

Albrechtsburg Meissen
Domplatz 1
01662 Meißen

Telefon
0 35 21/4 70 70

E-Mail
albrechtsburg@
schloesserland-
sachsen.de

Internet
www.schloesserland-
sachsen.de

„Wo ist der Berg, darauf drey Schlösser steh'n und nebenher drey Wässer geh'n?", fragt ein alter Vers. Des Rätsels Lösung ist „Meißen", denn hier, wo der Burgberg von Elbe, Triebisch und Meisa umflossen wird, residierten in alten Zeiten hoch über der Stadt Markgrafen, Bischöfe und Burggrafen. Die Präsenz dieser Mächte auf engstem Raum demonstriert eindrücklich die einstige Bedeutung der „Wiege Sachsens". Mit der Albrechtsburg wurde dort der erste deutsche Schlossbau und zugleich ein meisterliches Bauwerk geschaffen, dessen kühne architektonische Lösungen und Gestaltungsideen noch heute beeindrucken. Hohe Turmspitzen, lichte Fassaden und weite Fensterflächen spiegeln sich in den Wassern der Elbe und prägen das Panorama des Tales. Doch Tragik der Geschichte: Das Juwel auf hohem Fels blieb für Jahrhunderte nahezu ungenutzt. Erst durch den Willen Augusts des Starken zog 1710 mit der ersten europäischen Porzellanmanufaktur neues Leben in das Schloss ein, und das „Weiße Gold" trat von Meißen aus seinen Triumphzug durch Europa an. Ausstellungen auf drei Etagen erinnern an diesen Geniestreich abendländischen Erfindergeistes, und unter reich verzierten Zellengewölben hinter prächtigen Vorhangbogenfenstern findet der Besucher ein wahres Bilderbuch sächsischer Geschichte. Der benachbarte Dom, ein Meisterwerk der Gotik, lädt ebenso zu einem Besuch ein wie die nie zerstörte Meißner Altstadt mit ihren roten Ziegeldächern.

Böttger zeigt August dem Starken das Arkanum

Burgberg Meißen mit Schloss Albrechtsburg

Fasanenschlösschen Moritzburg

Schloss Moritzburg und Fasanenschlösschen
01468 Moritzburg

Telefon
03 52 07/87 30

E-Mail
fasanenschloesschen@schloesserland-sachsen.de

Internet
www.schloesserland-sachsen.de

Hier wird nur wenigen Besuchern Einlass gewährt, denn dieser Solitär unter den deutschen Schlössern ist einfach zu klein für Menschenmassen. So bleibt ein Gang durch das Fasanenschlösschen das exklusive Vergnügen, das es auch früher schon war. Östlich vom Jagdschloss Moritzburg in eine sanfte Kulturlandschaft eingebettet, ist das 1770 errichtete Repräsentationsobjekt des Dresdner Hofes das einzige im Stil des Spätrokoko erhaltene Schloss in Sachsen. Dank einer großzügigen Zuwendung eines anonymen Spenders konnte es von Grund auf restauriert werden und präsentiert sich heute wieder in seiner filigranen Pracht. Auf kleinstem Grundriss im damals hochmodischen chinoisen Stil errichtet, beherbergte das Schlösschen eine vollständige Hofhaltung im Kleinformat. Original restaurierte Möbel, Öfen und Wandgemälde sowie eine Sammlung von Vogelpräparaten ziehen die Blicke im Inneren des Hauses auf sich. Beim Flanieren in den Außenanlagen kann sich der Gast in die höfische Welt des 18. Jahrhunderts zurückversetzen. Besonders pittoresk und skurril sind die Mole und der rot-weiße Backsteinleuchtturm in unmittelbarer Nähe, Zeugnisse des Zeitgeistes jener Epoche. Hier träumten die Edlen des Binnenlandes Sachsen ihren Traum von gloriosen Seeschlachten, die in Ermangelung einer echten Flotte aber nur mit Komparsen, einer übersichtlichen Zahl von Wasserfahrzeugen und einer gehörigen Portion Fantasie realisiert werden konnten. Zumindest aber bot das Fasanenschlösschen seinen Herrschaften ein Zimmer mit echtem „Meerblick" – dieser eröffnet sich heute auch dem Gast von nicht hochwohlgeborenem Blut.

Fasanenschlösschen Moritzburg

Schloss Nossen

Wechselvolle Geschicke schaffen besonders reizvolle Bauwerke. Das gilt auch und vor allem für das Schloss Nossen. Die Ersterwähnung des Vorgängerbaus, einer Ritterburg, geht auf einen Rechtsstreit der Besitzer, der Herren von Nuzzin, im Jahr 1185 zurück. Ab 1554 baut Kurfürst August das alte Gemäuer zu einem Renaissance-Jagdschloss um und verschaffte der Architektur der ehemals so finsteren Festung das gewisse Maß an Leichtigkeit, das den Geist des kulturellen Aufbruchs jener Ära europäischer Geschichte noch heute spürbar werden lässt. Ehemalige Arrestzellen und authentische Nachbauten mittelalterlicher Folterinstrumente hingegen zeugen von der dunklen Seite dieses Ortes, an dem lange Zeit ein Gericht seine unerbittlichen Urteile fällte. Auch Gräfin Cosel, die berühmte Geliebte des sinnenfrohen Sachsenherrschers August des Starken, ist Teil der Geschichte des Schlosses Nossen. Dreißig Tage lang wurde die schwer kranke Mätresse hier im Jahr 1716 gepflegt, bevor sie auf die Festung Stolpen gebracht wurde, auf der sie erst 49 Jahre später einsam sterben sollte. Heute beherbergt Schloss Nossen eine einzigartige historische Bibliothek mit 6000 Bänden, deren in Leder gebundene Kostbarkeiten Forscher von weither anlocken. Besucher, die sich für die Geschichte des sächsischen Adels interessieren, können sich in den Ausstellungsräumen der Festung auf eine spannende Reise durch die Chroniken der blaublütigen Geschlechter begeben, die für viele Jahrhunderte zwischen Vogtland und Lausitz herrschten.

Schloss Nossen
Am Schloss 3
01683 Nossen

Telefon
03 52 42/5 04 30

E-Mail
nossen@
schloesserland-
sachsen.de

Internet
www.schloesserland-
sachsen.de

Schloss Nossen

Sachsen – Dresden

Schloss & Park Pillnitz

Schlösser
und Gärten Dresden
Geschäftsstelle
Schloss & Park Pillnitz
August-Böckstiegel-Straße 2
01326 Dresden

Telefon
03 51/2 61 32 60

E-Mail
pillnitz@
schloesserland-
sachsen.de

Internet
www.schloesserland-
sachsen.de

Kurfürst August der Starke, Herrscher mit übergroßem Hang zur Weiblichkeit, erwarb das Schloss einst für seine Favoritin Anna Constantia von Cosel, die eilends mit der barocken Umgestaltung von Pillnitz begann. Als Sachsens berühmteste Mätresse „aus vielfältigen Gründen" in Ungnade fiel, ließ August höchstselbst das Berg- und das Wasserpalais nach Plänen des Barockarchitekten Matthäus Daniel Pöppelmann errichten. Die grandiose, direkt an der Elbe gelegene Schloss- und Parkanlage gilt als Schulbeispiel des chinoisen Stils, der die Architektur des fernen Ostens mit der des Barock verschmelzen lässt. Am besten nähert man sich dem Lustschloss mit den markanten Pagodendächern auf einem Elbdampfer, denn auch die ehemaligen Bewohner zogen für ihre Anreise zumeist den Wasserweg vor und ließen sich gern mit fantasievoll gestalteten Gondeln auf der Elbe spazieren fahren. Der Englische, der Holländische und der Chinesische Garten der weitläufigen Anlage laden den Besucher zum Flanieren ein, die Orangerie und das in neuer Pracht erstandene Palmenhaus locken botanisch Interessierte ebenso zum Begutachten ihrer exotischen Kostbarkeiten wie die berühmte 250-jährige japanische Kamelie. Dieser bemerkenswerte Zierbaum ist so wertvoll, dass er in Pillnitz sogar ein eigenes Haus bewohnen darf. Im Schloss selbst eröffnet im Frühjahr das Kunstgewerbemuseum seine Pforten, im Schlossmuseum erzählt die Dauerausstellung Details der bewegten Geschichte dieser ehemals königlich sächsischen Sommerresidenz, die nie etwas anderes sein wollte als ein hochherrschaftliches „Spielschloss" fern von allen Widrigkeiten des politischen Tagesgeschäftes der Residenzstadt Dresden.

Detailansicht Wasserpalais Schloss & Park Pillnitz

Lustgarten, Bergpalais und Neues Palais Schloss und Park Pillnitz

Schloss Moritzburg

Nach Herzog Moritz, der sich 1542 nahe seiner Residenz Dresden ein Jagddomizil errichtete, ist das wohl schönste Wasserschloss Sachsens benannt. Ab 1723 lässt Kurfürst August der Starke unter Leitung von Matthäus Daniel Pöppelmann – bekannt als Architekt des Dresdner Zwingers – das Schloss prachtvoll umbauen, um einen angemessenen Rahmen für seine rauschenden Feste zu schaffen. Inmitten einer weitläufigen Teich- und Parkanlage entstand so ein viertürmiges Barockjuwel in Ocker und Weiß, dessen Pracht sich in künstlich angelegten Teichen anmutig widerspiegelt. Nicht umsonst diente das Schloss dem legendären Märchenfilm „Drei Haselnüsse für Aschenbrödel" als zauberhafte Kulisse. Eine der bedeutendsten Jagdtrophäensammlungen Europas ist heute nur einer der Schätze von Schloss Moritzburg. Das „Federzimmer" wurde sogar mit dem „Europäischen Preis zum Erhalt des kulturellen Erbes" ausgezeichnet – weit über eine Million farbiger Vogelfedern wurden in diesem Raum zu einem einmaligen Gesamtkunstwerk zusammengefügt, das dem Schlossherrn ein Schlafgemach bot, wie es auf der Welt kein zweites gab. Ebenso beeindruckend sind die bemalten Goldledertapeten an den Wänden des kurfürstlichen Refugiums, und keinesfalls sollte der Moritzburg-Besucher einen Abstecher zum Fasanenschlösschen versäumen, das zu Fuß oder mit der Pferdekutsche in wenigen Minuten zu erreichen ist. Auch heute hat Moritzburg wenig von seiner kulturellen Bedeutung verloren, was beim jährlichen „Moritzburg Festival" für Kammermusik und der frühherbstlichen „Hengstparade" im ehemals königlichen Landgestüt vor den Toren des Schlosses spürbar wird.

Nächste Seite: Monströsensaal in Schloss Moritzburg

Schloss Moritzburg und Fasanenschlösschen
01468 Moritzburg

Telefon
03 52 07/87 30

E-Mail
moritzburg@
schloesserland-
sachsen.de

Internet
www.schloesserland-
sachsen.de

Schloss Moritzburg

Sachsen ▪ Rammenau

Barockschloss Rammenau

Barockschloss
Rammenau
Am Schloss 4
01877 Rammenau

Telefon
0 35 94 / 70 35 59

E-Mail
rammenau@
schloesserland-
sachsen.de

Internet
www.schloesserland-
sachsen.de

An den Ausläufern des Lausitzer Berglandes befindet sich die einzige vollständig erhaltene Rittergutsanlage Sachsens. Umfassend restauriert erstrahlt Schloss Rammenau als ein Meisterwerk des sächsischen Landbarock. Nachdem der Bau des Herrensitzes den ersten Besitzer ruiniert hatte, ersteigerte die Familie von Hoffmann das herrschaftliche Ensemble. Ihr berühmtester Spross war Johann Centurius von Hoffmann, Reichsgraf von Hoffmansegg, Botaniker und Insektenkundler von höchstem Ansehen – ein Glücksfall für die Wissenschaft in Sachsen, denn der neue Besitzer gab intellektueller Schöpferkraft und Bildung in Rammenau eine neue Heimat. Das Innere des Schlosses ist ein vor Abwechslung sprühendes Schatzkästchen spätbarocker und frühklassizistischer Raumgestaltung. Chinesisches und Pompejianisches Zimmer, Vogelzimmer, Pfauenzimmer, Jagdzimmer und das Treppenhaus mit seinen Wandmalereien legen Zeugnis vom Geist des gebildeten Landadels ab. Im imposanten Spiegelsaal erklingt bis heute regelmäßig Musik. Vielleicht hat der in allen Winkeln des Schlosses spürbare Genius loci auch dem Lebensweg des größten Sohnes des Ortes den entscheidenden Anstoß gegeben, denn Johann Gottlieb Fichte, einer der führenden Philosophen seiner Zeit, wurde 1762 in Rammenau geboren. Vielfalt und ästhetische Fülle findet der Gast hier übrigens nicht nur bei der Innenarchitektur, sondern auch in kulinarischer Hinsicht. Der Küchenmeister und die Kammerzofen kredenzen in den historischen Speisesalons außergewöhnliche Menüs, die Lausitzer Bodenständigkeit und mediterrane Frische gekonnt zu kombinieren wissen.

Spiegelsaal von Schloss Rammenau

Barockschloss Rammenau mit Schlosspark

Sachsen – Rochlitz

Schloss Rochlitz

Schloss Rochlitz

Schloss Rochlitz
Sörnziger Weg 1
09306 Rochlitz

Telefon
0 37 37/49 23 10

E-Mail
rochlitz@
schloesserland-
sachsen.de

Internet
www.schloesserland-
sachsen.de

Im 10. Jahrhundert diente diese Burganlage der Sicherung des hart erkämpften Sieges über die Westslawen. Heute, mehr als ein Jahrtausend später, erheben sich die Rochlitzer Türme „Lichte Jupe" und „Finstere Jupe" noch immer hoch über der Zwickauer Mulde und lassen das Schloss wie einen wehrhaften Dom erscheinen. Wer sich auf diesen Ort einlässt, erfährt etwas von den Stürmen der Geschichte, die die deutsche Ostsiedlung im Hochmittelalter begleiteten. Später hielten hier Kaiser, Könige und Kurfürsten Hof. Kriege und Belagerungen gehörten ebenso zum Schicksal der Anlage – noch heute tragen die mächtigen Mauern Narben von Kugeln aus dem Dreißigjährigen Krieg. Doch die Geschichte von Schloss Rochlitz bietet auch hellere Seiten. Dedo von Groitzsch ließ hier undurchdringliche Wälder roden und trieb die Besiedlung des Rochlitzer Landes voran, Markgraf Wilhelm der Einäugige und später die Kurfürsten Ernst und Albrecht veranlassten den Umbau der trutzigen Burg in ein Wohnschloss. Herzogin Elisabeth von Sachsen machte sich um die Einführung der Reformation verdient und versuchte, im Schmalkaldischen Krieg zwischen den Fronten zu vermitteln. Jede Generation von Schlossherren hat Rochlitz ihren Stempel aufgedrückt, und im Inneren lassen sich zahlreiche architektonische Kleinode entdecken. Gotische Fenster, filigrane Kreuzgewölbe, Wehrgänge, Verliese, die große Hofküche und die Folterkammer ziehen jeden in den Bann, der sich gern in längst vergangene Zeiten zurück träumt. Eine besondere Attraktion auf Schloss Rochlitz ist die Ausstellung zum „Lebendigen Fürstenzug", die mit ihren prächtigen Kostümen die Protagonisten des berühmten Dresdner Wandbildes wieder zum Leben erweckt.

Burg Scharfenstein

Über Jahrhunderte lebte das Erzgebirge von dem, was ihm seinen Namen gab – vor allem der Silberbergbau hatte aus dem malerischen Mittelgebirge einen prosperierenden Landstrich gemacht. Als aber die Hauer im 16. Jahrhundert immer weniger vom weißen Erz aus den Stollen brachten, mussten sich die Menschen der Region andere Einkommensquellen suchen. So wurde das, was vorher ein Zeitvertreib für lange Winterabende war, zum Broterwerb: die Herstellung von Holzspielzeug und Weihnachtsschmuck. Die Früchte dieser reichen Handwerkstradition kann man heute auf Burg Scharfenstein besichtigen, denn die fast 800-jährige Festung besitzt mit der Sammlung Martin einen einzigartigen Schatz von Volkskunstobjekten und Spielzeugen aus dem gesamten Erzgebirge. Scharfenstein gilt als die „Familien- und Erlebnisburg" unter den sächsischen Burgen, denn erleben und staunen, spielen und entdecken, probieren und mitmachen kann man hier aufs Beste. Märchenwochenenden, Schnitz-, Mal- und Klöppelworkshops für Kinder gehören ebenso zum Programm wie thematische Führungen für kleine Besucher. Aber auch die Großen können sich in den Ausstellungen zur Volkskunsttradition, zur Burggeschichte und zum „erzgebirgischen Robin Hood" Karl Stülpner gut unterhalten lassen und einiges Lehrreiches über die alte westsächsische Kulturregion erfahren. Wer also dem reifengedrehten Holztier, dem Räuchermann, dem Schwibbbogen oder der Weihnachtspyramide so nah wie sonst nirgends kommen möchte, sollte Burg Scharfenstein baldigst erobern!

Burg Scharfenstein
Schlossberg 1
09435 Scharfenstein

Telefon
0 37 25/7 07 20

E-Mail
scharfenstein@
schloesserland-
sachsen.de

Internet
www.schloesserland-
sachsen.de

Burg Scharfenstein

Burg Stolpen

Burg Stolpen
Schlossstraße 10
01833 Stolpen

Telefon
03 59 73/2 34 10

E-Mail
stolpen@
schloesserland-
sachsen.de

Internet
www.schloesserland-
sachsen.de

Eine Wehranlage „von geschrothenem Holze" soll schon um das Jahr 1100 da gestanden haben, wo sich heute die Burg Stolpen dem Besucher zeigt. Erstmals gesichert erwähnt wurde der Bau im Jahr 1222. Die folgenden achthundert Jahre sahen viel Licht und noch mehr Schatten, denn Stolpen hat in den Stürmen europäischer Staatsfehden immer wieder leiden müssen. Hussiten, Schweden, Preußen und Franzosen haben der Festung Narben geschlagen, Pest und Brände zogen über sie hinweg. Wahre Berühmtheit erlangte die Burg aber nicht durch Kriegshandwerk und Katastrophen, sondern durch Ränkespiele am sächsischen Hof, denen Stolpen seine berühmteste und langjährigste Bewohnerin verdankt. Fast ein halbes Jahrhundert lang, bis zu ihrem Tod im Jahr 1765, musste Anna Constantia Reichsgräfin von Cosel verbannt hinter den Mauern der Burg ausharren. Die lebenslustige, schöne und kluge Frau, langjährige Mätresse Augusts des Starken und Mutter dreier seiner Kinder, hatte sich durch angebliche Einmischung in politische Geschäfte Feinde am Dresdner Hof gemacht und wurde schließlich Opfer des politischen Opportunismus ihres kurfürstlichen Bettgenossen. Hart wie das Schicksal der Cosel ist auch das Gestein, auf dem die Burg gebaut ist. Basalt, der der Wehranlage einen wie von Hand der Natur schraffierten Sockel gibt, wurde erstmals in Stolpen wissenschaftlich beschrieben, weshalb das charakteristische Gestein des Burgberges, ebenso der tiefste unausgebaute Basaltbrunnen der Erde, den Status eines Nationalen Geotops besitzt.

Burg Stolpen

Sachsen-Anhalt

Stiftung Dome und Schlösser
in Sachsen-Anhalt

Stiftung
Kloster Michaelstein

Musikakademie Sachsen-Anhalt
für Bildung und Aufführungspraxis

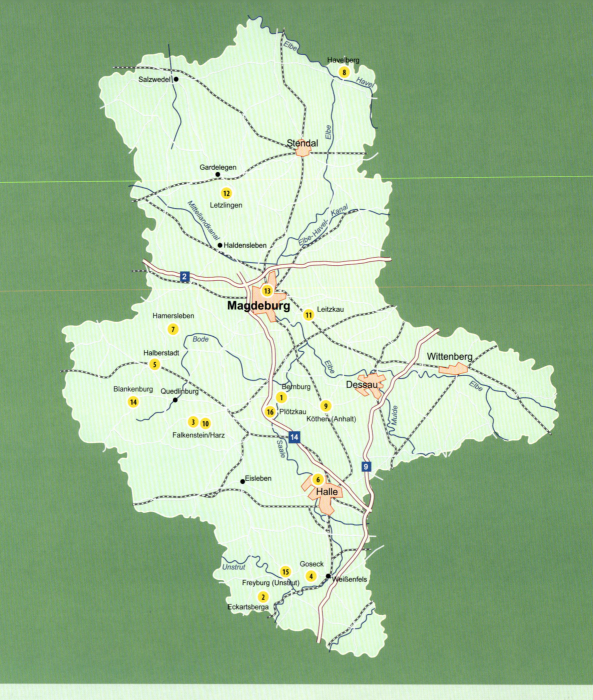

Bernburg
1 Schloss Bernburg S. 234

Eckartsberga
2 Eckartsburg S. 235

Falkenstein im Harz
3 Burg Falkenstein im Harz S. 236
10 Konradsburg S. 244

Goseck
4 Schloss Goseck S. 238

Halberstadt
5 Dom St. Stephanus und St. Sixtus S. 239

Halle (Saale)
6 Dom S. 240

Hamersleben
7 Stiftskirche St. Pankratius S. 241

Havelberg
8 Dom St. Marien S. 242

Köthen (Anhalt)
9 Schloss Köthen S. 243

Leitzkau
11 Schloss Leitzkau S. 245

Letzlingen
12 Jagdschloss Letzlingen S. 246

Magdeburg
13 Dom St. Mauritius und St. Katharina S. 248

Blankenburg
14 Kloster Michaelstein S. 249

Freyburg (Unstrut)
15 Schloss Neuenburg S. 250

Plötzkau
16 Schloss Plötzkau S. 252

Museumspädagogisches Projekt auf der Burg Falkenstein

Stiftung Dome und Schlösser in Sachsen-Anhalt

Ein außergewöhnlich reicher und vielfältiger Denkmalbestand aus den unterschiedlichsten Epochen deutscher Baugeschichte ist in Sachsen-Anhalt erhalten geblieben. Vielerorts gewähren Burgen und Schlösser ebenso wie Kirchen, Dome und Klöster als steinerne Zeugen der Geschichte einen Blick in die Vergangenheit.

Für jene landesgeschichtlich wie bau- und kunsthistorisch bedeutenden Burgen und Schlösser, die in Landesbesitz waren, wurde 1996 eine öffentlich-rechtliche Stiftung errichtet. Die Landesregierung beauftragte sie, die Liegenschaften zu verwalten, baulich zu betreuen, wissenschaftlich zu erforschen und der Öffentlichkeit zugänglich zu machen. Die gleiche Zielsetzung wurde mit der Gründung einer öffentlich-rechtlichen Stiftung für hochrangige landeseigene Sakralbauten verfolgt. Aus beiden ist 2005 die Stiftung Dome und Schlösser in Sachsen-Anhalt mit Sitz im Renaissanceschloss Leitzkau hervorgegangen. Sie ist sowohl für die Schlösser Leitzkau, Köthen, Bernburg und Plötzkau, das Jagdschloss Letzlingen, die Schlösser Neuenburg und Goseck sowie die Eckartsburg, die Konradsburg und die Burg Falkenstein zuständig. Unter Wahrung des Nutzungs- und Präsentationsrechtes seitens der Kirche werden die Dome in Magdeburg, Havelberg, Halberstadt und Halle sowie die Stiftskirche in Hamersleben betreut. Zugleich befindet sich der Domschatz zu Halberstadt im Stiftungseigentum, den es konservatorisch zu betreuen gilt. Diese Aufgabe steht ebenfalls für landeseigenes Kunst- und Kulturgut an, das auf Schloss Wernigerode verwahrt wird. Mehrere Sonderausstellungen wurden damit ermöglicht.

Darüber hinaus bereichert es auch die ständigen Ausstellungen in den stiftungseigenen Museen. Ein weiteres wichtiges Arbeitsgebiet stellt die Verwaltung der Stiftung Kloster Michaelstein – Musikakademie Sachsen-Anhalt für Bildung und Aufführungspraxis dar.

Das Hauptaugenmerk der Stiftung Dome und Schlösser in Sachsen-Anhalt ist auf die Bewahrung des ihr anvertrauten Kulturerbes gerichtet. Dies umfasst sowohl die grundhafte und nachhaltige Sanierung und Restaurierung der Bauwerke und Kunstschätze als auch deren denkmalverträgliche Nutzung und Präsentation. In den meisten Schlössern und Burgen befinden sich museale Einrichtungen, die zum Teil von der Stiftung selbst betrieben werden oder in anderweitiger Trägerschaft stehen. Zum Erhalt der Gotteshäuser tragen unter anderem ein reges Gemeindeleben, aber auch kulturelle Veranstaltungen bei. Die Pflege und Vermittlung des musikalischen Erbes erfüllt das Kloster Michaelstein mit Leben.

Die Burgen und Schlösser, Dome, Kirchen und Klöster der Stiftung erwarten Ihren Besuch. Reisen Sie auf der bekannten Touristikroute „Straße der Romanik" zu hochmittelalterlichen Bauwerken, erleben Sie glanzvolle Höhepunkte gotischer Baukunst, entdecken Sie Kleinode der Renaissance und genießen Sie Kultur in einzigartiger historischer Umgebung.

Die Stiftung Dome und Schlösser in Sachsen-Anhalt ist per Telefon unter 03 92 41/93 40, per E-Mail unter leitzkau@dome-schloesser.de und im Internet unter www.dome-schloesser.de erreichbar.

Sachsen-Anhalt ■ Bernburg (Salzlandkreis)

Schloss Bernburg, links der Wolfgang-Bau mit den so genannten Leuchten

Schloss Bernburg

Schloss Bernburg
Schlossstraße 24
06406 Bernburg

Museum
Schloss Bernburg

Telefon
0 34 71/62 50 07

Internet
www.museum
schlossbernburg.de

www.dome-
schloesser.de

Schon Wilhelm von Kügelgen schwärmte von der „Krone Anhalts", die hoch über dem Saaletal thront. Ein Vorgängerbau, die „Berneburch", wurde 1138 erstürmt und niedergebrannt. Wenig später ließ Albrecht der Bär den Witwensitz seiner Mutter wieder errichten. Von der romanischen Wehranlage kündet der imposante Bergfried, auch „Eulenspiegelturm" genannt. Außerdem blieben Reste der einstigen Burgkapelle erhalten. Weitere, im Kern mittelalterliche Gebäude sind das „Alte" und das „Krumme Haus" sowie der „Blaue Turm", die in gotischer Formensprache entstanden.

Im 16. Jahrhundert erfolgte der Ausbau der Burg zu einem der prächtigsten Renaissanceschlösser Mitteldeutschlands. Fürst Wolfgang von Anhalt, ein Freund Luthers und Befürworter der Reformation, beauftragte 1538 Andreas Günther mit dem Umbau. Ein weithin sichtbares Zeichen setzen die beiden Runderker, die so genannten Leuchten, an der Westseite des Wolfgang-Baus. Bemerkenswert sind vor allem die Fassadenreliefs mit den Bildnissen protestantischer Fürsten und Kaiser Karls V. Joachim Ernst von Anhalt, Wolfgangs Nachfolger, ließ den Bau von 1567 bis 1570 fortsetzen. Mit der Ausführung betraute er Nickel Hoffmann, der wie Andreas Günther zu den damals bedeutendsten Baumeistern Mitteldeutschlands gehörte.

Von 1603 bis 1765 war das Schloss Residenz der Fürsten von Anhalt-Bernburg, die bis in das 18. Jahrhundert hinein bauliche Veränderungen vornahmen. Danach bevorzugten sie jedoch Ballenstedt als ständigen Wohnsitz. Nach dem Erlöschen der Linie Anhalt-Bernburg wurden 1863 die anhaltischen Lande vereinigt und das Schloss in Staatsbesitz überführt.

Heute stehen verschiedene kulturelle Einrichtungen den Besuchern offen. Im Museum Schloss Bernburg ist Wissenswertes unter anderem zur Residenz Anhalt-Bernburg und zur Stadtgeschichte zu erfahren. Das Deutsche Kabarettarchiv präsentiert wechselnde Ausstellungen zu Themen der politischen Satire.

Eckartsburg

Die Ruine der Eckartsburg liegt auf einem Ausläufer des Finnehöhenzuges oberhalb von Eckartsberga. Die Landgrafen von Thüringen aus dem Geschlecht der Ludowinger, Ludwig III. und vor allem Hermann I., der zeitgleich auch den Ausbau der Neuenburg vorantrieb, ließen die Veste errichten. Eine gleichnamige Anlage, die bereits 998 durch Markgraf Ekkehard I. von Meißen gegründet worden sein soll und 1066 urkundlich erwähnt wurde, konnte bisher nicht lokalisiert werden. Mehrfach wechselten in den folgenden Jahrhunderten die Besitzer. Nach dem Tode des letzten Ludowingers gelang es dem Wettiner Heinrich dem Erlauchten, die Eckartsburg zu erobern. Sein Sohn, Albrecht der Entartete, erkor sie dann zu seinem Lieblingssitz. Von 1457 bis 1462 verbannte schließlich Herzog Wilhelm III. seine Gemahlin Anna von Österreich auf die Veste.
Seit Anfang des 16. Jahrhunderts verlor die Eckartsburg immer mehr ihre Schutzfunktion. Zunächst als Wohnsitz der Amtmänner, später zeitweise als Getreidespeicher und Gefängnis genutzt, wurde sie nur notdürftig instandgesetzt. Am 14. Oktober 1806 war die Burg noch einmal Schauplatz militärischer Auseinandersetzungen. Als 1815 das kursächsische Amt Eckartsberga und mit ihm die Burgruine an Preußen gefallen waren, begann in der Zeit der aufkeimenden Romantik das Interesse wieder zu wachsen. Schon Johann Wolfgang von Goethe wurde in ihren Bann gezogen, als er wohl vor den Mauern die „Ballade vom getreuen Eckart" niederschrieb. Seit mehr als 150 Jahren ist die Eckartsburg ein beliebtes Ausflugsziel. Eine Gastwirtschaft mit „Rittersaal" lädt zur Einkehr ein. Im Wohnturm erinnert ein Diorama an die Doppelschlacht bei Jena und Auerstedt. In der Ruine des einstigen Palas entstand 1998 ein multifunktionaler Neubau, der vielfältige Möglichkeiten für intensive Begegnungen mit Geschichte und Kultur eröffnet.

Eckartsburg
Burgstraße
06648 Eckartsberga

Telefon
03 44 67/2 04 15

E-Mail
eckartsburg@t-online.de

Internet
www.eckartsburg.de
www.dome-schloesser.de

Die Ruine der Eckartsburg

Ausblick vom Wohnturm der Kernburg

Burg Falkenstein im Harz

Stiftung Dome
und Schlösser in
Sachsen-Anhalt
Museum
Burg Falkenstein
OT Pansfelde
06543 Falkenstein/Harz

Telefon
03 47 43/53 55 90

E-Mail
falkenstein@
dome-schloesser.de

Internet
www.burg-
falkenstein.de

www.dome-
schloesser.de

Auf einem Bergsporn über der Selke erhebt sich eine der schönsten und besterhaltenen Burgen des Harzes. 1120 wurden die Falkensteiner erstmals erwähnt. Als bedeutendster aus dem Geschlecht gilt Graf Hoyer II. Er förderte den Rechtskundigen Eike von Repgow. Daran knüpft die Legende, Eike habe seinen „Sachsenspiegel" auf der Burg verfasst. 1334 erlosch das Geschlecht. Der Besitz fiel den Bischöfen von Halberstadt zu. Diese reichten ihn 1437 an die Herren von der Asseburg weiter, die – seit 1840 Grafen von der Asseburg-Falkenstein – bis 1945 Eigentümer der Burg waren.

Die Struktur der Gründungsanlage des 12. Jahrhunderts ist noch immer erkennbar. Sieben Tore, Zwinger und Vorburg dienten der Verteidigung. Die dreiseitige Kernburg ist nach Osten durch eine massive Schildmauer geschützt, über der sich der Bergfried erhebt. Sein tropfenförmiger Grundriss mit scharf ausgebildetem Sporn ist für die Gegend ungewöhnlich. Um den engen Hof gruppieren sich Wohn- und Wirtschaftsgebäude, die bis in das 17. Jahrhundert verändert wurden. Ende des 15. Jahrhunderts entstand an der Südseite ein Wohnbau mit der spätgotischen Küche, die zu den wenigen noch funktionstüchtigen Burgküchen in Sachsen-Anhalt gehört. In die Gründungszeit datiert die Burgkapelle, deren Ausstattung und Deckenmalerei im Wesentlichen aus dem 16. Jahrhundert stammen. Auf den Westflügel setzten die Asseburger in der Renaissance ein einheitliches Fachwerkobergeschoss, das mit seiner reichen Ornamentik zu den schönsten im Ostharz gehört. In den 1830er Jahren wurden einige Räume durch den preußischen Hofbaumeister Friedrich August Stüler im neogotischen Stil ausgebaut.

Schon um 1800 war die Burg für Besucher zugänglich. Seit 1946 informiert ein Museum über die Bau- und Nutzungsgeschichte des Hauses und den „Sachsenspiegel". Die Stüler'schen „Königszimmer" werden heute für Veranstaltungen und als Trauzimmer genutzt.

Ostansicht mit Bastion, Schildmauer und Bergfried

Burg Falkenstein, Rittersaal

Sachsen-Anhalt ■ Goseck (Burgenlandkreis)

Schloss Goseck

Schloss Goseck
Burgstr. 53
06667 Goseck

Telefon
0 34 43/28 44 88
(Schloss Goseck e. V.)

E-Mail
brief@schlossgoseck.de

Internet
www.schlossgoseck.de

www.dome-
schloesser.de

Telefon
0 34 43/37 94 78
(Gosecker Sonnen-
observatorium e. V.)

E-Mail
verein@sonnenobserva
torium-goseck.info

Internet
www.sonnenobserva
torium-goseck.info

Telefon
0 34 43/20 58 01
(Gosecker Heimat- und
Kulturverein e. V.)

Internet
www.heimatverein-
goseck.de

Schloss Goseck – zwischen Naumburg und Weißenfels gelegen – erhebt sich auf einem Steilhang über der Saale. Schon Ende des 9. Jahrhunderts im Hersfelder Zehntregister erwähnt, war Goseck um 1000 Stammburg der Pfalzgrafen von Sachsen. Bereits 1041 legten die Söhne des ersten Pfalzgrafen die Burg nieder und widmeten sie in ein Benediktinerkloster um. Erzbischof Adalbert von Bremen, ein Sohn des ersten Pfalzgrafen, weihte 1053 die Kirche.

Die Klosterzeit endete 1540. Zunächst Moritz von Sachsen zugefallen, wechselten in der Folgezeit mehrfach die Besitzer. Nach 1600 setzte wieder eine intensive Bautätigkeit ein. Unter Einbeziehung früherer Klosterbauten entstand ein schlichtes Renaissanceschloss. Das Torwappen des Franz von Königsmarck und seiner Gemahlin Katharina von Hoym und das Epitaph des Bernhard von Pöllnitz in der Schlosskapelle erinnern noch heute an die Auftraggeber. Von 1840 bis 1945 hatten die Grafen von Zech-Burkersroda in Goseck ihren Wohnsitz. Nach deren Enteignung waren im Schloss und den umliegenden Gebäuden temporär soziale Einrichtungen wie die Grundschule und eine Jugendherberge untergebracht. Die Kirche hingegen blieb weitgehend ungenutzt, so dass sie immer mehr verwahrloste und verfiel. Bis Ende der 1990er Jahre stand der Gebäudekomplex leer.

Dank umfangreicher Sanierungen sind heute große Teile des Schlosses wieder zugänglich. Vor Ort ist der Verein „Schloss Goseck e. V." aktiv. Vielfältige Veranstaltungen des „Europäischen Musik- und Kulturzentrums" finden ein begeistertes Publikum. Historisch Interessierte können sich über das Gosecker Sonnenobservatorium, den weltweit ältesten archäologischen Beleg für systematische Himmelsbeobachtungen, informieren. Im Kutscherhaus hält der Gosecker Heimat- und Kulturverein e. V. eine kleine Ausstellung zur Geschichte des Schlosses und Ortes Goseck vor.

Schloss Goseck

Halberstadt (Landkreis Harz) ■ **Sachsen-Anhalt**

Dom St. Stephanus und St. Sixtus

Halberstadt, im nördlichen Harzvorland gelegen, wurde um 804 zum Missionsbistum für die Gebiete zwischen Harz und Elbe erhoben. Die Weihe der ersten Kathedrale fand 859 statt. Weitere Dombauten folgten: 992 wurde der ottonische Dom, 1220 der eingewölbte Kirchenbau in Dienst gestellt. Noch in den 1230er Jahren begannen erneut Bauarbeiten. Beeinflusst von der französischen Gotik entstand bis 1486 eine der schönsten gotischen Kathedralen Deutschlands, deren Schlussweihe 1491 vollzogen wurde.

Die Reformation hielt 1591 Einzug. Außergewöhnlich ist, dass das Domkapitel bis zu seiner Auflösung mit Angehörigen beider Konfessionen besetzt war. Nach 1810 gingen die Gebäude in Staatsbesitz über. Der Dom wurde von der evangelischen Domgemeinde als Pfarrkirche genutzt. Nach umfassender Instandsetzung infolge schwerer Bombentreffer im April 1945 steht der Dom seit 1956 wieder in gottesdienstlicher Nutzung. Zu den herausragenden Kunstwerken gehören der romanische Taufstein, die um 1220 entstandene Triumphkreuzgruppe sowie die mittelalterlichen Glasmalereien im Chorumgang.

Mit dem Domschatz ist außerdem ein einzigartiger Kirchenschatz überliefert, der die ursprüngliche Ausstattung der Bischofskirche widerspiegelt. Dieses Ensemble überwiegend mittelalterlicher Kunst besteht aus mehr als 650 Stücken und ist der größte Bestand, der in Deutschland bei einer Kirche erhalten blieb. Es repräsentiert alle Kunstgattungen und war für den Gottesdienst vor Ort bestimmt. Die Schatzstücke vermitteln Einblicke in die Liturgie an einer Bischofskirche und sind zugleich eine wichtige Quelle für die Bistumsgeschichte.

Nach umfassender Neugestaltung werden etwa 300 Kostbarkeiten in der Domklausur präsentiert. Weltgeltung besitzen Meisterwerke der Textil- und Schatzkunst. Dazu gehören prächtige Reliquiare, kostbares Altargerät, wertvolle liturgische Gewänder sowie großformatige romanische und gotische Bildteppiche.

Dom St. Stephanus
und St. Sixtus
Domplatz
38820 Halberstadt

Telefon
0 39 41/2 42 37
(Domschatzverwaltung)

E-Mail
mail@dom-und-domschatz.de

Internet
www.dom-und-domschatz.de

www.dome-schloesser.de

Dom zu Halberstadt

Erzengel Michael, Detail aus dem um 1150 gefertigten Abraham-Engel-Teppich, dem ältesten Wirkteppich Europas

Sachsen-Anhalt ■ Halle (Saale)

Dom zu Halle

Dom

Dom zu Halle
Domplatz 3
06108 Halle

Telefon
03 45/2 02 13 79
(Evangelisch-Reformierte Domgemeinde)

E-Mail
kontakt@dom-halle.de

Internet
www.dom-halle.de

www.dome-
schloesser.de

Der am Rand der Altstadt von Halle gelegene Sakralbau ist ursprünglich eine Gründung der Dominikaner. Mit der Errichtung einer turm- und querhauslosen Hallenkirche wurde 1271 begonnen. Um 1330 war sie vollendet.

Die bedeutungsvollste Epoche in der Geschichte des Bauwerks ist untrennbar mit dem Wirken Kardinal Albrechts von Brandenburg verbunden. Der Erzbischof von Magdeburg hatte 1520 den Dominikanerbau zur Kirche seines „Neuen Stifts" bestimmt. Als Aufbewahrungsort des „Halleschen Heiltums", seiner berühmten Reliquiensammlung, und als künftige Grablege des Kardinals wurde sie nach dem Magdeburger Dom zum wichtigsten Sakralbau im Erzbistum Magdeburg. Dem widersprach die nüchterne Gestalt der einstigen Bettelordenskirche. Mit der Leitung des repräsentativen Umbaus wurde Bastian Binder betraut, der zuvor als Dombaumeister in Magdeburg tätig war. An der Ausstattung waren Matthias Grünewald, Lukas Cranach d. Ä. und Peter Schro mit ihren Werkstätten beteiligt. Durch den Umbau entstand ein Gesamtkunstwerk, das einen Meilenstein deutscher Renaissancebaukunst markiert. Ein Kranz von Rundgiebeln, die erstmals nördlich der Alpen zur Ausführung kamen, bekrönt den Bau. Bemerkenswert ist auch der von Peter Schro geschaffene Zyklus von Pfeilerfiguren, der zu den wichtigsten Beispielen deutscher Bildhauerkunst im 16. Jahrhundert zählt.

Als Kardinal Albrecht 1541 Halle verlassen musste, ließ er die kostbare Ausstattung abtransportieren. Im 17. Jahrhundert von den weltlichen Administratoren des Erzbistums Magdeburg als Hofkirche genutzt, entstanden barocke Ausbauten. In dieser Zeit war der Dom auch Wirkungsstätte von Samuel Scheidt und Heinrich Schütz. 1688 wurde der Kirchenbau der Gemeinde deutsch-reformierter Pfälzer zur Nutzung übergeben. In ihren Diensten war der junge Georg Friedrich Händel Domorganist. Heute ist der Dom Gotteshaus der Evangelisch-Reformierten Gemeinde.

Hamersleben (Landkreis Börde) ■ **Sachsen-Anhalt**

Stiftskirche St. Pankratius

Hamersleben, nördlich von Halberstadt am Rande des „Großen Bruchs" gelegen, besitzt mit der Stiftskirche der Augustiner Chorherren eines der wichtigsten hochromanischen Bauwerke in Mitteldeutschland. Anfang des 12. Jahrhunderts gründete Bischof Reinhard von Halberstadt auf dem bischöflichen Eigengut in Osterwieck ein Augustiner Chorherrenstift, das nur wenig später nach Hamersleben umsiedelte. Um 1111/12 wurde mit der Errichtung der Kirche begonnen. Noch vor 1150 vollendet, entstand auf kreuzförmigem Grundriss eine dreischiffige Basilika mit dreiteiliger Choranlage in höchster technischer Ausführung. Bemerkenswert ist auch die qualitätvolle Bauornamentik im Inneren. So zählen die Kapitelle zu den besten Beispielen hochromanischer Bauskulptur. Ihre Gestaltung mit ornamentalem und figürlichem Schmuck steigert sich im Langhaus von West nach Ost. Die aufwändigsten Details sind dem Betrachter im Mittelschiff zugewandt. Bereits Ende des 13. Jahrhunderts war das Stift hoch verschuldet. Erst um die Mitte des 15. Jahrhunderts schuf ein zweiter ökonomischer Aufschwung die Voraussetzungen für den weiteren Ausbau. Das sich nördlich anschließende Klausurgeviert wurde neu errichtet. Um 1500 erfolgten Bauarbeiten in der Kirche. Während die Überformungen der Spätgotik behutsam ausfielen, drängte die ab den 1680er Jahren vorgenommene barocke Umgestaltung den von der Romanik geprägten Raumeindruck immer mehr zurück. Auch die Klausur erfuhr zu Beginn des 18. Jahrhunderts maßgebliche Veränderungen.

1804 wurde das Stift säkularisiert, der Grundbesitz in eine Domäne umgewandelt und die Kirche der katholischen Gemeinde zur Nutzung überlassen. Von der Mitte des 19. Jahrhunderts bis in die Gegenwart fanden Restaurierungen und Instandsetzungen statt, die behutsam die Rückgewinnung des romanischen Raumeindrucks unter Einbindung wichtiger Ausstattungselemente späterer Bauphasen bewirkten.

Stiftskirche St. Pankratius
Klosterhof
39393 Hamersleben

Telefon
03 94 01/4 83
(Katholisches Pfarramt)

Internet
www.dome-schloesser.de

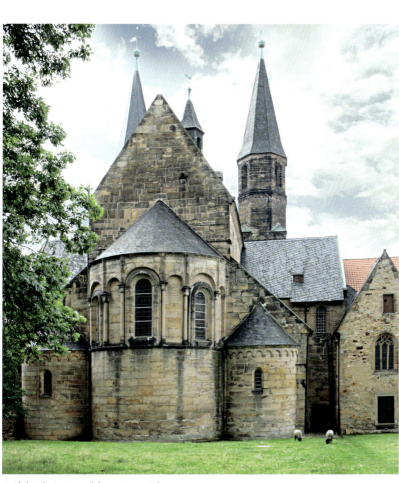

Stiftskirche Hamersleben, Ostansicht

Kapitellschmuck

Sachsen-Anhalt ▪ Havelberg (Landkreis Stendal)

Dom St. Marien

Dom St. Marien
Domplatz 1
39539 Havelberg

Telefon
03 93 87/2 14 22
(Prignitz-Museum)

E-Mail
prignitz-museum@gmx.de

Internet
www.prignitz-museum.de

www.dome-schloesser.de

Havelberg ist einer der ältesten Bischofssitze östlich der Elbe und wurde Mitte des 10. Jahrhunderts von Otto I. als Missionsbistum gegründet. Durch den Slawenaufstand von 983 wieder vertrieben, lebten die Bischöfe über 150 Jahre im Exil. Erst 1147 konnte Havelberg erneut eingenommen werden. Bischof Anselm siedelte Prämonstratenser-Chorherren an und ließ eine Kathedrale errichten. 1170 fand die Weihe des romanischen Domes statt.

Um 1200 wurde dem massiven Westriegel aus Grauwacke ein Glockengeschoss aus Backstein aufgesetzt. Nach einem Brand erfolgte ab 1279 die gotische Überformung der romanischen Basilika. Die Erneuerungen, nun gänzlich in Backstein ausgeführt, begannen im Osten und veränderten den Chor, das Mittelschiff und beide Seitenschiffe. Die Verbindung romanischer und gotischer Stilelemente ist deutlich erkennbar.

Zahlreiche wertvolle Ausstattungsstücke wie die monumentale Triumphkreuzgruppe, die Sandsteinleuchter sowie das Chorgestühl, das zu den ältesten in Deutschland zählt, wurden während des Umbaus geschaffen. Um 1400 entstand der Lettner mit seinen eindrucksvollen Reliefs und Skulpturen, die die Passion Christi veranschaulichen. In das frühe 15. Jahrhundert datieren die Glasmalereien in sechs Fenstern des nördlichen Seitenschiffs.

Die Umwandlung des Prämonstratenserstifts in ein Kapitel von Weltgeistlichen erfolgte 1506. Es hatte bis zur Einführung der Reformation 1561 Bestand. Nachfolgend ging es in ein evangelisches Domherrenstift über. Mit der Säkularisierung Anfang des 19. Jahrhunderts wurde der preußische Staat Eigentümer.

Dom und Paradiessaal in der ehemaligen Klausur werden von der evangelischen Domgemeinde, die St. Norbert-Kapelle von der katholischen Gemeinde gottesdienstlich genutzt. Seit 1904 ist in den Stiftsgebäuden auch das Prignitz-Museum untergebracht. Seine Sammlungen dokumentieren die mehr als 1000-jährige Bistums-, Stifts- und Dombaugeschichte.

Dom zu Havelberg

Schloss Köthen, Spiegelsaal

Schloss Köthen

Schloss Köthen wurde zwischen 1597 und 1608 von den Brüdern Peter und Franz Niuron errichtet, nachdem ein Brand den askanischen Vorgängerbau beschädigt hatte. Die von einem Wassergraben umgebene Renaissanceanlage mit dem Johann-Georg-Bau und dem Ludwig-Bau wurde in den 1820er Jahren durch den von Gottfried Bandhauer geschaffenen Ferdinand-Bau vervollständigt. Zum Ensemble gehören ferner der Marstall, die Reithallenruine und die Remise. An den weithin bekannten Garten erinnert der im englischen Stil umgestaltete Park. Seit Mitte des 19. Jahrhunderts ohne repräsentative Funktion wurde das Schloss als Schule, Amtsgericht und Gefängnis genutzt.

Heute würdigen das Historische Museum für Mittelanhalt und die Bach-Gedenkstätte die Bedeutung der früheren Fürstenresidenz. Sie gehörte Anfang des 17. Jahrhunderts zu den wichtigsten geistig-kulturellen Zentren im deutschsprachigen Raum. Über Jahrzehnte diente sie als Sitz der von Ludwig I. von Anhalt-Köthen 1617 mitbegründeten „Fruchtbringenden Gesellschaft", der größten Sprach- und Gelehrtenvereinigung des Barock. Besonders erwähnenswert ist auch das Wirken von Johann Sebastian Bach am Hofe Fürst Leopolds. Als Hofkapellmeister komponierte er in Köthen zwischen 1717 und 1723 bedeutende weltliche Instrumentalwerke, darunter den ersten Teil des „Wohltemperirten Claviers".

Das 2008 fertiggestellte Veranstaltungszentrum in der ehemaligen Reithalle bildet heute den würdigen Rahmen für zahlreiche Konzerte. Ausgewählte musikalische Höhepunkte finden im so genannten Spiegelsaal statt, der von Gottfried Bandhauer ursprünglich als Thronsaal geschaffen wurde.

Das Naumann-Museum im Ferdinand-Bau bewahrt seit 1835 die Vogelsammlung Johann Friedrich Naumanns, des Begründers der Ornithologie in Mitteleuropa. Noch heute wird sie in originalen Schaukästen der Biedermeierzeit mit Hintergrundmalerei und Naturrequisiten präsentiert.

Schloss Köthen
Schlossplatz
06366 Köthen (Anhalt)

Telefon
0 34 96 / 21 25 46

E-Mail
historisches-museum@bachstadt-koethen.de
naumann-museum@bachstadt-koethen.de

Internet
www.bachstadt-koethen.de
www.dome-schloesser.de

Sachsen-Anhalt ■ Falkenstein/Harz (Landkreis Harz)

Konradsburg

Konradsburg
06463 Falkenstein/Harz
OT Ermsleben

Telefon
03 47 43/9 25 64 (Förderkreis Konradsburg e.V. Ermsleben)

E-Mail
kontakt@
konradsburg.com

Internet
www.konradsburg.com

www.domeschloesser.de

Die Höhenburg, nahe Ermsleben im Harzvorland gelegen, war Stammburg der Edlen von der Konradsburg. Nach 1120 wurde sie zugunsten des „Falkensteins" oberhalb des Selketals aufgegeben und in ein Kollegiatstift umgewandelt, das bald von Benediktinern übernommen wurde. Mit der Ansiedlung sühnten die Konradsburger der Legende nach den Tod Adalberts von Ballenstedt.

Vom Kloster sind Reste der um 1200 errichteten Kirche erhalten. Während sich der Chor durch eine schlichte Formensprache auszeichnet, zählt die Hallenkrypta mit ihrem Reichtum an ornamentalem, plastischem Schmuck an Kapitellen und Kämpfern der Säulen und Pfeiler zu den herausragenden Beispielen romanischer Baukunst im Harzgebiet. Schon der Kunsthistoriker Georg Dehio bewunderte diese „Prachtstücke blühendster romanischer Dekorationskunst". Beeindruckend ist auch das spätromanische Triumphkreuz. Es gehört zur Gruppe Sächsischer Großkreuze und steht in Formgebung und stilistischem Ausdruck den monumentalen Christusfiguren im Halberstädter und Freiberger Dom sowie in der Wechselburger Klosterkirche nahe.

Nach der Erstürmung durch aufständische Bauern im Jahr 1525 gaben die inzwischen dort lebenden Kartäuser das Kloster auf. Als eine Wiederansiedlung scheiterte, wurden große Teile der Bebauung abgebrochen. Nur der Ostteil der Kirche blieb erhalten. Im Zuge der Nutzung als landwirtschaftliches Gut und Domäne entstanden seit dem 18. Jahrhundert neue Bauten. Dazu zählt das um 1800 errichtete Brunnenhaus, in dem sich mit dem funktionstüchtigen Esel-Tretrad ein seltenes technisches Denkmal befindet.

Nach 1945 waren auf der Konradsburg vorübergehend Flüchtlinge untergebracht. Aus einer Bürgerinitiative, die sich seit 1982 dem drohenden Verfall entgegenstellte, ging 1990 der „Förderkreis Konradsburg e. V." hervor. Er bietet Führungen, spezielle Angebote für Schulklassen und zahlreiche kulturelle Veranstaltungen an.

Konradsburg

Kapitellschmuck in der Krypta

Schloss Leitzkau

Das schon 995 urkundlich erwähnte Leitzkau war insbesondere als einer der Ausgangspunkte zur Wiedergewinnung der durch den Slawenaufstand von 983 verlorenen brandenburgischen Gebiete bedeutsam. Bischof Wigger von Brandenburg errichtete hier 1138/39 ein Prämonstratenserstift. Es war die erste dauerhafte Niederlassung dieses Ordens östlich der Elbe. Bereits in den 1140er Jahren erfolgte der Neubau einer imposanten Stiftsanlage, deren Kirche „Sancta Maria in monte" 1155 geweiht wurde. Wenig später erfolgte der Umzug des Konvents. Einige Jahre stand Leitzkau im Rang eines Bischofssitzes und hatte entscheidenden Anteil an der Wiedererrichtung des Brandenburger Domkapitels.

Ostern 1564 erwarb Hilmar von Münchhausen, einer der bedeutendsten Landsknechtsführer seiner Zeit, das säkularisierte Stift. Er leitete den Schlossumbau ein, den sein Sohn Statius vollenden ließ. Bis 1600 entstand ein stattliches Renaissanceensemble, zu dem die Schlösser Neuhaus, Althaus und Hobeck, eine Kirche, ein Torhaus und verschiedene Wirtschaftsgebäude gehörten.

Hilmar und Statius von Münchhausen brachten Formenelemente und Baumotive nach Leitzkau, die in ihrer Heimat, dem Wesergebiet, gebräuchlich waren. Gleichzeitig ließen sie Vorlagen ausländischer Baumeister und Künstler adaptieren. Beides verschmolz zu einem Gesamtkunstwerk, das Georg Dehio als den „bedeutendsten Schlossbau dieser Zeit im Gebiet der mittleren Elbe" bezeichnete.

Schloss und Gutswirtschaft waren bis 1945 im Besitz der Familie von Münchhausen. Schloss Althaus wurde nach schweren Kriegsschäden 1950 abgerissen. Schloss Neuhaus, weitgehend unversehrt, war zunächst Notunterkunft für Flüchtlinge und anschließend Schule. Seit 1996 hat hier die Stiftung Dome und Schlösser in Sachsen-Anhalt ihren Verwaltungssitz. Eine Dauerausstellung informiert über die Bau- und Nutzungsgeschichte. Führungen bietet der „Förderkreis Kultur und Denkmalpflege e. V." an.

Stiftung Dome und Schlösser in Sachsen-Anhalt
Schloss Leitzkau
Am Schloss 4
39279 Leitzkau

Telefon
03 92 41/93 40
03 92 41/41 68 (Führungen)

Internet
www.dome-schloesser.de

Schloss Leitzkau, Blick von Hobeck zur Althaus-Loggia (links) sowie zur Auslucht und zum Treppenturm von Neuhaus (rechts)

Stützenreihe in der Basilika

Sachsen-Anhalt ■ Letzlingen (Altmarkkreis Salzwedel)

Jagdschloss Letzlingen

Stiftung Dome und
Schlösser in Sachsen-Anhalt
Jagdschloss Letzlingen
Schlossstr. 10
39638 Letzlingen

Telefon
03 90 88/80 89 70

E-Mail
letzlingen@dome-schloesser.de

Internet
www.dome-schloesser.de

Das neogotische Jagdschloss Letzlingen liegt inmitten der wildreichen Letzlinger Heide, einem traditionsreichen Jagdgebiet der Hohenzollern. König Friedrich Wilhelm IV. von Preußen ließ es ab 1843 nach seinen Vorstellungen von den Architekten Friedrich August Stüler und Ludwig Ferdinand Hesse umgestalten. Bis in die 1860er Jahre entstanden noch eine neue Kirche sowie das Kavalier- und das Kastellanhaus.

Den Vorgängerbau hatte Johann Georg von Brandenburg von 1559 bis 1562 errichten lassen. Sein Sohn Joachim Friedrich teilte noch das Interesse für die von einem Wassergraben umgebene Burg. Danach geriet sie aber in Vergessenheit.

Der Preußenkönig erweckte nicht nur die alte „Hirschburg" zu neuem Leben, sondern knüpfte auch an die Jagdtradition an. Ab 1843 wurden im Spätherbst die „Letzlinger Hofjagden" abgehalten, zu denen königliche und fürstliche Gäste, hohe Amtsträger des preußischen Staates und einflussreiche Persönlichkeiten geladen waren. Die letzte von insgesamt 59 Hofjagden fand im November 1912 statt.

Seit 1918 im preußischen Staatsbesitz wurde 1922 ein Großteil des Inventars veräußert. Bis 1933 war das Schloss Heimstatt der „Freien Schul- und Werkgemeinschaft", einer an reformpädagogischen Grundsätzen orientierten privaten Internatsschule. Der Bau, kurzzeitig eine SA-Führerschule und schon vor 1945 ein Lazarett, wurde schließlich bis 1991 als Krankenhaus genutzt.

Nach umfassender Sanierung ist das Schloss seit 2001 wieder zugänglich. Eine ständige Ausstellung informiert unter anderem über die Jagdgeschichte in der Letzlinger Heide. Anlässlich des 100-jährigen Jubiläums der letzten Hofjagd ist 2012 eine Erweiterung des musealen Bereichs vorgesehen. Heute kann im ehemaligen kaiserlichen Speisesaal geheiratet werden. Darüber hinaus werden Räume für Konferenzen, Seminare und Empfänge vermietet. Im Kavalier- und Kastellanhaus hat sich ein Hotel etabliert.

Blick über den Wassergraben zum Letzlinger Jagdschloss

Jagdschloss Letzlingen, einziges erhaltenes Hohenzollern-Schloss in Sachsen-Anhalt

Sachsen-Anhalt ■ Magdeburg

Dom St. Mauritius und St. Katharina

Dom St. Mauritius und
St. Katharina
Domplatz 1
39104 Magdeburg

Telefon
03 91/5 41 04 36

Internet
www.magdeburger
dom.de

www.dome-
schloesser.de

Otto I. gründete 937 in Magdeburg ein Benediktinerkloster. Ab 955 entstand an dessen Stelle der erste Dom. Mit der Übernahme von spätantiken Bauteilen aus Italien unterstrich Otto seinen Anspruch, in der unmittelbaren Nachfolge der römischen Kaiser zu stehen. Außerdem baute er Magdeburg zu einem der wichtigsten Missionsstützpunkte bei der Christianisierung der Slawen östlich von Elbe und Saale aus. 968 erfolgte die Gründung des von ihm beförderten Erzbistums Magdeburg, dessen Hauptkirche die Kathedrale war. Nach seinem Tod wurde Otto I. im Dom beigesetzt.

Nachdem ein Stadtbrand 1207 den Dom beschädigt hatte, begann ab 1209 die Errichtung eines Nachfolgebaus. Bis 1520 entstand die erste im Grund- und Aufriss gotisch konzipierte Kathedrale auf deutschem Boden. Den in der spätromanisch-deutschen Tradition stehenden Baumeistern gelang es, durch die eigenständige Umsetzung frühgotischer französischer Vorbilder eine neue architektonische Qualität hervorzubringen. Mit der Übernahme der antiken Spolien aus dem romanischen Dom und der Aufstellung des Kaisersarkophags im Hohen Chor stellten sich die Magdeburger Erzbischöfe bewusst in die ottonische Tradition.

Der Dom besitzt eine außerordentlich qualitätvolle Ausstattung. Besondere Erwähnung verdienen neben den spätantiken Spolien der Taufstein aus Porphyr, die Bronzegrabplatten für die Erzbischöfe Friedrich von Wettin und Wichmann von Seeburg, die spätromanischen Kapitelle im Chorumgang, die lebensnah gestalteten gotischen Skulpturen, die Renaissancekanzel, die barocken Epitaphien der Domherren sowie Kunstwerke des 20. Jahrhunderts.

Zu Beginn des 19. Jahrhunderts wurde das Domkapitel aufgelöst. Der Dom ging in staatliches Eigentum über. Umfangreiche Instandsetzungen wurden seitdem durchgeführt. Über seine kirchliche Bestimmung hinaus übt der Dom als Kulturdenkmal und Wahrzeichen der Stadt Magdeburg eine große Anziehungskraft aus.

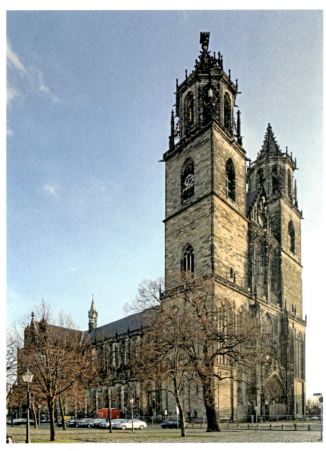

Dom zu Magdeburg

Mittelschiff, im Vordergrund der Taufstein aus Porphyr

Kloster Michaelstein

Etwas abseits vor den Toren der Stadt Blankenburg liegt in idyllischer Harzrandlage das ehemalige Zisterzienserkloster Michaelstein. Die 1146 gegründete Abtei erlebte im Mittelalter eine längere wirtschaftliche Blütezeit. Während des Bauernkrieges wurden die Klausurgebäude und die Kirche stark beschädigt. Nach Einführung der Reformation gelangte die Zisterzienserabtei in den Besitz der Grafen von Blankenburg-Regenstein, die 1544 eine Klosterschule in Michaelstein gründeten. Diese blieb auch bestehen, als Blankenburg als erloschenes Lehen Ende des 16. Jahrhunderts an die Herzöge von Braunschweig überging. Anfang des 18. Jahrhunderts ließ Herzog Ludwig Rudolf umfangreiche Baumaßnahmen durchführen und ein Predigerseminar einrichten. Nach der französischen Fremdherrschaft hatte Michaelstein nur noch wirtschaftliche Funktionen, die das Klostergut auch nach der Bodenreform unter verschiedenen Rechtsträgern behielt. Seit 1968 wird die denkmalgeschützte Klosteranlage für musikalische Zwecke genutzt. Heute hat die Musikakademie Sachsen-Anhalt für Bildung und Aufführungspraxis hier ihren Sitz.

Die unterschiedlichsten Nutzungen und notwendigen Veränderungen gaben dem Kloster sein unverwechselbares Gepräge. Dank umfangreicher Sanierungsmaßnahmen sind die Räumlichkeiten aus der spätromanischen und gotischen Zeit gut erhalten.

Zwei Klostergärten, ein Kräuter- und Wurzgarten auf der Südseite sowie ein Gemüsegarten auf der Ostseite, wurden nach dem Vorbild mittelalterlicher Pläne und Aufzeichnungen gestaltet und stellen einen weiteren Anziehungspunkt dar.

Im Kloster wurde bereits 1977 mit der Sammlung historischer Musikinstrumente begonnen. Heute umfasst der Fundus etwa 900 Exponate aus dem 18. bis 20. Jahrhundert. In der Ausstellung lässt sich unter anderem die Entwicklung vom barocken zum modernen Instrumentarium nachvollziehen. Die repräsentativen Tasteninstrumente sind sogar klanglich erlebbar.

Stiftung Kloster Michaelstein –
Musikakademie Sachsen-Anhalt für Bildung und Aufführungspraxis
Michaelstein 3
38889 Blankenburg

Telefon
0 39 44/90 30-0

E-Mail
rezeption@kloster-michaelstein.de

Internet
www.kloster-michaelstein.de

www.dome-schloesser.de

Kloster Michaelstein, Kreuzgang

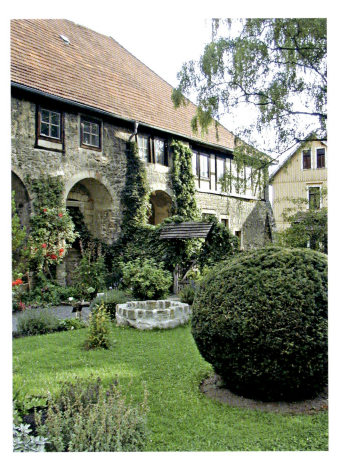

Kräuter- und Wurzgarten

Sachsen-Anhalt — Freyburg/Unstrut (Burgenlandkreis)

Schloss Neuenburg

Stiftung Dome
und Schlösser in
Sachsen-Anhalt
Museum Schloss
Neuenburg
Schloss 01
06632 Freyburg (Unstrut)

Telefon
03 44 64/3 55 30

E-Mail
info@schloss-
neuenburg.de

Internet
www.schloss-neuen-
burg.de
www.dome-
schloesser.de

Hoch über Freyburg erstreckt sich die mächtige Anlage der Neuenburg. Die Schwesternburg der Wartburg wurde um 1090 vom Thüringer Grafen Ludwig dem Springer gegründet und unter den Landgrafen von Thüringen prachtvoll ausgebaut. Zwischen 1150 und 1230 entstand eine weitläufige, repräsentative Burganlage. Mit einer Flächenausdehnung von ca. 30.000 qm war sie ungefähr dreimal so groß wie die Wartburg. Architektonisches Kleinod ist die um 1170/75 entstandene Doppelkapelle mit ihrer außergewöhnlichen Bauzier, die im späten Mittelalter der hl. Elisabeth von Thüringen geweiht war. Große Namen wie der des Kaisers Barbarossa oder des Dichters Heinrich von Veldeke sind beredtes Zeugnis einer glanzvollen Vergangenheit. Im Auftrag Pfalzgraf Hermanns I. von Sachsen (ab 1190 Landgraf von Thüringen) vollendete Veldeke um 1185 den Eneas-Roman, das erste ritterlich-höfische Versepos in mittelhochdeutscher Sprache. Den Abschluss ihrer hochmittelalterlichen Blütezeit erlebte die Neuenburg unter Landgraf Ludwig IV. und seiner Gemahlin, der hl. Elisabeth.

1247 kam die Burg in den Besitz der Markgrafen von Meißen. Unter den Kurfürsten von Sachsen und den Herzögen von Sachsen-Weißenfels erfolgte vom 16. bis zum 18. Jahrhundert der Ausbau zum Wohn- und Jagdschloss. 1815 gelangte Schloss Neuenburg in preußischen Besitz, 1935 entstand ein erstes Museum. Von 1970 bis 1989 war die gesamte Anlage geschlossen. Der Verwahrlosung preisgegeben, drohte sie in Vergessenheit zu geraten. Heute gehört die Neuenburg zu den bestbesuchten Museen in Sachsen-Anhalt. Die Ausstellung „Burg und Herrschaft" widmet sich der mittelalterlichen Geschichte. Im Weinmuseum, in weiteren Ausstellungsbereichen, in der Kinderkemenate und bei Veranstaltungen wird Kultur in aller Vielfalt geboten. Dazu gehört auch das jährlich stattfindende Festival „montalbâne", das an die Tradition der ritterlich-höfischen Kultur anknüpft.

Schloss Neuenburg über dem Winzerstädtchen Freyburg (Unstrut)

Freyburg/Unstrut (Burgenlandkreis) ■ **Sachsen-Anhalt**

Untergeschoss der Doppelkapelle

Sachsen-Anhalt ▪ Plötzkau (Salzlandkreis)

Schloss Plötzkau

Schloss Plötzkau
Schlosshof
06425 Plötzkau

Telefon
03 46 92/2 89 44

Internet
www.schloss-ploetzkau.de

www.dome-schloesser.de

Auf einem Felsvorsprung über der Saaleaue erhob sich bereits im 11. Jahrhundert eine Burg der Grafen von Plötzkau, die 1139 zerstört und nach 1152 wieder aufgebaut wurde.

Bernhard VII. von Anhalt gab 1566 den Umbau des baufälligen Bauwerks in Auftrag. Sein markantes Äußeres verdankt das Renaissanceschloss einem Kranz von Zwerchhäusern und dem um mehrere Geschosse erhöhten, im Kern aber noch romanischen Schlossturm. Über 70 bewohnbare Gemächer, Säle und Stuben entstanden. Im Fürstensaal ist ein Sandsteinkamin mit dem Wappen des Bauherrn erhalten. Der prunkvolle Aufsatz von 1567 wird dem Torgauer Bildhauer Georg Schröter zugeschrieben. Nach Bernhards Tod im Jahr 1570 ließ Fürst Joachim Ernst von Anhalt den Bau bis 1573 vollenden.

Nach der 1603 erfolgten Teilung des Fürstentums Anhalt in die vier Nebenlinien Bernburg, Dessau, Köthen und Zerbst begründete Fürst August 1611 den Plötzkauer Zweig. Das Schloss wurde Residenz eines der kleinsten deutschen Territorialstaaten, der bis 1665 bestand.

Im frühen 18. Jahrhundert war das Schloss noch einmal herrschaftlicher Wohnsitz. An barocke Umbauten erinnert eine um 1716 ausgeführte Stuckdecke mit den Initialen „VF", die auf Victor Friedrich von Anhalt-Bernburg als Bauherrn verweist.

Schon bald entbehrte das Schloss jeglicher repräsentativer Funktionen. Ab 1741 befand sich in einigen Räumen eine Lackfabrik. Als „Straf- und Besserungsanstalt" beherbergte es von 1841 bis 1874 „Landstreicher, Trunkenbolde und ähnliches arbeitsscheues Gesindel" sowie entlassene Zuchthäusler. Nach 1945 zeitweise von Flüchtlingen bewohnt, nutzte später das Hallesche Landesmuseum für Vorgeschichte einige Räume als Depot für seine Sammlungen.

Heute hält der Verein „Schloss Plötzkau e. V." das Schloss für Besucher offen und bietet Führungen sowie spezielle Angebote für Kinder an.

Schloss Plötzkau, Schlossturm   *Hofansicht*

Dessau-Wörlitz

Kulturstiftung
DessauWörlitz

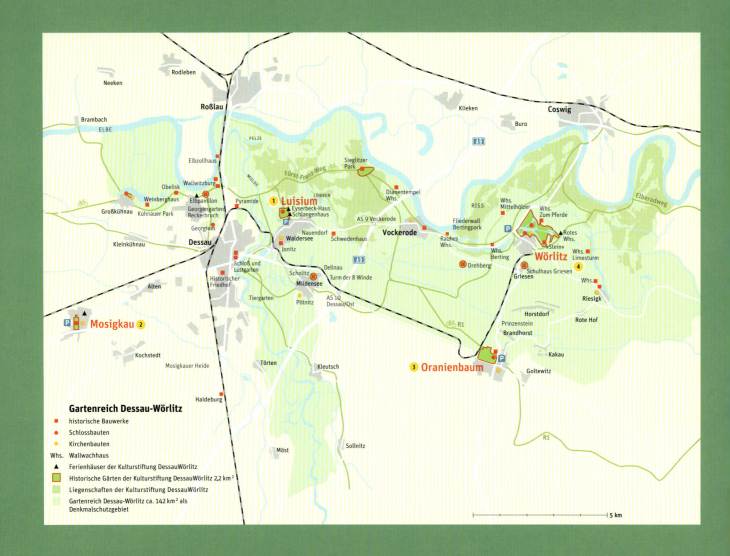

Dessau-Roßlau
1 Luisium S. 256
2 Mosigkau S. 258

Oranienbaum
3 Oranienbaum S. 260

Wörlitz
4 Wörlitzer Anlagen S. 262

Vorwort ■ **Dessau-Wörlitz**

Kleines Walloch mit Venustempel in Wörlitz

Des Landes schönste Gärten ...

Im Herzen von Sachsen-Anhalt, an der mittleren Elbe zwischen der Bauhausstadt Dessau und der Lutherstadt Wittenberg gelegen, erstreckt sich auf einer Fläche von etwa 150 qkm das Gartenreich Dessau-Wörlitz.

Diese weiträumige Flussauenlandschaft ist hauptsächlich vom Fürsten Leopold III. Friedrich Franz von Anhalt-Dessau (1740–1817, regiert ab 1758) mit dem Ziel einer umfassenden „Landesverschönerung" gestaltet worden. Modernste Architektur und neueste Technik in Verbindung mit englischer Gartenkunst sowie seine volkspädagogischen Bildungsabsichten auf der Basis des humanistischen Gedankenguts der Aufklärung verbinden sich in diesem Gebiet zu einem einzigartigen Gesamtkunstwerk.

Die geographische Einbindung in das Biosphärenreservat Mittelelbe und die Aufnahme des historischen Gartenreiches Dessau-Wörlitz in die Liste der Weltkulturerbestätten der UNESCO unterstreichen die herausragende Bedeutung dieser über Jahrhunderte gewachsenen Kulturlandschaft.

Hunderttausende Besucher im Jahr besichtigen allein die Gartenanlagen von Wörlitz, die man zu den frühesten, noch erhaltenen Beispielen ihrer Art auf dem Kontinent rechnen darf. Zusammen mit dem frühklassizistischen Schlossbau sowie dem annähernd zeitgleich errichteten Gotischen Haus bilden sie ein unvergleichbares Ensemble europäischen Kulturerbes.

Über Wörlitz hinaus betreut die Kulturstiftung DessauWörlitz nahezu 100 Einzeldenkmäler und Denkmalensembles unterschiedlicher Größe und damit den Kernbereich des historischen Gartenreiches Dessau-Wörlitz. Die barocken Parkanlagen mit den Schlössern von Oranienbaum und Mosigkau wechseln sich ab mit später entstandenen Schöpfungen der Garten- und Schlossbaukunst im Luisium oder in Großkühnau mit zum Teil originalen Interieurs und Kunstwerken höchsten Ranges. Dies alles fügt sich ein in eine bis heute nahezu intakte Naturlandschaft.

Die Restaurierung und Pflege dieser Gartenkunstwerke mit ihren authentischen Architekturschöpfungen und zugleich die Rekonstruktion dieser Bauwerke mit ihrer originalen Ausstattung sind oberstes Ziel der Kulturstiftung DessauWörlitz.

Mit ihrer wissenschaftlichen Arbeit dokumentiert die Kulturstiftung DessauWörlitz ihre Verantwortung gegenüber diesem ihr anvertrauten Erbe. Darüber hinaus pflegt sie internationale Beziehungen und ist maßgeblich koordinierend bei allen Aktivitäten zur Pflege, Entwicklung und touristischen Erschließung dieser Denkmallandschaft tätig. Neben Sonderausstellungen bietet sie alljährlich ein umfangreiches Programm kultureller Veranstaltungen an.

Doch auch ohne sie finden alle Besucher ständig vielfältige Möglichkeiten des Entspannens und Erlebens vor, sei es die Führung in einem der Schlösser, ein Spaziergang in den Gartenanlagen, die Gondeltour auf den Wörlitzer Gewässern, eine Partie mit der Pferdekutsche durch die Elbauen oder eine Radtour auf dem Teil des europäischen Radwanderweges, der das Gartenreich Dessau-Wörlitz längs der Elbe begleitet.

Dessau-Wörlitz ■ Dessau-Roßlau

Luisium

Kulturstiftung
DessauWörlitz
Schloss Großkühnau
06846 Dessau-Roßlau

Telefon
03 40/64 61 50

E-Mail
ksdw@ksdw.de

Internet
www.gartenreich.com

Schloss Luisium
06844 Dessau-Roßlau/
OT Waldersee

Telefon
03 40/21 83 70

E-Mail
schloss-luisium@
ksdw.de

Das Luisium, am Rande der Stadt Dessau gelegen, ist eine kleine und intime Anlage. Fürst Franz widmete sie seiner Gemahlin Louise, einer geborenen Prinzessin von Brandenburg-Schwedt (1750–1811). Hier verbinden sich wiederum klassizistische und neugotische Bauten, harmonisch in die künstlerisch gestaltete Landschaft eingebettet, zu einem Ensemble erlesener Qualität. Das klassizistische Schloss (1774–1778) ist ein Meisterwerk Friedrich Wilhelm von Erdmannsdorffs (1736–1800). Seine Innenräume weisen wie der Außenbau ausgewogene Proportionen auf. Der Festsaal im Erdgeschoss mit seinen Reliefs und Malereien sowie den dunkelgrünen Stuckmarmorpilastern ist durch strenge Formen geprägt. Die kleineren Räume und Kabinette im Obergeschoss mit ihren feinen Stuckdekorationen und Wandgemälden wirken heiter und elegant.

Einen besonderen Anziehungspunkt bildet die restaurierte Orangerie, in der sich auch eine Gaststätte befindet. Der stimmungsvolle Garten wird belebt durch Gartenplastiken wie den Pegasusbrunnen und die beiden die Wege begrenzenden Hermen, auch das Blumengartenhaus lädt zum Verweilen ein.

Vom westlichen Wallweg aus sind die etwas entfernt liegenden Gebäude des kürzlich restaurierten Gestüts erkennbar. Auf den ausgedehnten Wiesenflächen davor weiden Pferde, Schafe und Ziegen – ein malerisches Bild, das typisch für die Gartenlandschaft des 18. Jahrhunderts war.

Schloss Luisium, Grafisches Kabinett

Schloss Luisium

Das Schlangenhaus im Park Luisium wird heute neben dem Eyserbeck-Haus als Ferienhaus vermietet.

Mosigkau

Schloss Mosigkau
Knobelsdorffallee 2/3
06847 Dessau-Roßlau

Telefon
03 40/52 11 39

E-Mail
schloss-mosigkau@ksdw.de

Internet
www.gartenreich.com

Das nur wenige Kilometer westlich vom Zentrum Dessaus gelegene Rokoko-Schloss Mosigkau wurde in den Jahren 1752 bis 1757 erbaut. Bauherrin war die anhaltische Prinzessin Anna Wilhelmine. Sie beauftragte den Dessauer Baumeister Christian Friedrich Damm mit der Errichtung des Hauses. Erste Entwürfe stammen vermutlich von dem Sanssouci-Architekten Georg Wenzeslaus von Knobelsdorff. Anna Wilhelmine war durch ihren Vater, den Fürsten Leopold I. von Anhalt-Dessau – vielen bekannt als der „Alte Dessauer" – durch eine großzügige Grundstücksschenkung und eine beachtliche Apanage in die Lage versetzt worden, die glanzvolle Schloss- und Gartenanlage errichten zu lassen. Ihre Bedeutung kann nicht hoch genug geschätzt werden, zählt sie heute doch zu den letzten noch weitestgehend erhaltenen Rokokoensembles Mitteldeutschlands.

Den Kernbereich und kunsthistorischen Höhepunkt der Architektur im Corps de logis bildet der Galeriesaal. Der mit reicher Stuckzier ausgestattete Raum enthält in vertieften Wandfeldern in einzigartiger barocker, lückenloser Hängung bedeutende Gemälde hauptsächlich flämischer und holländischer Meister wie Peter Paul Rubens, Anton van Dyck, Jacob Jordaens, Hendrick Goltzius und Gerard van Honthorst. Das Schloss birgt jedoch auch Gemälde zeitgenössischer Maler, z.B. diejenigen des friderizianischen Hofmalers Antoine Pesne und des in Dessauer Hofdiensten stehenden Malers Christoph Friedrich Reinhold Lisiewsky. Weitere an den Galeriesaal angegliederte Räume wie das raffiniert ausgestattete „gelb-versilberte Kabinett" und das wegen seiner Holzsichtigkeit sog. „braune Kabinett" im westlichen Anschluss sowie das Musikkabinett auf der östlichen Seite sind in ihrem ursprünglichen Zustand erhalten geblieben. Darüber hinaus enthalten 17 Räume zum Teil originale Einrichtungen sowie Kunsthandwerk und Gemälde des 17. und 18. Jahrhunderts.

Anziehungspunkt des in seinen Grundstrukturen erhalten gebliebenen Rokokogartens ist die Orangerie mit seltenen und jahrhundertealten Kübelpflanzen.

Anton van Dyck: Prinz Wilhelm II. von Nassau-Oranien als Kind

Schloss Mosigkau, Ansicht von Süden

Schloss Mosigkau, Galeriesaal

Oranienbaum

Schloss Oranienbaum
06785 Oranienbaum

Telefon
03 49 04/2 02 59

E-Mail
schloss-oranienbaum@ksdw.de

Internet
www.gartenreich.com

Oranienbaum, ein bedeutendes barockes Stadt-, Schloss- und Parkensemble, liegt wenige Kilometer von Wörlitz entfernt. Es wurde ab 1683 für Henriette Catharina (1637–1708), eine Prinzessin von Nassau-Oranien, Gemahlin des Fürsten Johann Georg II. von Anhalt-Dessau, errichtet. Das Geschlecht der Oranier gab der Stadt ihren Namen.

Das Corps de logis des Schlosses wurde durch den niederländischen Architekten Cornelis Ryckwaert erbaut und nach seinem Tode 1693 zum jetzigen Gebäudekomplex erweitert. Seit dem Sommer 2003 ist das Schloss, nachdem es fast 60 Jahre für die Öffentlichkeit nicht zugänglich war, wieder zu besichtigen. In den bisher größtenteils noch unrestaurierten Räumen sind neben originaler Einrichtung die barocken Dielen und Stuckdecken sowie chinoise Raumausstattungen des späten 18. Jahrhunderts erhalten. Wahrhaft spektakulär ist der Saal im Nordflügel (die ehemalige Porzellangalerie), der vollständig mit vergoldeten Ledertapeten verziert ist und auf dessen beiden Stirnwänden prachtvolle Fayencen und Porzellan präsentiert werden. Vollständig erhalten ist ein komplett mit holländischen Motivfliesen verkleideter Sommerspeisesaal. Im Schloss werden regelmäßig Sonderausstellungen veranstaltet.

Die Orangerie, mit 176 m eine der längsten Europas, nimmt während der kalten Jahreszeit wertvolle Pflanzen auf. Besonders erwähnenswert ist die seit 1989 wiederbelebte Tradition der Pflege von Citruspflanzen. Im Sommer werden seit Jahren historische Kutschen aus der Region ausgestellt. Bemerkenswert ist der Englisch-chinesische Gartenteil des Parks, den Fürst Franz in den Jahren 1793 bis 1797 anlegen ließ. Heute gilt dieser Garten als der einzig erhaltene seiner Art in Deutschland. In ihm sind Gartengestaltung und Architektur – eine Pagode, ein chinesisches Haus und verschiedene Brücken – zu einem eindrucksvollen Gesamtkunstwerk vereinigt.

Pagode im Englisch-chinesischen Garten Oranienbaum

Schloss Oranienbaum, Ansicht von Westen

Wörlitzer Anlagen

Schloss Wörlitz
06786 Wörlitz

Telefon
03 49 05/4 09-0

E-Mail
schloss-woerlitz@ksdw.de

Gotisches Haus
06786 Wörlitz

Telefon
03 49 05/2 03 02

E-Mail
gotisches-haus@ksdw.de

**Insel „Stein"
und Villa Hamilton**

Telefon
03 49 05/3 04 60

Internet
www.gartenreich.com

Wörlitz ist künstlerischer Höhepunkt des Gartenreiches, das Fürst Leopold III. Friedrich Franz von Anhalt-Dessau (1740–1817) in der zweiten Hälfte des 18. Jahrhunderts gemeinsam mit seinem Freund und Berater, dem Architekten Friedrich Wilhelm von Erdmannsdorff (1736–1800), schuf.

Die natürlichen Gegebenheiten der Elbauen nutzend, entstand ein Gesamtkunstwerk, das Gartengestaltung und Architektur in bisher nie gekannter Harmonie vereinigte.

Die Zeitgenossen waren begeistert von dem sensationell Neuen, dem Landschaftsgarten im englischen Stil, und dem „Landhaus" (1769–1773), dem Gründungsbau des Klassizismus in Deutschland, mit seinen edlen, harmonischen Proportionen. Noch heute beherbergt das Schloss, dessen originale Inneneinrichtung erhalten blieb, kostbare Sammlungen, z.B. antike Plastiken, Gemälde und Gefäße der berühmten Wedgwood-Manufaktur.

Kein Zaun trennte den Garten von der Stadt, schon damals hatte jedermann freien Zutritt, sogar das Schloss konnte besichtigt werden. Aus vielen Ländern Europas pilgerte man hierher, um die Anlagen von Wörlitz zu bewundern.

Zahlreiche Anregungen fanden Fürst Franz und Erdmannsdorff auf ihren Bildungsreisen nach England, Frankreich, den Niederlanden und natürlich nach Italien, dem Land der verehrten Antike.

Manche Bauwerke erinnern an römische Vorbilder, wie zum Beispiel der Floratempel, der Venustempel oder im Ostteil des Gartens das Pantheon und die Felseninsel „Stein" mit dem einzigen künstlichen Vulkan Europas und der im Sinne der Aufklärung eingerichteten, jüngst umfassend restaurierten Villa Hamilton.

Als Kontrapunkt überraschen neugotische Bauten den Spaziergänger. Das Gotische Haus (1773–1813) erinnert mit seiner Kanalfront an eine venezianische Kirche und auf der Gartenseite an das Formengut der englischen Tudorgotik. Es birgt im Inneren eine einmalige Sammlung vorwiegend Schweizer Glasgemälde des ausgehenden 15. bis 17. Jahrhunderts sowie bemerkenswerte neugotische Ausstattungen.

Schloss Wörlitz, Ansicht von Süden

Eruption auf der Felseninsel „Stein"

Schloss Wörlitz, Speisesaal

Dessau-Wörlitz ▪ Wörlitz

Wörlitzer Anlagen, Blick vom Gotischen Haus zum Palmemhaus und zur Hofgärtnerei (links) sowie zum Floratempel (rechts)

Wörlitzer Anlagen, das Pantheon *Die Rousseau-Insel in den Wörlitzer Anlagen*

Wörlitzer Anlagen, Stufenbrücke

Wörlitzer Anlagen, Gondelstation

Wörlitzer Anlagen, das Gotische Haus

Wörlitzer Anlagen, Sichtenfächer an der Goldenen Urne

Gesellschaft der Freunde des Dessau-Wörlitzer Gartenreiches

Die „Gesellschaft der Freunde des Dessau-Wörlitzer Gartenreiches e.V." wurde im März 1993 gegründet. Ihr gehören inzwischen rund 1300 Mitglieder nicht nur aus Sachsen-Anhalt, sondern aus ganz Deutschland und dem Ausland an.

Sie verbindet ein großes Interesse für historische Landschaftsgärten, die Liebe zu den Wörlitzer Anlagen mit ihren Bauwerken von europäischem Rang und das Anliegen, die reformerisch-aufklärerische Tradition des Fürsten Franz in Erinnerung zu rufen und zu wahren.

Erleben Sie als neues Mitglied im Kreis von Freunden die Schönheit und Vielfalt des Dessau-Wörlitzer Gartenreiches und helfen Sie durch Ihr Interesse und Engagement mit, dieses einmalige Gesamtkunstwerk als ein wertvolles Kulturerbe der Menschheit zu schützen und zu erhalten.

Gesellschaft der Freunde des
Dessau-Wörlitzer Gartenreiches e.V.
Haus der Fürstin
06786 Wörlitz

Telefon
03 49 05/3 08 70

E-Mail
info@gartenreich.info

Internet
www.gartenreich.info

Die Vorteile einer Mitgliedschaft

Neben dem freien Zugang zu allen Gärten, Parks und Anlagen im Dessau-Wörlitzer Gartenreich erhalten Sie zusätzlich:

- mit Ihrer persönlichen Mitgliedskarte freien Eintritt in zahlreiche historische Gebäude der Anlagen von Wörlitz, Oranienbaum, Mosigkau und Luisium

- gebührenfreie Benutzung der Gondeln und Fähren in den Wörlitzer Gewässern

- 10% Rabatt für alle Publikationen, die im Auftrag der Kulturstiftung DessauWörlitz gedruckt werden

- kostenlos das Jahresprogramm der Kulturstiftung Dessau-Wörlitz

- die alle zwei Jahre erscheinende Bilanz der Kulturstiftung DessauWörlitz

- persönliche Einladungen zu allen Veranstaltungen der Kulturstiftung DessauWörlitz, wie beispielsweise Ausstellungseröffnungen, Konzerte und Vorträge, Internationales Gartenfestival

- im Rahmen der jährlichen Mitgliederversammlung einen besonderen Vortrag einer prominenten Persönlichkeit und ein attraktives Rahmenprogramm

- weitere Einladungen der Gesellschaft zu besonderen Veranstaltungen

- die Befriedigung, dass Ihr Engagement mit dazu beiträgt, die historischen Gebäude, Denkmale und Landschaftsgärten zu pflegen und für die Zukunft zu erhalten

Thüringen

STIFTUNG
THÜRINGER SCHLÖSSER UND GÄRTEN

Bad Liebenstein
1 Schloss und Park Altenstein bei Bad Liebenstein S. 272

Dornburg
2 Dornburger Schlösser S. 274

Gotha
3 Schloss Friedenstein und Park in Gotha S. 276

Greiz
4 Sommerpalais und Park Greiz S. 278

Bad Colberg-Heldburg
5 Veste Heldburg S. 280

Molsdorf
6 Schloss und Park Molsdorf S. 281

Rudolstadt
7 Klosterruine Paulinzella S. 282
9 Schloss Heidecksburg in Rudolstadt S. 284
13 Schloss Schwarzburg S. 290

Ranis
8 Burg Ranis S. 283

Schleusingen
10 Schloss Bertholdsburg in Schleusingen S. 286

Schmalkalden
11 Schloss Wilhelmsburg in Schmalkalden S. 287

Sondershausen
12 Schloss und Park Sondershausen S. 288

Weißensee
14 Burg Weißensee/Runneburg in Weißensee S. 291

Kapellendorf
15 Wasserburg Kapellendorf S. 292

Kloster Veßra
16 Kloster Veßra S. 292

Kranichfeld
17 Oberschloss Kranichfeld S. 292

Weimar
18 Residenzschloss Weimar, Ensemble Bastille S. 292
19 Kirms-Krackow-Haus S. 292

Wilhelmsthal
20 Schloss Wilhelmsthal und Park bei Eisenach S. 292

Schloss Wilhelmsburg in Schmalkalden, Festsaal

Perlen einer Kulturlandschaft
Die Schätze der Stiftung Thüringer Schlösser und Gärten

Thüringens Kulturlandschaft weist einen einzigartigen, in vielen Jahrhunderten gewachsenen Reichtum an bedeutenden Burgen, Schlössern, Gärten, Parks und Klöstern auf. Durch häufige Erbteilungen der Länder und Territorien war hier seit dem Mittelalter eine außergewöhnliche Vielfalt von Kleinstaaten mit konkurrierenden Residenzen entstanden, die den Rahmen für ein dichtes musisches Leben schuf. Gerade diese Vielfalt in den Regionen prägt heute das kulturelle Profil des Landes. Das reiche Erbe höfischer Kultur artikuliert sich in einer Reihe landesgeschichtlich bedeutender Schlösser mit zugehörigen Sammlungen, die in der Gesamtheit die Schatzkammer Thüringen bilden. Die architektonisch, kunsthistorisch und landesgeschichtlich herausragenden Schlösser und Gärten spielen als Gesamtanlagen darüber hinaus eine wichtige Rolle im Städte- und Landschaftsbild Thüringens, das seit jeher die enge Verflechtung politischer und kultureller Ambitionen spiegelt.

Diesen sensiblen Schatz an überkommenen Kulturdenkmälern zu pflegen, wiederherzustellen, angemessen zu nutzen und für künftige Generationen zu erschließen, ist die Aufgabe der 1994 gegründeten Stiftung Thüringer Schlösser und Gärten. Sie hat die Trägerschaft von 31 der bedeutendsten historischen Anlagen des Landes, darunter Residenzen wie Schloss Friedenstein in Gotha, Schloss Heidecksburg in Rudolstadt, Schloss Sondershausen oder die Dornburger Schlösser. Dazu zählen auch namhafte Klöster der Hirsauer Bauschule, wie Paulinzella oder die Klosterkirche St. Peter und Paul auf dem Petersberg in Erfurt. Mit den Parkanlagen in Greiz und auf dem Altenstein sind darüber hinaus herausragende Beispiele der Gartenkunst nach dem Vorbild des englischen Landschaftsparks vertreten.

Der Stiftung obliegt die Sanierung, laufende Pflege, Restaurierung, Verwaltung, wissenschaftliche Betreuung, aber auch die touristische Erschließung der ihr anvertrauten Denkmale. Sie nimmt diese Aufgaben in enger Zusammenarbeit mit kommunalen Trägern und mit staatlichen Institutionen wahr, die ähnlichen Belangen verpflichtet sind.

Der Tradition der fürstlichen Dynastien, die Kunst und Kultur in ihrem Hoheitsgebiet förderten und in ihren Residenzen Kunstsammlungen, Naturalien- und Kuriositätenkabinette anlegten, fühlt sich die Stiftung weiterhin verpflichtet. Im Unterschied zu vergleichbaren Einrichtungen in Deutschland haben die in den Thüringer Schlössern befindlichen, großenteils überregional wirkenden Museen eigene kommunale Trägerschaften. Den Museumsinstitutionen vor Ort sind insbesondere die beweglichen historischen Ausstattungen und Sammlungen sowie das individuelle Ausstellungswesen anvertraut. Burg-, Schloss- und Klosteranlagen verfügen darüber hinaus oft über ständige Schauräume, die zur Geschichte und Bedeutung des Ortes Auskunft geben.

Schloss und Park Altenstein bei Bad Liebenstein

Schloss- und Parkverwaltung Altenstein
Schloss Altenstein
36448 Bad Liebenstein

Telefon
03 69 61/7 25 13

E-Mail
schloss-altenstein@t-online.de

Internet
www.thueringer-schloesser.de

Die Parkanlage mit Schloss Altenstein bei Bad Liebenstein ist in ihrer heutigen Gestalt ein herausragendes Gartenkunstwerk des späten 18. und 19. Jahrhunderts. Seine Entstehung verdankt es den Herzögen Georg I., Bernhard II. und Georg II. aus dem Hause Sachsen-Meiningen, die im Zusammenhang mit dem beginnenden Kurbetrieb im späteren Bad Liebenstein hier ihre Sommerresidenz schufen. Die natürlichen Gegebenheiten des Ortes boten den Gartenkünstlern, zu denen Fürst Hermann von Pückler-Muskau, Carl Eduard Petzold und Peter Joseph Lenné gehören, ein bevorzugtes Terrain für die Schaffung eines Landschaftsparks. Weite Aussichten über das Tal der Werra und auf die in der Ferne liegende Bergkette der Rhön werden in die Gartengestaltung einbezogen. Park und Landschaft verschmelzen hier zu einem Ganzen wie nur noch selten in Deutschland. Der Rundgang durch den Garten führt zu zahlreichen romantischen Parkbauten, wie zur neugotischen Ritterkapelle oder zur wiederhergestellten Teufelsbrücke, die eine herrliche Aussicht über eine Schlucht bietet. Mit dem legendären Predigtort des Missionars Bonifatius auf einer der Felsklippen sind auch Zeugnisse der bewegten Vorgeschichte des Altensteins einbezogen. Bereits historische Reisebeschreibungen rühmten das aufwändig gestaltete, große Teppichbeet direkt am Schloss. Das von 1888 bis 1890 erbaute Schloss, das einen barocken Vorgängerbau ersetzte, entstand nach englischen Vorbildern. 1891 und 1895 genoss hier der Komponist Johannes Brahms die Gastfreundschaft des Meininger Herzogspaares. Trotz eines Brandes, der weite Teile im Inneren zerstörte, zählt der ehemalige Sommersitz zu den herausragenden Zeugnissen historistischer Schlossbaukunst in Thüringen.

Park Altenstein, Ritterkapelle, Ansicht von Osten

Schloss Altenstein, Ansicht von Nordosten

Dornburger Schlösser

Schlossverwaltung
Dornburger Schlösser
N.N.
Max-Krehan-Straße 4
07778 Dornburg

Telefon
03 64 27/2 22 91 (Kasse)

E-Mail
stiftung@thueringer
schloesser.de

Internet
www.thueringer
schloesser.de

Auf einem mit Wein bewachsenen Hang erheben sich die drei Dornburger Schlösser über dem Saaletal. Die inspirierende Atmosphäre der einzigartigen Gesamtanlage schätzte bereits Johann Wolfgang von Goethe. Im Osten gelegen, wurde die einstige Burganlage des Alten Schlosses, die auf eine ottonische Königspfalz zurückgeht, beständig ausgebaut. Unter dem sächsisch-ernestinischen Landbaumeister Nickel Gromann erhielt das Schloss im 16. Jahrhundert sein heutiges Aussehen. Auf einem westlich gelegenen Rittergut wurde im 16. Jahrhundert ein Gutshaus in Renaissanceformen errichtet, das heute unter dem Namen Renaissance- bzw. Goethe-Schloss bekannt ist. Im Sommer 1828 zog sich hier der Dichterfürst zu kreativer Arbeit zurück, nachdem 1826/27 Großherzog Carl August das Herrenhaus zusammen mit dem Anbau der Südseite zu seinem Wohnschloss umgestalten ließ. Zwischen beiden Anlagen entstand ab 1736 das Rokokoschloss nach Plänen von Gottfried Heinrich Krohne für eine von Herzog Ernst August I. von Sachsen-Weimar geplante, jedoch nicht verwirklichte Heerschau. Von der geplanten dreiflügeligen Gesamtanlage hat sich das Corps de logis (Wohngebäude) erhalten, dessen kompakte Architektur bei gleichzeitig differenzierter Raumstruktur sich am Vorbild des französischen Maison de plaisance (Lusthaus) orientiert. Die seitlichen Pavillons mussten bereits Ende des 18. Jahrhunderts abgetragen werden. Mehrere Gartenanlagen verwandeln das Plateau im Frühling und Sommer in blühende Terrassen. Hier wird jährlich das Rosenfest veranstaltet. Im Rokokoschloss lädt eine Ausstellung zur Bau- und Ausstattungsgeschichte zum Besuch ein. Die Ausstellung im Renaissanceschloss erinnert an den Aufenthalt von Johann Wolfgang von Goethe. Das Alte Schloss dient als Seminar- und Begegnungsstätte.

Dornburger Schlösser, Ansicht von Südwesten

Rokokoschloss Dornburg, Speisesaal

Thüringen — Gotha

Schloss Friedenstein und Park in Gotha

Schlossverwaltung
Schloss Friedenstein mit Park
Postfach 10 03 19
99853 Gotha

Telefon
0 36 21/82 34 64

E-Mail
schloss-friedenstein@gmx.de

Internet
www.thueringerschloesser.de

Während des Dreißigjährigen Krieges ließ Herzog Ernst I., genannt der Fromme, ab 1643 Schloss Friedenstein als Residenz des neuen Herzogtums Sachsen-Gotha nach den Entwürfen von Caspar Vogel errichten. Es gehört zu den größten deutschen Schlössern dieser Zeit und ersetzte die zuvor zerstörte Festung Grimmenstein. 1656 war die auf einem Plateau gelegene Anlage bis auf seine Einrichtung fertig. Bis 1687 wurde das Schloss mit einer modernen Befestigungsanlage versehen. Die Innenausstattung ließen die nachfolgenden Herrscher von bedeutenden Künstlern und Handwerkern wie Giovanni Caroveri, Gottfried Heinrich Krohne, Giovanni Francesco Marchini, Carl Gotthard Langhans oder Friedrich Wilhelm Doell gestalten. So spiegeln etwa die Schlosskirche, der mit reichem Stuckdekor ausgestattete Festsaal, das Audienzzimmer oder die Herzoginnengemächer verschiedene Ausstattungsphasen wider. Im Westturm befindet sich das älteste noch bespielte Barocktheater der Welt mit seiner erhaltenen Bühnenmaschine (1681–1687). Das Ekhof-Theater wurde nach Konrad Ekhof, dem „Vater der deutschen Schauspielkunst" benannt, der hier wirkte. Schloss Friedenstein besitzt ausgedehnte Garten- und Parkanlagen. Eine der ältesten noch erhaltenen Gartenanlagen ist der ab 1747 entstandene Orangeriegarten, an dessen Gestaltung Gottfried Heinrich Krohne maßgeblich mitwirkte. Als einen der ersten auf dem europäischen Kontinent ließ Fürst Ernst II. den Englischen Garten von John Haverfield d.J. aus Kew Gardens anlegen. Weitere Gartenanlagen sind der äußere Wallgarten, der Herzogingarten mit dem Teeschlösschen, der Rosengarten südlich des Schlosses und der Tannengarten. Seit der Abdankung Carl Eduards im Jahr 1918 befindet sich Schloss Friedenstein in öffentlicher Hand und beherbergt nun die Museen der Stiftung Schloss Friedenstein, das Thüringische Staatsarchiv Gotha sowie Forschungseinrichtungen der Universität Erfurt.

Schloss Friedenstein, Ansicht von Süden

Schloss Friedenstein, Ekhof-Theater

Schloss Friedenstein, Festsaal

Sommerpalais und Park Greiz

Schlossverwaltung
Sommerpalais Greiz
Marstallstraße 6
07973 Greiz

Telefon
0 36 61/70 58 19

E-Mail
info@sommerpalais-greiz.de

Internet
www.thueringerschloesser.de

Heinrich XI., Landesherr im kleinsten thüringischen Fürstentum Reuß Ältere Linie, ließ sich im letzten Drittel des 18. Jahrhunderts mit dem Sommerpalais Greiz ein Lustschloss errichten, das ihm – wie die Giebelinschrift bekundet – als „Maison de belle retraite" dienen sollte. Das Palais war somit ein Ort, an dem sich der aufgeklärte Fürst einen Freiraum für persönliche Neigungen abseits des Hoflebens zu schaffen suchte. Zwar war die Pracht einer Residenz nicht verlangt, doch spiegelt sich die Hoheit des Erbauers deutlich in der Eleganz der Architektur wider, die vollends auf die Klarheit der Proportionen und die Schönheit der schlichten Linie vertraut. Die außergewöhnliche architektonische Qualität des Bauwerks kann anhand der aktuellen Strömungen an der französischen Bauakademie jener Zeit nachvollzogen werden und verweist somit auf die Bildung und Weltläufigkeit Heinrichs XI. Der gleichzeitig realisierte Orangeriegarten bildete die Keimzelle des heutigen Parks. Ab 1800 begann man die architektonisch gestaltete Anlage im Sinne der landschaftlichen Gartenkunst umzugestalten. Wichtige Impulse setzte um 1830 der kaiserlich-königliche Schlosshauptmann Johann Michael Sebastian von Riedel aus Laxenburg bei Wien, dessen Plan umfangreiche Pflanzungen und die optische Einbeziehung der begleitenden Berghöhen vorsah. Doch erst die Planungen des ehemaligen Muskauer Gartendirektors Carl Eduard Petzold, die ab 1873 in leicht abgewandelter Form umgesetzt wurden, gaben dem Park sein heutiges Gesicht. Mit der Einbeziehung der umgebenden Landschaft, seiner Weiträumigkeit, der kulissenartigen Staffelung der Pflanzungen durch Einzelbäume und Baumgruppen sowie der geschickten, den Besucher leitenden Wegeführung zählt der Greizer Park zu den großen Leistungen landschaftlicher Gartenkunst des 19. Jahrhunderts. In den Räumen des Sommerpalais befinden sich heute die Staatliche Bücher- und Kupferstichsammlung sowie das Satiricum.

Greizer Park, Blick zum Parksee (Binsenteich)

Sommerpalais Greiz, Ansicht von Süden

Sommerpalais Greiz, Gartensaal

Veste Heldburg

Schlossverwaltung
Veste Heldburg
Burgstraße 215
98663 Bad Colberg-Heldburg

Telefon
03 68 71/3 03 30

E-Mail
veste-heldburg@t-online.de

Internet
www.thueringerschloesser.de

Die auf einer steilen Bergkuppe errichtete Veste Heldburg ist ein prominentes Beispiel für die landschaftsbeherrschenden Burganlagen im Süden Thüringens. Weithin sichtbar wird sie auch die „Fränkische Leuchte" genannt. 1317 wird die Heldburg als Amts- und Gerichtssitz der Grafen von Henneberg erstmals urkundlich erwähnt. Einige Jahrzehnte später fiel die Burg an die Wettiner, die während des 16. Jahrhunderts vor allem unter dem ernestinischen Herzog Johann Friedrich von Sachsen den Umbau zum Renaissanceschloss vornehmen ließen. Zu Beginn dieser Umbauphase wurde auch der Jungfernbau umgestaltet. Hier befindet sich die ehemalige Schlosskapelle mit einem Fresko von Lukas Cranach, das zahlreiche Heiligendarstellungen, die Vierzehn Nothelfer und die heilige Sippe zeigt. Durch Umnutzungen stark in Mitleidenschaft gezogen, wurde das Fresko im 20. Jahrhundert restauriert und stark überfasst. Glanzpunkt dieser Ausbauphase ist der von Nickel Gromann geschaffene Französische Bau, ein Meisterwerk des Palastbaus der Renaissance in Deutschland. Besonders hervorzuheben sind an der Hofseite des Französischen Baus der sogenannte Herren- und der Frauenerker. Das skulpturale Programm der beiden Erker thematisiert herrschaftliche Ideale wie Stärke bzw. musische Komponenten. Im 19. Jahrhundert fiel die inzwischen dem Verfall preisgegebene Heldburg an das Herzoghaus Sachsen-Meiningen. Georg II. veranlasste die Wiederinstandsetzung, wobei die historische Gebäudesubstanz teilweise im Sinne eines romantischen Mittelalterideals überformt wurde. Der Herzog ließ das Schloss für sich und seine dritte, nicht standesgemäße Ehefrau Ellen Franz, Freifrau von Heldburg, zum Refugium umbauen. Aus dieser Zeit stammt die sogenannte Freifraukemenate, deren neugotische Ausstattung auf die spätgotischen Formen des Außenbaus Bezug nimmt. Auf der Veste ist ab 2013 das Deutsche Burgenmuseum zu besichtigen.

Veste Heldburg, Burghof mit Treppenturm, Jungfernbau und Hausmannsturm

Schloss und Park Molsdorf, Ansicht von Süden

Schloss und Park Molsdorf

Molsdorf wird bereits 1114 genannt. 1432 gelangte der Besitz an die Familie von Witzleben und 1530 an die Herren von Thüna. Spätestens damals wurde in Molsdorf ein Wasserschloss erbaut. Die Besitzer des Rittterguts wechselten häufig. Ab 1713 erfolgten erste Modernisierungen. Seit den dreißiger Jahren des 18. Jahrhunderts ließ der aus bürgerlichem Stand zum Reichsgrafen aufgestiegene Diplomat Gustav Adolph von Gotter das alte Rittergut Molsdorf zu einer prächtigen barocken Schloss- und Gartenanlage ausbauen. Die engen Kontakte Gotters zu den bedeutendsten Höfen seiner Zeit gewährleisteten, dass er für die Umsetzung seiner Bauabsichten herausragende Künstlerpersönlichkeiten gewinnen konnte. So wird die Planung für das Schloss dem sächsisch-weimarischen Landbaumeister Gottfried Heinrich Krohne zugeschrieben. Die Ausstattung der Festsäle geht mit dem Maler Johann Kupetzky und dem Stuckateur Johann Baptist Pedrozzi auf Künstler aus dem Umkreis des markgräflichen Hofes von Bayreuth zurück. Auch der preußische Hofmaler Antoine Pesne soll mit einem Deckengemälde im Marmorsaal zur Innenraumdekoration beigetragen haben. Nach dem Tod Gotters erwarb Herzog Friedrich III. von Sachsen-Gotha-Altenburg 1762 das Schloss. Molsdorf wurde Kammergut und der Wassergraben um das Schloss 1769 zugeschüttet. In der ersten Hälfte des 19. Jahrhunderts wandelte Rudolph Eyserbeck, Sohn des bekannten Wörlitzer Hofgärtners Johann Friedrich Eyserbeck, den ehemals barocken Garten zu einem kleinen Paradies nach romantischen Vorstellungen um, einem Ideal, die die scheinbare Natürlichkeit der gärtnerischen Anlagen vorsahen. Die Gräfin von Gneisenau aus Berlin, die 1910 Molsdorf erwarb, ließ schließlich bedeutende Jugendstileinrichtungen wie das Marmorbad einbauen. Heute beherbergt das Schloss eine Ausstellung erotischer Kunst und den Nachlass des Naturmalers Otto Knöpfer.

Schlossverwaltung
Schloss Molsdorf
Schlossplatz 6
99192 Molsdorf

Telefon
03 62 02/2 20 85

E-Mail
schlossverwaltung.molsdorf@erfurt.de

Internet
www.thueringerschloesser.de

Klosterruine Paulinzella

Paulinzella 3
07422 Rottenbach

Schlossverwaltung
Schloss Heidecksburg
Schlossbezirk 1
07407 Rudolstadt

Telefon
0 36 72/44 72 10
Touristinformation:
03 67 39/3 11 70

E-Mail
schloss-heidecksburg@
thueringerschloesser.de

Internet
www.thueringer
schloesser.de

Das ehemalige Benediktinerkloster Paulinzella, benannt nach seiner Gründerin, der sächsischen Adeligen Paulina, zählt zu den bedeutendsten romanischen Baudenkmalen im mitteldeutschen Raum. Bereits zu Lebzeiten Paulinas begann die Errichtung der dreischiffigen Säulenbasilika. Nach ihrem Tod 1107 stockte der Bau und wurde 1160 vollendet. Da die Kirche, wie damals üblich, von Ost nach West errichtet wurde, war der Altarbereich im Osten frühzeitig nutzbar. Die Weihe der Kirche fand 1124 statt. Zuletzt entstand eine Vorkirche mit zwei Türmen. Wo die Mauern heute nicht mehr erhalten sind, zeigen Steinplatten ihren ursprünglichen Verlauf an. Die in Teilen erhaltene Klosteranlage des 12. Jahrhunderts gilt als wichtiges Zeugnis der Hirsauer Bauschule, die durch Formenstrenge architektonische Klarheit und Einfachheit des Kirchenbaus anstrebt. Bemerkenswert ist das Säulenportal zwischen Vorkirche und Langhaus. Es handelt sich vermutlich um eines der ersten im deutschsprachigen Raum. Im ehemaligen Langhaus beeindrucken die Säulenreihen. Sie tragen charakteristische Würfelkapitelle mit den für die Hirsauer Klöster typischen Nasen. Auch der horizontale Schachbrettfries mit seinen vertikalen Fortsätzen an der oberen Mittelschiffswand ist für die Hirsauer Bauschule kennzeichnend. Bis zur Mitte des 14. Jahrhunderts wurde die Anlage als Doppelkloster, anschließend als reines Mönchskloster betrieben. Mit Einführung der Reformation wurde das Kloster 1534 aufgehoben und gelangte in den Besitz der Grafen von Schwarzburg, die die Ländereien als Domäne und Jagdrevier nutzten, weshalb sie von 1620 bis 1623 das alte Abtshaus zum Jagdschloss ausbauen ließen. Im 19. Jahrhundert wurde Paulinzella früh zum Gegenstand der Denkmalpflege. Ihr inzwischen ruinöser Zustand bot der sentimental gestimmten Romantik einen Anhalt für Betrachtungen über die Flüchtigkeit alles Weltlichen.

Klosterruine Paulinzella, Ansicht von Südosten

Burg Ranis, Ansicht von Süden

Burg Ranis

Die imposante architektonische Erscheinung der Burg krönt das Stadtbild von Ranis. Die lang gestreckte und hoch aufragende ehemalige Burg wurde 1199 als Sitz eines Reichsministerialen erstmals erwähnt. Die Anlage war Reichsgut und nahm eine wichtige Stellung im Saale-Orla-Gau als Grenzfeste gegen die Slawen ein. Trotz eines Großfeuers 1646 sind noch heute bedeutende Reste aus dem späten 12. Jahrhundert zu sehen. 1220 wurden die Grafen von Schwarzburg von Kaiser Friedrich II. mit Ranis belehnt. Sie veranlassten den wesentlichen Ausbau der Anlage in der ersten Hälfte des 13. Jahrhunderts. Aus dieser Zeit stammen weite Teile der Hauptburg mit Kapelle und Nebengebäuden sowie die Vorburg. Nach mehreren Besitzerwechseln ging die Burg 1571 an die Herren von Breitenbuch über. Diese gaben der Burg durch die Errichtung des Südflügels nunmehr einen renaissancehaften Schlosscharakter. Die wohlproportionierten, der Stadt zugewandten Ziergiebel verraten den Einfluss Nickel Gromanns, des bekanntesten thüringischen Renaissancebaumeisters, der auch am Residenzschloss Weimar und auf der Veste Heldburg tätig war. Aus nahezu allen Zeiten ihrer Geschichte haben sich Bauteile erhalten. Die Anlage ist durch ihre bis heute erhaltene starke Wehrhaftigkeit charakterisiert. Zugleich künden die Ausbauten des 17. Jahrhunderts vom Komfort des ehemaligen Schlosses. So ist Burg Ranis ein Spiegel herrschaftlichen Bauens in Thüringen. Die Anlage beherbergt heute eine Ausstellung zur Burggeschichte, zur Regionalgeologie und Seismologie. Der Südflügel wird unter anderem für Literaturveranstaltungen genutzt.

Schlossverwaltung
Burg Ranis
Burg Ranis
07389 Ranis

Telefon
0 36 47/41 39 71

E-Mail
burg-ranis@t-online.de

Internet
www.thueringer
schloesser.de

Schloss Heidecksburg in Rudolstadt

Schlossverwaltung
Schloss Heidecksburg
Schlossbezirk 1
07407 Rudolstadt

Telefon
0 36 72/44 72 10

E-Mail
schloss-heidecksburg@
thueringerschloesser.de

Internet
www.thueringer
schloesser.de

Hoch über dem Saaletal und der Stadt Rudolstadt erhebt sich gewissermaßen als Krone Schloss Heidecksburg. 1334 gelangte es an die Schwarzburger, die nach der Zerstörung der Burgen 1345 die obere Burg wieder aufbauten. Aus ihr ist das heutige Schloss hervorgegangen. Unter Graf Albrecht VII. von Schwarzburg-Rudolstadt wurde die Heidecksburg 1571 endgültig zur Residenz. Nach einem Brand 1573 begann ein groß angelegter Umbau, auf den die heute noch vorhandene Anordnung der Flügel mit einem nach Südosten geöffneten Hof zurückgeht. Als Abschluss der Maßnahmen entstand auf der so genannten mittleren Terrasse 1610/1613 ein Reithaus mit bemerkenswerter Fassadenmalerei eines Reiterturniers. Die 1735 durch Brandzerstörungen ausgelösten Neubau- und Erweiterungsarbeiten an Schloss Heidecksburg in Rudolstadt trugen den gesteigerten Repräsentationsansprüchen des endgültig 1710 in den Fürstenstand erhobenen Hauses Schwarzburg-Rudolstadt Rechnung. Spätbarocken Gepflogenheiten der Raumdisposition folgend, wurde im Zentrum des Westflügels ein prunkvoller Festsaal eingerichtet, dem auf jeder Seite eine repräsentative Raumfolge zugeordnet ist. Fürst Friedrich Anton hatte zunächst den sächsischen Oberlandbaumeister Johann Christoph Knöffel mit der Planung betraut, ersetzte diesen aber 1743 durch den sächsisch-weimarischen Architekten Gottfried Heinrich Krohne. Von Letzterem stammen die Entwürfe für die Stuckaturen in den Festräumen, die durch Johann Baptist Pedrozzi meisterhaft umgesetzt worden sind. Die heutigen Raumgestaltungen von Schloss Heidecksburg gehören zu den bedeutendsten Innenarchitekturen des Rokoko in Deutschland. Heute beherbergt das Schloss das Thüringer Landesmuseum Heidecksburg, das Thüringische Staatsarchiv Rudolstadt und ist Sitz der Stiftung Thüringer Schlösser und Gärten.

Schloss Heidecksburg, Festsaal

Schloss Heidecksburg, Ansicht von Südwesten

Schloss Bertholdsburg in Schleusingen

Schlossverwaltung
Schloss Bertholdsburg
Burgstraße 6
98553 Schleusingen

Telefon
03 68 41/53 12 14

E-Mail
bertholdsburg@web.de

Internet
www.thueringer
schloesser.de

Bereits im 13. Jahrhundert wurde die Bertholdsburg zur Residenz des bedeutenden Grafengeschlechts von Henneberg ausgebaut. Die Henneberger gehörten zu den ältesten Geschlechtern Frankens und erhielten nach 1078 das Amt des Burggrafen über die Stadt Würzburg. Aufgrund der Verlegung der Residenz von Henneberg nach Schleusingen setzte Graf Berthold V. um 1275 Baumaßnahmen in Gang, um die Burganlage den neuen funktionellen Ansprüchen anzupassen. Für die heutige Gestalt von Schloss Bertholdsburg waren jedoch die Baumaßnahmen Ende des 15. und Anfang des 16. Jahrhunderts prägend, als die charakteristischen Staffelgiebel und die in reichen Renaissanceformen gestaltete, zweigeschossige Loggia im Innenhof entstanden. Die vorhandenen, meist dreigeschossigen Gebäude wurden mit Fachwerkobergeschossen aufgestockt und die neun Türme des Schlosses erhöht. Ferner entstand ein neuer Zugang zur Oberstadt im Osten des Schlosses, der heutige Hauptzugang. Vor dem Westflügel wurde 1563/65 ein Schlossgarten angelegt und die Terrassen mit Spalierobst bepflanzt. Wohl damals ist auch das zweigeschossige achteckige Brunnenhaus in der Nordostecke des Gartens entstanden. Es ist der einzige bauliche Überrest des Renaissancegartens. Die bedeutendsten erhaltenen Innenräume des Schlosses befinden sich im ersten Obergeschoss des Nordflügels – ein Saal mit floral stuckierter Decke und ein gewölbter Raum mit Grisaillemalereien in Seccotechnik aus der Zeit um 1600. In großformatigen Szenen werden die zwölf Taten des Herkules gezeigt. Es handelt sich um einen der größten profanen Bilderzyklen der Renaissance in Mitteldeutschland. Schloss Bertholdsburg beherbergt heute das Naturhistorische Museum sowie eine Ausstellung über die Burg- und Stadtgeschichte.

Schloss Bertholdsburg, Ansicht von Südwesten

Schloss Wilhelmsburg in Schmalkalden

Über der am Südrand des Thüringer Waldes gelegenen Stadt Schmalkalden erhebt sich die Wilhelmsburg, das ab 1585 erbaute Renaissanceschloss des hessischen Landgrafen Wilhelm IV. und seines Sohnes Moritz. Wohl unter Beteiligung des aus den Niederlanden stammenden Kassler Hofkünstlers Wilhelm Vernukken errichteten die Baumeister Hans und Christoph Müller die regelmäßige Vierflügelanlage. Mit ihren höchst qualitätvollen Wandmalereien und Stuckaturen bietet die Wilhelmsburg Raumkunstwerke der Renaissance und des Manierismus in einer Fülle und Vollständigkeit, wie sie in Deutschland kaum sonst anzutreffen sind. Besonders bemerkenswert ist die Schlosskapelle, die zu den Hauptleistungen deutscher Renaissancebaukunst zählt. Die architektonische Gliederung – ein Saal mit dreigeschossigen Arkaden – schließt an die Torgauer Schlosskapelle an. Als richtungsweisende Konzeption für den noch jungen protestantischen Kirchenbau erwies sich die vertikale Anordnung der zentralen liturgischen Gegenstände von Altar, Kanzel und Orgel in der Hauptachse des Raumes. Die historische Orgel ist die älteste Thüringens und gilt als eines der bedeutendsten Instrumente der Orgelbaukunst der Renaissance. Hervorzuheben ist auch der sogenannte Riesensaal mit seiner jüngst restaurierten Kassettendecke, in die neunzig Leinwandbilder eingelassen sind, die Jost vom Hoff zugeschrieben werden. Er gehört zu den repräsentativsten und größten Festsälen dieser Zeit in Deutschland. Neben den Eingangsportalen des Saales sind Fresken mit überlebensgroßen Darstellungen der sogenannten Trabanten, den Leibwächtern des Herzogs, zu bewundern. Das heute im Schloss befindliche Museum präsentiert Ausstellungen zur Schlossgeschichte, zur Reformationszeit und zum Schmalkaldischen Krieg.

Schlossverwaltung
Schloss Wilhelmsburg
Schlossberg 9
98574 Schmalkalden

Telefon
0 36 83 / 40 19 76

E-Mail
schloss-wilhelmsburg@t-online.de

Internet
www.thueringerschloesser.de

Schloss Wilhelmsburg, Ansicht von Westen

Schloss Wilhelmsburg, Schlosskapelle

Schloss und Park Sondershausen

Schlossverwaltung
Schloss Sondershausen
Schloss Sondershausen
99706 Sondershausen

Telefon
0 36 32/62 24 02

E-Mail
schloss@
sondershausen.de

Internet
www.thueringer
schloesser.de

Das nordthüringische Schloss Sondershausen ist das bedeutendste bauliche Erbe der Grafen und späteren Reichsfürsten von Schwarzburg-Sondershausen. Von 1356 bis 1918 in deren Besitz befindlich, dokumentiert die Anlage in ihrem formgeschichtlichen Reichtum mehrere Jahrhunderte Dynastiegeschichte und Residenzkultur. Besonderes Interesse verdient die Ausstattung der Prunkräume aus der Zeit der Renaissance und des Barock. Die Qualität der Befunde an figürlicher und ornamentaler Malerei aus dem 16. Jahrhundert lässt eine Nähe zur Cranach-Werkstatt vermuten. Das 1616 entstandene Gewölbe am Wendelstein ist dagegen ein herausragendes und seltenes Zeugnis spätmanieristischer Stuckateurskunst in Deutschland. Das motivisch an Stichvorlagen von Virgil Solis, Hendrick Goltzius und Jakob Matham angelehnte Programm verweist in seiner Komplexität auf den humanistischen Bildungsanspruch der Bauherren. Die von der Werkstatt des Nicola Carcani stammenden Stuckdekorationen aus der Zeit des Hochbarock sind in insgesamt zwanzig Räumen vertreten. Dem monumentalen Stilwillen des Barock verleihen die sechzehn überlebensgroßen Götterfiguren im sogenannten Riesensaal besonders lebhaften Ausdruck. Erwähnenswert ist auch das Achteckhaus westlich des Marstalles. Der mit prächtigen Stuckaturen und Deckenmalereien ausgestattete Bau wurde 1709/10 für ein Karussell errichtet. Die landschaftlich bevorzugte Lage von Schloss Sondershausen war für einen Landschaftsgarten wie geschaffen. Nach ersten Umgestaltungen durch den Garteninspektor Tobias Ekart konnte 1850 der Pückler-Schüler Carl Eduard Petzold für die Planung gewonnen werden. Nun wurden Aussichten wie auf den Frauenberg in die umgebende Landschaft einbezogen, von der der preußische König Friedrich Wilhelm IV. einmal äußerte: „Eure fürstliche Durchlaucht wohnen in einer so schönen Landschaft, dass man fortwährend an den Meisterpinsel von Claude Lorrain erinnert würde!"

Schloss Sondershausen, Achtecksaal

Schloss Sondershausen, Ansicht von Westen

Schloss Sondershausen, Riesensaal

Schloss Schwarzburg

Schlossverwaltung
Schloss Heidecksburg
Schlossbezirk 1
07407 Rudolstadt

Telefon
0 36 72/44 72 10

E-Mail
schloss-heidecksburg@
thueringerschloesser.de

Internet
www.thueringer
schloesser.de

Förderverein Schloss
Schwarzburg e.V.
Schlossstraße 5
07427 Schwarzburg

Telefon
03 67 30/3 29 54

Auf einem malerischen, von der Schwarza umflossenen Höhenrücken des nordöstlichen Thüringer Waldes erhebt sich Schloss Schwarzburg. Der Vorgängerbau war die ehemalige Stammburg der Grafen und späteren Reichsfürsten von Schwarzburg, die 1349 mit Günther XXI. kurzzeitig sogar einen römisch-deutschen König stellten. Schloss und Vorgängerbau nehmen unter den thüringischen Burgen und Schlössern eine landesgeschichtliche Sonderstellung ein. Ab dem 16. Jahrhundert wurde die Burg allmählich zur Sommerresidenz der Grafen von Schwarzburg-Rudolstadt umgebaut. Eine Brandkatastrophe, der weite Teile der Anlage zum Opfer fielen, nahm Fürst Friedrich Anton 1726 zum Anlass für einen Neubau des Schlosses. Der spätbarocke Bau verfiel allerdings durch den nach 1940 begonnenen und wenige Jahre später eingestellten Umbau zum „Reichsgästehaus" der Nationalsozialisten zur Ruine. Von der einstigen barocken Pracht zeugt indes noch das mehrgeschossige, einzigartige Kaisersaalgebäude nördlich der Gartenterrasse – ein Gebäude, das die Funktionen einer Orangerie und eines dynastischen Ruhmestempel verbindet. Die um 1720 entstandenen Bilder und Medaillons der Kaiser und Könige des Römischen und Heiligen Römischen Reiches von Julius Caesar bis Karl VI. im Kaisersaal – unter ihnen Günther XXI. von Schwarzburg-Arnstadt – stellen ein umfassendes raumbezogenes Programm und damit den dynastischen Anspruch der Schwarzburger nach der Erhebung in den Reichsfürstenstand im Jahr 1710 dar. Zum Schlossensemble gehört auch das Zeughaus, das 1550/60 erstmals erwähnt wurde und trotz Umbauten noch heute der älteste Bau der Anlage ist. Darin bewahrten die Schwarzburger ihre bedeutende Prunkwaffensammlung auf, die sich derzeit im Museum von Schloss Heidecksburg in Rudolstadt befindet. Nach Abschluss der Sanierung des Zeughauses wird die Sammlung wieder an ihren angestammten Platz präsentiert.

Schloss Schwarzburg, Luftbild

Schloss Schwarzburg, Kaisersaal

Burg Weißensee/Runneburg in Weißensee

Die Burg Weißensee oder Runneburg zählt zu den bedeutendsten Baudenkmalen der Stauferzeit in Deutschland. Die romanische Burganlage, die in der zweiten Hälfte des 12. Jahrhunderts durch die Landgrafen von Thüringen aus dem Hause der Ludowinger errichtet wurde, ist mit Palas und Wohnturm überliefert. Hier finden sich umfangreiche Reste der romanischen, unter anderem eine als Ast gestaltete Säule mit hervorragend gearbeitetem Kapitell. Die Gestaltung ist ein ausgesprochen seltenes Motiv mittelalterlicher Bauplastik und gehört zum Qualitätsvollsten seiner Art. 1204 belagerten Truppen König Philipps von Schwaben und 1220 Kaiser Ottos IV. von Braunschweig die Burg. Die Burg wurde nicht zerstört, sondern in der Folgezeit modernisiert und neuen Bedürfnissen angepasst. So befindet sich an der Ostseite ein Kammertor aus dem frühen 13. Jahrhundert. Seine zur Stadt gewandte Außenseite zeigt eine repräsentative Blendgliederung mit seitlichen Lisenen und einem darüber liegenden Bogen- und Röllchenfries. Von 1554 bis 1581 erfolgte ein schlossartiger Umbau, der besonders den Palas und den Wohnturm betraf. Der östliche Teil des Palas erhielt ein weiteres Geschoss und Giebelaufsätze, das Hauptgeschoss Decken mit Pressstuck und der Turm seine markante Welsche Haube. 1609 konnte das heute noch erhaltene Torhaus fertiggestellt werden. 1726 entstand das zwischen Torhaus und Palasturm gelegene Wagenhaus. Trotz dieser Veränderungen ermöglichen die erhaltenen Bauten der Runneburg einen unverstellten Blick auf eine mittelalterliche Profanarchitektur, die in der Qualität der baulichen Formulierung und ihrer bauplastischen Ausschmückung kaiserlichen Bauten nicht nachsteht.

Schlossverwaltung
Burg Weißensee/
Runneburg
Runneburg 4
99631 Weißensee

Telefon
03 63 74/3 62 00

E-Mail
sv.runneburg@
freenet.de

Internet
www.thueringer
schloesser.de

Burg Weisensee/Runneburg, Ansicht von Osten

Burg Weisensee/Runneburg, Arkadenfenster im Großen Saal

Thüringen — weitere Liegenschaften

Wasserburg
Kapellendorf
Schlossverwaltung
Wasserburg
Kapellendorf
Am Burgplatz 1
99519 Kapellendorf

03 64 25/2 24 85

wasserburg-
kapellendorf@
t-online.de

www.thueringer
schloesser.de

Kloster Veßra
Kloster Veßra
Schlossverwaltung
98660 Kloster Veßra

03 68 73/6 90 34

info@museumkloster
vessra.de

www.thueringer
schloesser.de

Oberschloss Kranichfeld
Oberschloss Kranichfeld
Schlossverwaltung
Schlossberg 28
99448 Kranichfeld

03 64 50/3 04 60

oberschloss-kranich
feld@freenet.de

www.thueringer
schloesser.de

Residenzschloss Weimar,
Ensemble Bastille
Burgplatz 4
99423 Weimar

Vorläufig Stiftungs-
verwaltung
Schloss Heidecksburg
Schlossbezirk 1
07407 Rudolstadt

0 36 72/44 71 31

stiftung@
thueringerschloesser.de

www.thueringer
schloesser.de

Kirms-Krackow-Haus
in Weimar
Jakobstraße 10
99423 Weimar

Objektverwaltung
Weimar
Friedensstraße 10
99423 Weimar

0 36 43/85 03 84

haus-hoehnl@
t-online.de

www.thueringer
schloesser.de

Schloss Wilhelmsthal
und Park bei Eisenach
Wilhelmsthal 20
99819 Wilhelmsthal

Vorläufig Stiftungs-
verwaltung
Schloss Heidecksburg
Schlossbezirk 1
07407 Rudolstadt

0 36 72/44 71 31

stiftung@thueringer
schloesser.de

www.thueringer
schloesser.de

Abbildungsnachweis

Baden-Württemberg:
Dirk Altenkirch: S. 19
Landesmedienzentrum: S. 16 links und rechts, 18, 20, 21, 24, 25, 26 links und rechts, 33, 34, 36, 37, 38, 40, 42, 43, 48 unten links und rechts, 49 oben links, 49 Mitte, 49 unten rechts, 50 Mitte rechts, 50 unten links und rechts
Luftbild Elsässer GmbH: S. 15, 27
Staatliche Schlösser und Gärten Baden-Württemberg: S. 22, 23, 50 oben
Staatliche Schlösser und Gärten Baden-Württemberg, Achim Mende: S. 11, 13, 17, 28, 30, 31, 32, 35, 41, 44, 45, 49 oben rechts, 49 unten links, 50 Mitte links
Staatsanzeiger Verlag: S. 39
Tourist Information Alpirsbach: S. 29

Bayern:
ambild Finsing: S. 69, S.84
Bavaria Luftbild: S. 68, 89 mitte links
Josef Beck, Eschenlohe: S. 81
Bildagentur Huber/R. Schmid: S. 88 links und rechts
Bildarchiv Monheim, Meerbusch: S. 77
Feuerpfeil Verlags GmbH Bayreuth: S. 62
Klaus Frahm, Börnsen: S. 59
Helicolor: S. 76
W. Klammet, Ohlstadt: S. 61, 57
E. Lantz, Bayer. Landesamt für Denkmalpflege: S. 58
Wolf-Christian von der Mülbe: S. 72 rechts
Nürnberg Luftbild, Hajo Dietz: S. 90 unten links
Konrad Rainer, Salzburg: S. 86
Schöning Verlag, Lübeck: S. 88 oben links
Zenkel: S. 89 unten rechts
Bayerische Schlösserverwaltung/Anton Brandl: S. 66, 87, Rainer Herzog: S. 86 mitte links, Philipp Mansmann: S. 74 links
Bayerische Schlösserverwaltung/Rainer Herrmann, Tanja Mayr, Ulrich Pfeuffer, Maria Scherf, Lucinde Weiss u.a.: alle übrigen Aufnahmen

Berlin-Brandenburg:
Alle Aufnahmen: SPSG, Fotos: Hans Bach, Leo Seidel, Wolfgang Pfauder, Roland Handrick, Gerhard Murza, Daniel Lindner
Karte S. 92 oben: © GeoBasis-DE/LGB 2007, Nummer GB – D 04/10, Datengrundlage: DTK400

Hessen:
MHK, Foto: Gabriele Bößert, Kassel: S. 143
MHK, Foto: Ute Brunzel, Baunatal: S. 141
MHK, Foto: Roman von Götz, Dortmund: S. 139
MHK, Foto: Arno Hensmanns, Kassel: S. 136, 138, 140
MHK, Foto: Norbert Miguletz, Frankfurt/M.: S. 137
MHK, Foto: Frank Mihm, Kassel: S. 123
MHK, Foto: Wiedemann Fotografie, Kassel: S. 142
Saalburg, Foto: Saalburg, Bad Homburg: S. 154 unten links
VSG, Foto: Michael Bender, Darmstadt: S. 132, 133
VSG, Foto: Anja Dötsch, Bad Homburg: S. 147, 149, 154 Mitte links, 154 unten rechts
VSG, Foto: Matthias Ernst, Alsbach-Hähnlein: S. 154 oben rechts
VSG, Foto: Inken Formann, Bad Homburg: S. 131
VSG, Foto: Werner Jagott, Oberursel: S. 150
VSG, Foto: Gerd Kittel, Bad Homburg: S. 152, 153
VSG, Foto: Margit Matthews, Frankfurt/M.: S. 126
VSG, Foto: Roman von Götz, Dortmund: S. 125, 127, 128, 129, 130, 144, 145, 146, 148, 151, 154 Mitte rechts
VSG, Foto: VSG, Bad Homburg: S. 134, 135, 154 oben links

Mecklenburg-Vorpommern:
Thomas Grundner: S. 155, S. 160–161, 169
Carsten Neumann: S. 157, 159, 164, 168, 173
Wolfhard Molter: S. 158
A. Bötefür, Landesamt für Kultur und Denkmalpflege: S. 162–163, 165, 172
Ulrich Kache: S. 166
Thomas Helms: S. 167
Dirk Laubner: S. 170
Friederike Drinkuth: S. 171
Rainer Cordes: S. 174

Rheinland-Pfalz:
Landesamt für Denkmalpflege, Heinz Straeter: S. 177, 178, 184 rechts, 185 rechts, 186, 188 links, 188 rechts, 189 links, 193, 194 links, 194 rechts, 195 links, 196 (2. links)
Landesamt für Denkmalpflege, Sigmar Fitting: S. 179, 182
BSA-Bilddokumentation: S. 180
Michael Jordan: S. 181, 191
Landesmedienzentrum -Rheinland-Pfalz: S. 183, 184 links, 185 links, 187 (zugleich Logoseite), 189 rechts, 195 rechts, 196 (1. links), 196 (3. links), 196 (4. links), 196 (1. rechts), 196 (2. rechts), 196 (3. rechts), 196 (4. rechts)
Armin Kraft: S. 192
Wolfgang Grube: S. 190

Sachsen:
Die auf den Seiten 197 bis 230 verwendeten Bilder wurden von Staatliche Schlösser, Burgen und Gärten Sachsen zur Verfügung gestellt.

Sachsen-Anhalt:
Norbert Perner: Logoseite, S. 234–248, 251–252
Stiftung Dome und Schlösser: S. 233, 239, 250 (beide T. Tempel)
Stiftung Kloster Michaelstein (Fotoarchiv): S. 249

Dessau-Wörlitz:
Kulturstiftung DessauWörlitz, Marie-Luise Werwick: S. 261
Hans-Dieter Kluge, Espenhain: S. 263 unten
Lutz Winkler, Leipzig: S. 265
Kulturstiftung DessauWörlitz, Heinz Fräßdorf: alle übrigen Aufnahmen

Thüringen:
Stiftung Thüringer Schlösser und Gärten, Constantin Beyer: S. 269, 271, 274, 275, 276, 277, 278, 280, 281, 282, 283, 285, 287, 288, 289, 290 rechts, 291, 292 oben links, 292 oben rechts, 292 Mitte rechts, 292 unten links, 292 unten rechts
Stiftung Thüringer Schlösser und Gärten, Ralf Kruse & Thomas Seidel GbR: S. 287, 290 links, 292 Mitte links
Stiftung Thüringer Schlösser und Gärten, Dirk Laubner: S. 284
Stiftung Thüringer Schlösser und Gärten, Helmut Wiegel: S. 272, 273, 279, 286

Alle Karten: Fa-Ro Marketing, München
Bearbeitung: Florian Knörl,
Erhardi Druck GmbH, Regensburg

Register und Adressverzeichnis

Orte

Alpirsbach   S. 29
Altenbamberg   S. 196
Altheim-Heiligkreuztal   S. 50
Annweiler   S. 192
Ansbach   S. 54
Aschaffenburg   S. 55f., 88
Augustusburg   S. 201
Bad Colberg-Heldburg   S. 280
Bad Dürkheim   S. 193
Bad Hersfeld   S. 128
Bad Homburg vor der Höhe   S. 126
Bad Homburg   S. 154
Bad Liebenstein   S. 272
Bad Schussenried   S. 35
Bad Urach   S. 50
Badenweiler   S. 49
Bamberg   S. 57
Bamberg-Memmelsdorf   S. 58
Bayreuth   S. 59–61
Bensheim-Auerbach   S. 129, 154
Berlin   S. 94–102
Bernburg   S. 234
Binz auf Rügen   S. 160
Blankenburg   S. 249
Breuberg   S. 130
Bruchsal   S. 20
Burghausen   S. 62
Burgschwalbach   S. 196
Calden   S. 136f.
Coburg   S. 63
Colditz   S. 202
Dachau   S. 88
Dahn   S. 194
Darmstadt   S. 131
Dessau-Roßlau   S. 256–259
Dobbertin   S. 162
Dornburg   S. 274
Dresden   S. 203–207, 224
Eckartsberga   S. 235
Eckersdorf/Donndorf   S. 88
Edenkoben   S. 195
Eichstätt   S. 88
Ellingen   S. 89
Ellwangen   S. 50
Emmendingen   S. 49
Erbach im Odenwald   S. 132
Ermsleben   S. 244
Ettal   S. 64
Falkenstein/Harz   S. 236, 244
Feldafing   S. 89
Fischbachtal-Lichtenberg   S. 154
Fließern   S. 182
Freyburg/Unstrut   S. 250f.
Garmisch-Partenkirchen   S. 90
Gelnhausen   S. 146
Goseck   S. 238
Gotha   S. 276
Greiz   S. 248

Güstrow   S. 164
Halberstadt   S. 239
Halle   S. 240
Hamersleben   S. 241
Hanau   S. 134
Havelberg   S. 242
Heidelberg   S. 14f.
Heidenau   S. 210
Herrenchiemsee   S. 66, 89
Hirsau   S. 28
Hirschhorn   S. 154
Höchstädt   S. 68
Hohenzieritz   S. 166
Holzhausen   S. 89
Igel/Mosel   S. 196
Kamp-Bornhofen   S. 196
Kapellendorf   S. 292
Karlsruhe   S. 49
Kassel   S. 138–143
Kastel-Staadt   S. 186
Kaub   S. 184
Kelheim   S. 69
Kempten   S. 89
Ketzin   S. 118
Kirchheim unter Teck   S. 50
Klingenmünster   S. 196
Kloster Veßra   S. 292
Klütz   S. 158
Kobern-Gondorf   S. 183
Koblenz   S. 187
Koblenz-Ehrenbreitstein   S. 185
Kohren-Sahlis   S. 209
Königs Wusterhausen   S. 120
Königssee   S. 70
Köthen   S. 243
Kranichfeld   S. 292
Kriebstein   S. 213
Kulmbach   S. 71
Landshut   S. 72f.
Landstuhl   S. 196
Leisnig   S. 216
Leitzkau   S. 245
Letzlingen   S. 246
Lorch   S. 37
Lorsch   S. 144
Lübstorf   S. 174
Ludwigsburg   S. 40–42
Ludwigslust   S. 168
Ludwigsstadt   S. 89
Magdeburg   S. 258
Mannheim   S. 18
Maulbronn   S. 26
Mayen   S. 189
Meersburg   S. 33
Meißen   S. 218
Michelstadt-Steinbach   S. 147
Mirow   S. 170
Molsdorf   S. 281
Moritzburg   S. 220f.
Müglitztal   S. 211f.

München   S. 74–78, 90
Münzenberg   S. 148
Nassau   S. 196
Neuburg an der Donau   S. 79
Neustrelitz   S. 171
Neuwied-Engers   S. 191
Niederheimbach   S. 188
Niederwiesa   S. 215
Nossen   S. 200, 223
Nürburg   S. 190
Nürnberg   S. 82, 90
Oberschleißheim   S. 83
Ochsenhausen   S. 50
Oppenau   S. 49
Oranienbaum   S. 260
Oranienburg   S. 121
Otrang   S. 182
Otzberg-Hering   S. 154
Paulinzella   S. 282
Pelm   S. 196
Plötzkau   S. 252
Potsdam   S. 103–115, 122
Rammenau   S. 226
Ranis   S. 283
Rastatt   S. 22–24
Rheinsberg   S. 116
Riedenburg   S. 84
Rochlitz   S. 228
Rödental   S. 88
Rottenbach   S. 282
Rüdesheim   S. 149
Rudolstadt   S. 284, 292
Saalburg   S. 154
Salem   S. 30
Scharfenstein   S. 229
Schleusingen   S. 286
Schmalkalden   S. 287
Schöntal   S. 48
Schwangau   S. 80
Schwarzburg   S. 290
Schwerin   S. 172
Schwetzingen   S. 16
Schwielowsee   S. 119
Seligenstadt   S. 150
Singen   S. 32
Sondershausen   S. 288
Steinau an der Straße   S. 151
Stolpen   S. 230
Stuttgart   S. 43f.
Tettnang   S. 34
Trier   S. 178–181
Tübingen-Bebenhausen   S. 38f.
Übersee-Feldwies   S. 90
Ulm-Wiblingen   S. 36
Veitshöchheim   S. 85
Weikersheim   S. 46f.
Weilburg   S. 152f.
Weimar   S. 292
Weißensee   S. 291
Wiesbaden-Biebrich   S. 154

Wilhelmsthal   S. 292
Wonsees   S. 88
Wörlitz   S. 262–267
Würzburg   S. 86, 90

Objekte

Albrechtsburg, Meissen   S. 218
Amphitheater, Trier   S. 181
Augustiner-Chorherrenstift,
 Herrenchiemsee   S. 89
Badruine Badenweiler   S. 49
Barbarathermen, Trier   S. 178
Barockgarten Großsedlitz, Heidenau   S. 210
Barockresidenz Rastatt   S. 22
Barockschloss Bruchsal   S. 20
Barockschloss Mannheim   S. 18
Barockschloss Rammenau   S. 226
Bastionsgarten, Eichstätt   S. 88
Befreiungshalle, Kehlheim   S. 69
Belvedere auf dem Klausberg, Potsdam
 S. 122
Belvedere auf dem Pfingstberg, Potsdam
 S. 115
Belvedere, Charlottenburg   S. 96
Benediktinerabtei Seligenstadt   S. 150
Bildergalerie/Neue Kammern, Potsdam   S. 105
Brüder-Grimm-Gedenkstätte,
 Steinau an der Straße   S. 151
Burg Breuberg im Odenwald   S. 130
Burg Falkenstein im Harz   S. 236
Burg Gnandstein, Kohren-Sahlis   S. 209
Burg Kriebstein   S. 213f.
Burg Lauenstein, Ludwigstadt   S. 89
Burg Mildenstein, Leisnig   S. 216
Burg Pfalzengrafstein, Kaub   S. 184
Burg Prunn, Riedenburg   S. 84
Burg Ranis   S. 283
Burg Scharfenstein   S. 229
Burg Sooneck, Niederheimbach   S. 188
Burg Stolpen   S. 230
Burg Trausnitz, Landshut   S. 72
Burg Trifels, Annweiler   S. 192
Burg Weißensee   S. 291
Burg Wilhelmsbad   S. 134
Burg zu Burghausen   S. 62
Burg Zwernitz, Wonsees   S. 88
Burgruine Altenbaumburg   S. 196
Burgruine Badenweiler   S. 49
Burgruine Hardenburg, Bad Dürkheim   S. 193
Burgruine Landeck, Klingenmünster   S. 196
Burgruine Münzenberg   S. 148
Burgruine Nanstein, Landstuhl   S. 196
Burgruine Nassau   S. 196
Burgruine Neudahn   S. 194
Burgruine Nürburg   S. 190
Burgruine Schwalbach, Burgschwalbach
 S. 196
Burgruine Sterrenberg, Kamp-Bornhofen
 S. 196
Burgruinen Dahn   S. 194
Cadolzburg, Nürnberg   S. 90
Chinesisches Haus, Potsdam   S. 122
Conventgarten Seligenstadt   S. 150
Cuvilliés-Theater, München   S. 74
Dampfmaschinenhaus/Moschee,
 Potsdam   S. 122

Dom St. Marien, Havelberg   S. 242
Dom St. Mauritius und St. Katharina,
 Magdeburg   S. 248
Dom St. Stephanus und St. Sixtus,
 Halberstadt   S. 239
Dom zu Halle   S. 240
Dornburger Schlösser   S. 274f.
Dresdner Zwinger   S. 207f.
Eckartsburg, Eckartsberga   S. 235
Einhardsbasilika, Michelstadt-Steinbach   S. 147
Englischer Garten, München   S. 78
Ensemble Bastille, Weimar   S. 292
Eremitage, Bayreuth   S. 61
Fasanenschlösschen Moritzburg   S. 220
Festung Dresden   S. 203
Festung Ehrenbreitstein   S. 185
Festung Marienberg, Würzburg   S. 90
Festungsruine Hohentwiel, Singen   S. 32
Gartenkunstmuseum,
 Eckersdorf/Donndorf   S. 88
Grabkapelle auf dem Württemberg,
 Stuttgart   S. 43
Großer Garten, Dresden   S. 205
Großherzogliche Grabkapelle, Karlsruhe
 S. 49
Historische Mühle, Potsdam   S. 122
Hofgarten, Ansbach   S. 54
Hofgarten, Bayreuth   S. 60f.
Hofgarten, Dachau   S. 88
Igeler Säule, Igel an der Mosel   S. 196
Insel Siebenbergen, Kassel   S. 142
Jagdschloss Granitz, Binz   S. 160
Jagdschloss Grunewald, Berlin   S. 100
Jagdschloss Letzlingen   S. 246
Jagdschloss Stern, Potsdam   S. 122
Kaiserburg Nürnberg   S. 82
Kaiserpfalz Gelnhausen   S. 146
Kaiserthermen, Trier   S. 178
Kirms-Krackow-Haus, Weimar   S. 292
Klause Kastel   S. 186
Kloster Alpirsbach   S. 29
Kloster Bebenhausen   S. 38f.
Kloster Hirsau   S. 28
Kloster Lorch   S. 37
Kloster Lorsch   S. 144
Kloster Maulbronn   S. 26
Kloster Michaelstein, Blankenburg   S. 249
Kloster Ochsenhausen   S. 50
Kloster Salem   S. 30
Kloster Schöntal   S. 48
Kloster Schussenried, Bad Schussenried   S. 35
Kloster Wiblingen   S. 36
Klosterkirche Heiligkreuztal   S. 50
Klosterpark Altzella, Nossen   S. 200
Klosterruine Allerheiligen, Oppenau   S. 49
Klosterruine Paulinzella, Rottenbach   S. 282
Königshaus am Schachen,
 Garmisch-Partenkirchen   S. 90
Konradsburg, Ermsleben   S. 244
Koster Veßra   S. 292
Kosterkirche Dobbertin   S. 162
Künstlerhaus Exter, Übersee-Feldwies   S. 90
Künstlerhaus Gasteiger, Holzhausen   S. 89
Löwenburg im Schlosspark, Kassel   S. 141
Luisium, Dessau   S. 256f.
Lust- und Porzellanschloss Favorite, Rastatt
 S. 24
Markgräfliches Opernhaus, Bayreuth   S. 59

Marmorbad, Kassel   S. 143
Marmorpalais, Potsdam   S. 112
Matthiaskapelle, Kobern-Gondorf   S. 183
Mausoleum, Charlottenburg   S. 96
Museum Heiligkreuztal   S. 50
Museum Otzberg   S. 154
Museum Schloss Lichtenberg   S. 154
Neue Residenz Bamberg mit Rosengarten
 S. 57
Neuer Pavillion, Charlottenburg   S. 96
Neues Palais, Potsdam   S. 106
Neues Schloss Bayreuth   S. 60
Neues Schloss Herrenchiemsee   S. 66
Neues Schloss Tettnang   S. 34
Niederwalddenkmal,
 Rüdersheim am Rhein   S. 149
Oberschloss Kranichfeld   S. 292
Orangerie Neustrelitz   S. 171
Orangerie, Kassel   S. 143
Orangerien Weilburg   S. 152f.
Orangerieschloss, Potsdam   S. 110
Park Altenstein, Bad Liebenstein   S. 272f.
Park Babelsberg, Potsdam   S, 111
Park bei Eisenach, Wilhelmsthal   S. 292
Park Bothmer, Klütz   S. 158
Park Caputh, Schwielowsee   S. 119
Park Ellingen   S. 89
Park Fantaisie, Eckersdorf/Donndorf   S. 88
Park Feldafing   S. 89
Park Friedenstein, Gotha   S. 276
Park Greiz   S. 278f.
Park Lichtenwalde   S. 215
Park Linderhof, Ettal   S. 64
Park Molsdorf   S. 281
Park Pillnitz   S. 224
Park Rheinsberg   S. 116
Park Rosenau, Rödental   S. 88
Park Schönbusch, Aschaffenburg   S. 56
Park Sondershausen   S. 288
Park Veitshöchheim   S. 85
Park Wiligrad, Lübstorf   S. 174
Pfaueninsel, Berlin   S. 101f.
Plassenburg, Kulmbach   S. 71
Pompejanum, Aschaffenburg   S. 88
Porta Nigra, Trier   S. 179
Prinz-Georg-Garten, Darmstadt   S. 131
Prinz-Georg-Palais, Darmstadt   S. 131
Residenz Ansbach   S. 54
Residenz Ellingen   S. 89
Residenz Kempten   S. 89
Residenz München   S. 74
Residenz Würzburg   S. 86f.
Residenzschloss Ludwigsburg   S. 40
Residenzschloss Weimar   S. 292
Römerkastell Kapersburg   S. 154
Römerkastell Saalburg   S. 154
Römerkastell Schmitten   S. 154
Römische Bäder, Potsdam   S. 108f.
Römische Villa Otrang, Fließern   S. 182
Roseninsel, Feldafing   S. 89
Ruhmeshalle und Bavaria, München   S. 90
Ruine Kasselburg bei Gerolstein   S. 196
Runneburg, Weißensee   S. 291
Sanspareil, Wonsees   S. 88
Schatzkammer München   S. 74
Schloss Altenstein, Bad Liebenstein   S. 272
Schloss Auerbach   S. 154
Schloss Augustusburg   S. 201

Schloss Babelsberg, Potsdam   S. 111
Schloss Bad Homburg vor der Höhe   S. 126
Schloss Bebenhausen   S. 38
Schloss Bernburg   S. 234
Schloss Bertholdsburg, Schleusingen   S. 286
Schloss Blutenburg, München   S. 90
Schloss Bothmer, Klütz   S. 158
Schloss Bürresheim, Mayen   S. 189
Schloss Caputh, Schwielowsee   S. 119
Schloss Cecilienhof, Potsdam   S. 114
Schloss Charlottenburg, Berlin   S. 94
Schloss Charlottenhof, Potsdam   S. 108
Schloss Colditz   S. 202
Schloss Dachau   S. 88
Schloss Ehrenburg, Coburg   S. 63
Schloss Ellwangen   S. 50
Schloss Engers   S. 191
Schloss Erbach   S. 132
Schloss Fantaisie, Eckersdorf/Donndorf   S. 88
Schloss Favorite, Ludwigsburg   S. 42
Schloss Friedenstein, Gotha   S. 276f.
Schloss Glienicke, Berlin   S. 101f.
Schloss Goseck   S. 238
Schloss Güstrow   S. 164
Schloss Heidecksburg, Rudolstadt   S. 284f.
Schloss Heidelberg   S. 14f.
Schloss Hirschhorn am Neckar   S. 154
Schloss Höchstädt   S. 68
Schloss Hohenzieritz   S. 166
Schloss Johannisburg, Aschaffenburg   S. 55
Schloss Kirchheim,
    Kirchheim unter Teck   S. 50
Schloss Königs Wusterhausen   S. 120
Schloss Köthen   S. 243
Schloss Leitzkau   S. 245
Schloss Lichtenberg   S. 154
Schloss Lichtenwalde   S. 215
Schloss Linderhof, Ettal   S. 64f.
Schloss Ludwigslust   S. 168
Schloss Meersburg   S. 33
Schloss Mirow   S. 170
Schloss Molsdorf   S. 281
Schloss Moritzburg   S. 221f.
Schloss Mosigkau, Dessau   S. 258f.
Schloss Neuburg   S. 79
Schloss Neuenburg, Freyburg   S. 250
Schloss Neuschwanstein, Schwangau   S. 80
Schloss Nossen   S. 223
Schloss Nymphenburg, München   S. 76f.
Schloss Oranienbaum   S. 260
Schloss Oranienburg   S. 121
Schloss Paretz, Ketzin   S. 118
Schloss Pillnitz   S. 224
Schloss Plötzkau   S. 252
Schloss Rheinsberg   S. 116
Schloss Rochlitz   S. 228
Schloss Rosenau, Rödental   S. 88
Schloss Salem   S. 30
Schloss Sanssouci, Potsdam   S. 103
Schloss Schönbusch   S. 56
Schloss Schönhausen, Berlin   S. 98f.
Schloss Schwarzburg   S. 290
Schloss Schwerin   S. 172
Schloss Schwetzingen   S. 16
Schloss Seehof, Memmelsdorf   S. 58
Schloss Solitude, Stuttgart   S. 44
Schloss Steinau   S. 151
Schloss Stolzenfels, Koblenz   S. 187

Schloss Urach, Bad Urach   S. 50
Schloss Veitshöchheim   S. 85
Schloss Weesenstein, Müglitztal   S. 211f.
Schloss Weikersheim   S. 46f.
Schloss Weilburg   S. 152f.
Schloss Wilhelmsburg, Schmalkalden   S. 287
Schloss Wilhelmshöhe, Kassel   S. 138–140
Schloss Wilhelmsthal   S. 292
Schloss Wilhelmsthal, Calden   S. 136
Schloss Wiligrad, Lübstorf   S. 174
Schlossanlage Schleißheim,
    Oberschleißheim   S. 83
Schlossgarten Güstrow   S. 162
Schlossgarten Schwerin   S. 172
Schlossgarten Schwetzingen   S. 16
Schlossgarten Weikersheim   S. 46f.
Schlossgarten Weilburg   S. 152f.
Schlosspark Bad Homburg vor der Höhe
    S. 126
Schlosspark Hohenzieritz   S. 166
Schlosspark Ludwigslust   S. 168
Schlosspark Neustrelitz   S. 171
Schlosspark Wiesbaden-Biebrich   S. 154
Schlosspark Wilhelmshöhe, Kassel   S. 138–141
Schlosspark Wilhelmsthal mit Wasserspielen,
    Calden   S. 136
Schoss Sondershausen   S. 288f.
Sommerpalais Greiz   S. 278
St. Bartholomä am Königssee   S. 70
Staatspark Fürstenlager,
    Bensheim-Auerbach   S. 129
Staatspark Karlsaue, Kassel   S. 142f.
Staatspark Wilhelmsbad mit Karussel   S. 134
Stadtresidenz Landshut   S. 73
Stallhof, Dresden   S. 206
Stiftskirche St. Pankratius,
    Hamersleben   S. 241
Stiftsruine Bad Hersfeld   S. 128
Thermen am Viehmarkt, Trier   S. 180
Veste Heldburg   S. 280
Veste Otzberg   S. 154
Villa Ludwigshöhe, Edenkoben   S. 195
Wasserburg Kapellendorf   S. 292
Willibaldsburg, Eichstätt   S. 88
Wörlitzer Anlagen   S. 261–267

Adressverzeichnis

**Staatliche Schlösser und Gärten
Baden-Württemberg** · Schlossraum 22a
76646 Bruchsal
Tel.: +49 (0)7251/74-2724
E-Mail: info@vb-bw.fv.bwl.de
http://www.schloesser-und-gaerten.de

**Bayerische Verwaltung der staatlichen Schlösser,
Gärten und Seen**
Schloss Nymphenburg, Eingang 16
80638 München
Tel. +49 (0)89/17908-0
E-Mail: info@bsv.bayern.de
www.schloesser.bayern.de

**Stiftung Preußische Schlösser und Gärten
Berlin-Brandenburg** · Postfach 601462
14414 Potsdam
Tel. +49 (0)331/9694-0
E-Mail: info@spsg.de
www.spsg.de

**Verwaltung der Schlösser und Gärten
in Hessen** · Schloss · 61348 Bad Homburg
Tel.: +49 (0)6172/9262-0
E-Mail: info@schloesser.hessen.de
http://www.schloesser-hessen.de

Museumslandschaft Hessen Kassel
Schloss Wilhelmshöhe
Schlosspark 1 · 34131 Kassel
Tel.: +49 (0)561/31680-0
E-Mail: info@museum-kassel.de
http://www.museum-kassel.de

**Staatliche Schlösser und Gärten
Mecklenburg-Vorpommern**
Werderstr. 4 · 19055 Schwerin
Tel.: +49 (0)385/509-0
E-Mail: info@mv-schloesser.de
www.mv-schloesser.de

**Rheinland Pfalz, Generaldirektion Kulturelles
Erbe** · Direktion Burgen, Schlösser, Altertümer
Festung Ehrenbreitstein · 56077 Koblenz
Tel: +49 (0)261/6675-0
E-Mail: info@burgen-rlp.de
http://www.burgen-rlp.de

Schlösserland Sachsen · Staatliche Schlösser,
Burgen und Gärten Sachsen
Stauffenbergallee 2a · 01099 Dresden
Tel.: +49 (0)351/56391-1311
E-Mail: service@schloesserland-sachsen.de
http://www.schloesserland-sachsen.de

**Stiftung Dome und Schlösser in
Sachsen-Anhalt** · Am Schloss 4 · 39279 Leitzkau
Tel.: +49 (0)39241/934-0
E-Mail: leitzkau@dome-schloesser.de
http://www.dome-schloesser.de

Kulturstiftung DessauWörlitz
Schloss Großkühnau
06846 Dessau
Tel. +49 (0)340/64615-0
Tel. +49 (0)340/64615-10
E-Mail: info@gartenreich.com
http://www.gartenreich.com

Stiftung Thüringer Schlösser und Gärten
Schlossbezirk 1 · Schloss Heidecksburg
Postfach 100 142 · 07391 Rudolstadt
Tel.: +49 (0)3672/447-0 (Direktion)
Tel.: +49 (0)3672/447-120 (Öffentlichkeitsarbeit)
E-Mail: stiftung@thueringerschloesser.de
http://www.thueringerschloesser.de